剱の守人

富山県警察山岳警備隊

小林千穂

Toyama Police Mountain Guard

剱の守人

富山県警察山岳警備隊

小林千穂

目次

はじめに

　富山県警察山岳警備隊との出会いは2015年の夏のことだった。テレビ番組の撮影で剱岳《つるぎ》のバリエーションルート・長次郎谷《ちょうじろうたん》を登る機会があり、剱沢にある警備隊の派出所を訪ねた。長次郎谷や平蔵谷《へいぞう》をはじめ、剱岳周辺のバリエーションルートに入る登山者にとって、雪渓のコンディションやルートの状況に詳しい警備隊からの情報は欠かせない。そのときも、最新の状況を尋ねようと派出所に出向いたのだ。

　派出所では警備隊の松井貴充さん、小藥《こずい》正義さんらから「長次郎谷の下部は雪が豊富なので問題ないが、上部は雪渓が割れているところがあり、乗り越えるのに多少苦労するかもしれない」といったことをていねいに教えてもらった。その日はいたって平穏で、ルート状況を伺ったあと、隊員たちとしばらく山の話をして楽しいひとときを過ごした。

　富山県警察山岳警備隊といえば「日本屈指の山岳レスキューチーム」として、これまでもさまざまなメディアに取り上げられている。その印象から、屈強、無骨な警察官の特殊部隊で、一登山者としては、近づきがたい存在だと思っていた。それは、山のトラブルで警備隊にお世話になってはならない、なりたくないという意識も影響していたかもしれない。

しかし、そのときに対応してくれた隊員たちは、同じ山好きとして気持ちが通じるところがあったし、言葉の端々に山や登山者を思う気持ちが感じられた。一方で、体つきや話の内容は洗練されていて、私たち登山者とは違った雰囲気も感じられた。

彼らと話すうちに、警備隊が対応する山岳遭難の現状はどうなのか、危険が想像される現場で、どうやって救助しているのか、どんな思いで仕事をしているのか、さまざまなことに興味を抱いた。ニュース映像などで救助に向かう隊員たちの姿は何度か見たことがあるけれど、その先は、ほとんど目にすることがない世界である。でも、そこには登山者として知っておくべきことがあるのではないか。そんな直感もあり、警備隊の山での日常を追ってみたいという気持ちがフツフツと湧いてきた。

でも、どんなに隊員たちがフレンドリーに接してくれても、彼らは警察という踏み入りがたい組織に所属している。しかも、警備隊が向き合うのは、時に人の生死に関わる厳しい現場。単発の取材ならいざしらず、長期となれば、そう簡単に受け入れてくれるはずもない。いつかは取材をしたい、というぼんやりとした思いを抱いたまま時が流れていった。

２０２２年６月末、チャンスは突然やってきた。雑誌『山と溪谷』２０２２年７月号特集を担当したときに、富山県警察本部の山岳安全課に情報提供をしていただいた。それをきっかけに取材をしてみたいと申し出ると、なんと受け入れてくれるという。自分で申し出をしておきながら言うのもなんだが、あまりに急に来た巡り合わせ。手持ちの仕事を中断して急きょ構想をまとめ、その日のうちに山と溪谷社へ企画書を送った。取材をするならば、約２週間後に迫る、剱沢での警備隊の大規模な訓練は、絶対に逃したくない。

企画が認められるかどうかわからないが、とにかく今、剱沢へ行かなければ。動き出した思いはもう止められない。そうして、単身、剱沢へ飛び込み、一年にわたる警備隊の取材が始まった。

その取材中、私はいくつかの遭難事案を見聞きすることになる。本書ではそのなかから事故防止のために登山者の参考になりそうなもの、警備隊の活動を描くために欠かせないと思うものを取り上げている。また、取材中に警備隊が対応した事案で、救助・無事保護された方の何人かが、事後に取材に応じてくださった。その方々は、遭難にいたった状況を話すことで自分のような思いをする人が減るならば、という思いでインタビューに答えてくださっている。つらい出来事を蒸し返すようで、話をしてもらうこと、さらには掲載によってその出来事が残ってしまうことには心が痛んだが、当事者の方々の、遭難が減るようにとの願いものせて掲載させていただく。

残雪期の警備に当たる隊員と剱岳

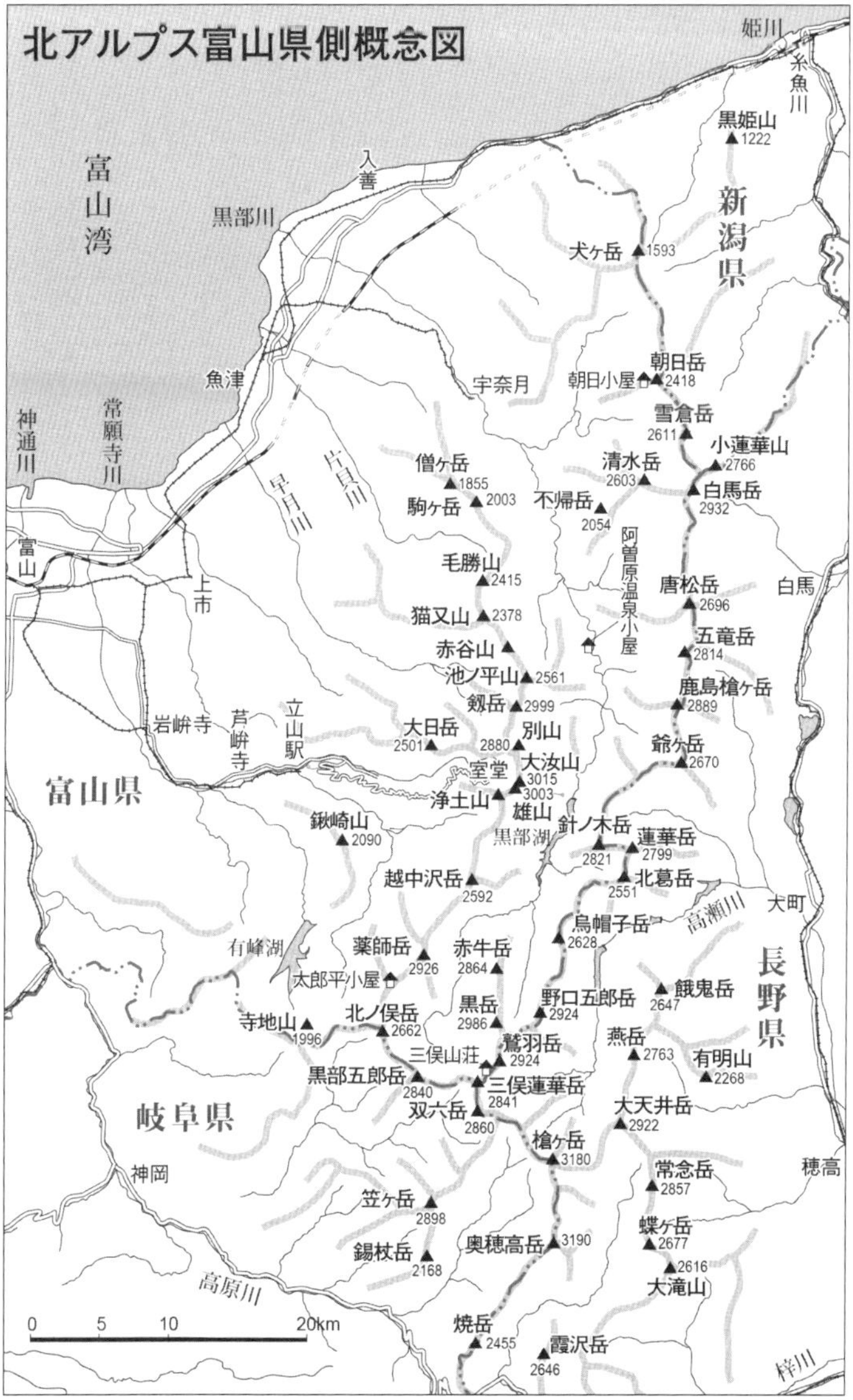

北アルプス富山県側概念図

剱・立山エリア拡大図

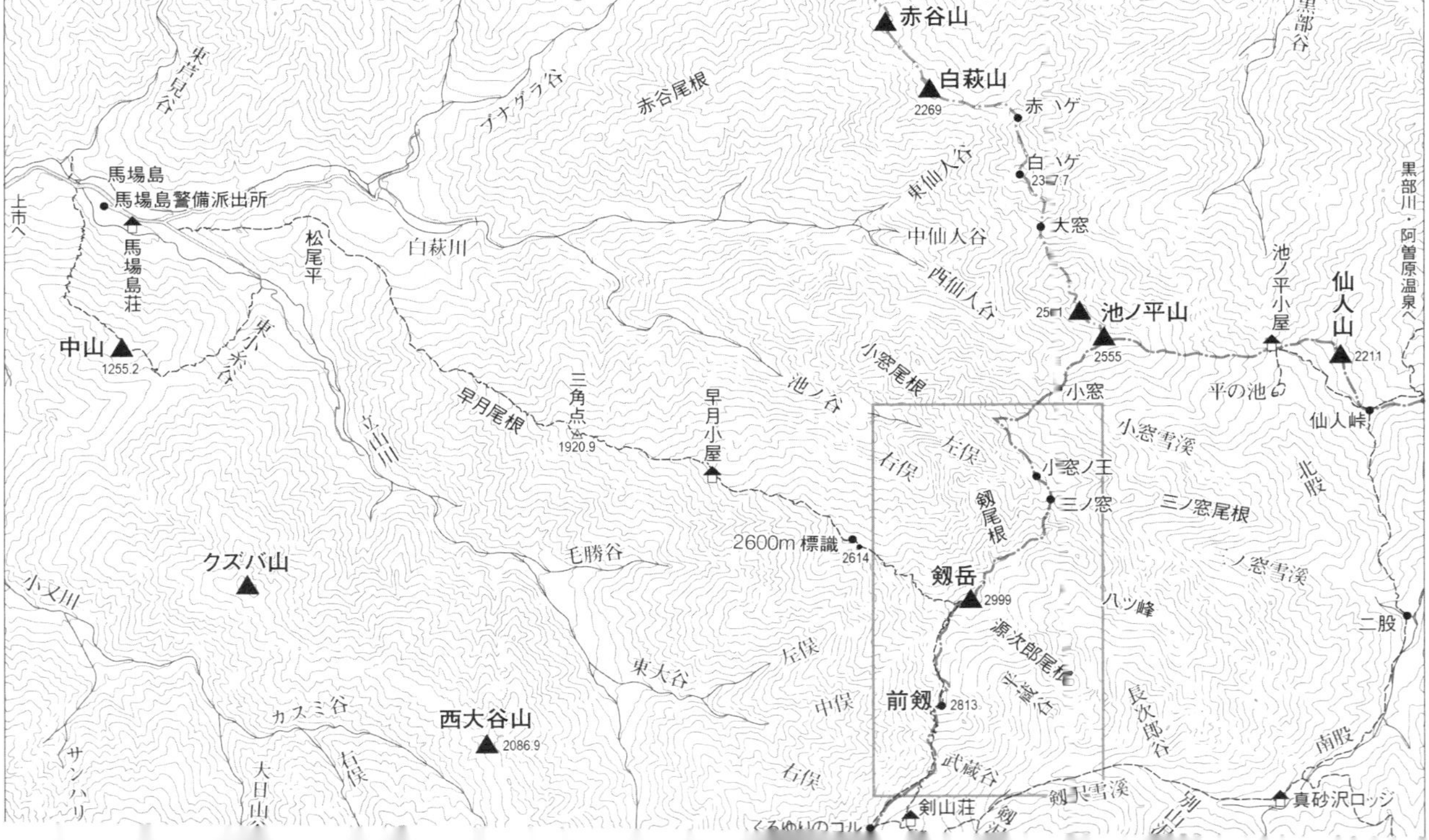
赤谷山
白萩山
2269
赤ハゲ
白ハゲ
大窓
池ノ平山
2555
小黒部谷
黒部川・阿曽原温泉へ
池ノ平小屋
仙人山
2211
平の池
仙人峠
馬場島
馬場島警備派出所
馬場島荘
上市へ
中山
1255.2
東小糸谷
東芦見谷
ブナグラ谷
赤谷尾根
白萩川
松尾平
東仙人谷
中仙人谷
西仙人谷
小窓尾根
池ノ谷
早月尾根
三角点
1920.9
早月小屋
立山川
毛勝谷
2600m 標識
2614
小窓
小窓雪渓
左俣
右俣
小窓ノ王
三ノ窓
剱尾根
三ノ窓尾根
北股
三ノ窓雪渓
剱岳
2999
八ツ峰
二股
源次郎尾根
平蔵谷
長次郎谷
前剱
2813
武蔵谷
剱沢雪渓
剣山荘
南股
真砂沢ロッジ
クズバ山
小又川
東大谷
左俣
中俣
右俣
カスミ谷
西大谷山
2086.9
大日山
サンハリ
右俣

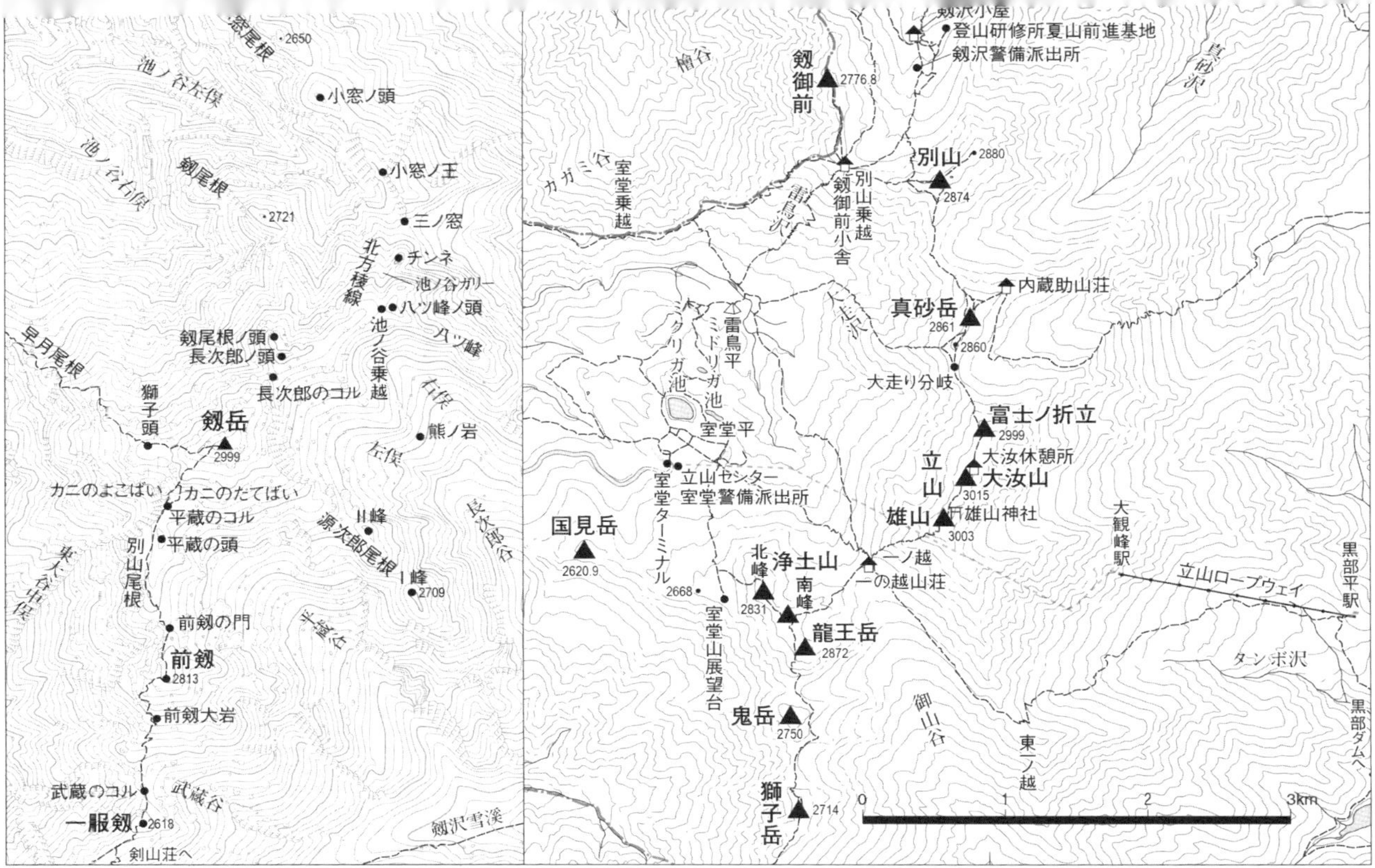

池ノ谷左俣
小窓ノ頭
池ノ谷右俣
剱尾根
2721
小窓ノ王
三ノ窓
北方稜線
チンネ
池ノ谷ガリー
八ツ峰ノ頭
池ノ谷乗越
八ツ峰
早月尾根
剱尾根ノ頭
長次郎ノ頭
長次郎のコル
獅子頭
剱岳
2999
右俣
熊ノ岩
左俣
カニのよこばい
カニのたてばい
平蔵のコル
平蔵の頭
別山尾根
II峰
源次郎尾根
I峰
2709
長次郎谷
東大谷中俣
前剱の門
平蔵谷
前剱
2813
前剱大岩
武蔵のコル
武蔵谷
一服剱
2618
剣山荘へ
剱沢雪渓
2650
剱沢小屋
登山研修所夏山前進基地
剱沢警備派出所
剱御前
2776.8
槍谷
真砂沢
別山
2880
2874
カガミ谷
室堂乗越
別山乗越
剱御前小舎
雷鳥沢
内蔵助山荘
雷鳥平
真砂岳
2861
2860
ミクリガ池
ミドリガ池
大走り分岐
大走沢
室堂平
富士ノ折立
2999
大汝休憩所
立山
大汝山
3015
室堂ターミナル
立山センター
室堂警備派出所
雄山
雄山神社
3003
国見岳
2620.9
大観峰駅
北峰
浄土山
一ノ越
一の越山荘
黒部平駅
立山ロープウェイ
2668
2831
南峰
室堂山展望台
龍王岳
2872
タンボ沢
鬼岳
2750
御山谷
黒部ダムへ
東一ノ越
獅子岳
2714
0
1
2
3km

取材協力＝富山県警察山岳警備隊
富山県警察航空隊
立山黒部アルペンルート

＊本文中、隊員の敬称を省略させていただいた。また、9章以外の年齢・隊員歴は2022年10月時点のものである。

第1章

本番さながら、夏の想定訓練

警備隊の最前線基地へ

剱岳を望む剱沢警備派出所

7月中旬、室堂、標高2450m。ここは北アルプスを貫く観光ルート・立山黒部《たてやまくろべ》アルペンルートの最高所。巨大ターミナルがあり、剱《つるぎ》・立山連峰の表玄関となっている。富山県側は富山地方鉄道立山駅からケーブルカーと高原バスで約1時間10分。長野県側の扇沢《おうぎさわ》からは電気バス、ケーブルカー、ロープウェイ、トロリーバスといろいろな乗り物を乗り継いで約1時間30分の道程だ。

観光客や大きな荷物を担いだ登山者に交ざって、レストランやホテルが併設される建物内の階段を上がる。屋上から外へ出たところに「立山玉殿の湧水」があって、立山連峰の主峰・雄山《お》（3003m）直下から湧き出す水が、岩の間から流れ出している。その後ろ、台形状に大きくそびえるのは雄山、大汝山《おおなんじ》、富士《ふじ》ノ折立《おりたて》からなる立山だ。山肌は残雪模様が美しい。家を出たときは蒸し暑く、ここまで半袖で来てしまったが、曇っていることもあって室堂の気温は15℃ほどしかない。寒さに震え、ザックから慌ててフリースとジャケットを出して着込んだ。

それにしても、目の前にいきなり広がる北アルプスの山々の景色。山に来た実感に浸りながら、まずはターミナルの近くにある立山センターへ向かった。センターは富山県の施設で、警備隊のコントロールタワー的な場所・室堂警備派出所がある。立山町消防救急隊の分遣所、立山診療所も入っていて、室堂周辺で傷病者が出た場合はここから隊員たちが出動したり、医師が対応したりする。ほかに環境省、富山森林管理署、富山県ナチュラリスト協会などの活動拠点にもなっていて、国立公園の維持管理やレクチャー事業に役立てられている。

室堂派出所にあいさつをして剱沢に取材に入ることを伝え、早々に出発した。梅雨末期の安定しない天気のなか、これから剱沢まで登山道を約4時間歩く。「雨が降る前に行ったほうがいい」という警備隊のアドバイスもあってのことだ。

広大な室堂平を見渡しながら、雷鳥平《らいちょう》への遊歩道を進む。遊歩道とはいっても、複雑な地形をした溶岩台地上の道で、アップダウンがある。火山湖であるミクリガ池は、まだ周辺が雪に覆われていて、流氷のような残雪を湖面に浮かべている。7月になっても、こんなに雪が残っているとは、何度見ても驚きの光景である。

雷鳥荘前から大きく下って、テント指定地になっている雷鳥平を過ぎる。浄土《じょうど》沢にかかる橋を渡ると、今度は標高差約500mの登り返しだ。霧が立ち込めるなか、ルートの目印に立てられている竹竿をたどるように、雪渓を登っていく。この時期は、まだ登山道が雪に覆われていて、雪上を行くのだ。室堂に着いたときは寒さに震えたけれど、急な登りに今度は汗をかく。でも、振り返ると室堂平や、さっき通ったばかりの雷鳥平が足元に広がり、がんばった分だけのご褒美をくれているようだ。

雷鳥平から約2時間かけて剱御前小舎《つるぎごぜん》が立つ別山《べっさん》乗越に到着。ここから岩場や雪渓を横切るように下り、剱沢警備派出所前の広場に到着した。

剱沢は標高約2500m。周辺はやはり豊富な残雪に覆われているが、雪解けが進んだ台地ではチングルマやイワカガミなどの高山植物たちが一気に成長し、白やピンク色のかわいらしい花を風に揺らしている。

ちょうど剱沢に到着するタイミングで剱岳（2999m）が雲の間から姿を現わした。日本屈指の名峰が連なる北アルプスのなかでも、ほかの山を圧倒する険しさと迫力で別格の存在感を放つ岩峰だ。剱沢から見ると、前剱《まえつるぎ》のピークと剱岳本峰が双耳峰のように並び、その右には源次郎《げんじろう》尾根、八ツ峰の岩峰群が重なって鋸歯のようなスカイラインを描いている。そして剱岳の岩壁手前を、時折、小さな雲のかたまりがゆっくりと通り過ぎていく。街の喧騒も、暑さとも無縁な世界。まさに山上の別天地だ。

剱岳は、近代登山が幕開けした明治時代から先鋭的な登山者の注目を浴び、数々のドラマを生んできた。令和の時代となった今も変わらず登山者、クライマーが憧れる山であり、熱い気持ちを抱いてこの頂をめざす人は多い。そして、この剱岳を含む立山連峰が、富山県警察山岳警備隊の主たる活動舞台になっている。

剱沢には剱澤小屋と剣山荘《けんざん》、2軒の山小屋が立つほか、キャンプ指定地があり、剱岳をはじめ、仙人峠《せんにん》や内蔵助《くらのすけ》平方面へ向かう登山コースの要所となっている。また、長次郎谷や平蔵谷といったバリエーションルートへ向かう登山者、源次郎尾根や八ツ峰などの岩峰を登るクライマーたちが集う場所でもある。剱岳の本格的な登山シーズンは「海の日」の連休から始まる。今はその直前で、まだ登山者の姿はまばらだ。警備隊の最前線基地となっている剱沢派出所は、そんな剱沢の一角、剱岳を正面に望む台地上にある。

歴史を感じる剱沢の派出所

荷物を下ろして剱岳を眺めつつ、息を整えていると、松井貴充（42・隊員歴17年）が派出所の入口から、大きな体をかがめるようにして、ひょっこりと顔を出した。目が合うと「いや〜、小林さん。お久しぶりです」と、8年前と同じように、精悍さのなかにも人なつっこさを感じさせる笑顔を浮かべて迎えてくれた。当時は、警備隊に6人いる精鋭メンバー・常駐隊員の一人として、一年の多くを山で過ごしていると聞いた。今は副隊長となり、隊長らとともに隊の幹部として運営をする立場となったという。また、警備隊員であると同時に航空隊を兼務。普段は富山空港にある警察航空隊の事務所で仕事をしている。そして、ヘリによる出動要請があったときには、空港からヘリに乗って、直接、山の現場へ向かう。今日は訓練を行なう隊員たちのサポートとして、剱沢派出所に詰めているそうだ。ほかの隊員たちは、池ノ平から北方稜線のルートを訓練で歩いている最中だと教えてくれた。

派出所の建物をあらためて見ると、昭和の雰囲気をそのままに留めた四角い造りで、ひび割れたところからうっすらと錆がにじんでいる。年季の入った建物が警備隊の長い歴史を物語っているようだ。立山センターと同様に富山県の施設で、剱沢のテント指定地の管理をする野営管理所、ハイシーズンに医師が滞在する診療所に派出所が併設されている。

松井は「どうぞ、中に入ってください」と招いてくれた。入口の横には「上市《かみいち》警察署剱沢警備派出所」の大きな表札が掲げられ、傍らに立てかけられた朱色のスノーボートが目立つ。

体格のいい隊員たちが出入りするには狭い入口を通って中に入る。土間の先が6畳ほどの部屋になっていて、敷かれたござの上に、無線設備や保存食などが置かれている。

その部屋の奥は寝室と装備庫。寝室は山小屋でよく見る上下2段の蚕棚に、たたんだ布団が6組置かれているだけのシンプルな造り。だが、装備庫がすごい。カラビナ、スリング、ロープ、アッセンダー（登高器）、カム（確保器具の一種）類などクライマーも用いる登攀具をはじめ、背負いバンド、携帯用担架などの搬送用具、酸素ボンベ、首固定用シーネといった医療用具、ドリル、ハーケン、ボルト類など岩場でのアンカー作りに用いる道具、テント、ツエルト、携帯用ガスコンロ、クッカーといった生活用具など、150種を超えると思われる備品が、コンテナに整理されて並ぶ。ちなみにカラビナやスリングは、剱沢派出所だけで、それぞれ100以上の数があるというから驚きだ。

隊員たちはシーズン中、ここで寝泊まりして警備に当たる。そして岩場からの転落など、剱岳やその周辺で救助依頼が入ったときは、必要装備を揃えてここから現場へ走る。まさに警備隊の最前線基地である。

剱沢派出所前から見る剱岳（7月中旬）

剱沢野営管理所と診療所の建物に併設されている剱沢派出所（手前）

山の救助はどう行なわれる?

訓練に挑む

さて現在、全27人の警備隊員のうち、17人はこの剱沢派出所を拠点に9日間にわたる夏山遭難救助訓練の真っ最中である。私が剱沢を訪れたこの日は訓練6日目で、剱沢から1泊2日の日程で池ノ平、北方稜線を周回していた訓練班が、午後には剱沢へ戻ってくる予定だ。私は彼らを出迎えようと、派出所から20分ほど歩いたところにある剣山荘へ足を運んだ。

昼をすぎると、早朝から剱岳に登っていた登山者たちが三々五々、下山してくる。その多くは憧れの山頂を極めたあとの充実感を表情に浮かべながらも、疲労は隠せない様子で重い足を引きずっている。それもそのはず。剱沢から剱岳山頂への登路である別山尾根は「国内最難の登山道」として知られ、前剱の門、平蔵の頭、カニのたてばい、よこばいなどと名付けられた鎖のかかる絶壁の道が続く。登山者たちは、少しの気の緩みも許されないその険しい道を、往復で5時間以上も登り下りしてきたのだから。

14時30分。その日の行程を終えた人たちがビールを飲みながらくつろぐ剣山荘のテラスで劔岳への登山道を見上げていると、登山者とは明らかに歩くペースが異なる十数人の一行が一服劔のピークから小走りで下りてきた。その姿から、一目で「山岳警備隊だ」とわかった。隊員のほとんどが、登山者の間で「ガッシャー」の愛称で親しまれる超大型ザックを背負っている。それにもかかわらず彼らは足並みを揃えてリズムよくジグザグの道を下ってくる。

そのなかには、今年の春に入隊したばかりの新人もいるはずだが、遅れたり、足を引きずったりするような人がいる様子は見られない。一般登山道でも「最難」といわれる劔岳だが、今日、彼らが歩いてきたのは登山者たちが一目置く北方稜線。整備された登山道のない「バリエーションルート」といわれるルートの一つで、難度の高い別山尾根よりさらに危険箇所、不安定要素が多いルートだ。新人たちもそのルートを難なく越えてきた。山登りはほぼ未経験だという新人を、入隊から数カ月で、北方稜線を歩けるまでに育てる警備隊のレベルの高さに驚いた。

剣山荘の裏まで足を運び、小屋の一角でひと息つく彼らに「取材に来ました」とあいさつをすると、思わぬ出迎えに驚きつつも、「話は聞いています。どうぞよろしく」と笑顔で応じてくれた。彼らはこの数日の訓練でさらに日焼けをしたのだろう。浅黒い顔に玉の汗が光っている。

警備隊の訓練は想像を絶する厳しさだと聞いていたけれど、隊員たちは声を上げて笑ったりしてい。意外にも和やかな雰囲気だ。そのなかに、ほかの隊員よりちょっと控えめに談笑をする女性隊員がいた。「田中明希子さんですか？」声をかけると「そうです」と、はにかみながら答えてくれた。初めて北方稜線を歩いた感想を聞くと「怖かったです。疲労度……300％です」と言いながら両脚をさすってみせるが、その笑顔に疲れは見られず、むしろ目は輝きに満ちている。田中はこの春、警備隊史上初の女性隊員として入隊した新人だ。

隊員たちは短時間のうちに、それぞれの水筒の水を飲み干すと再びザックを背負い、ベースとしている剱沢派出所へ向かって歩きだした。

想定訓練の現場へ向かう

剱沢から池ノ平、北方稜線を周回するというハードな行程を歩いてきた翌日、訓練隊は長次郎谷に入った。長次郎谷は「日本三大雪渓」の一つとして知られる剱沢の枝谷。やはり谷は深い雪に埋まっていて、特に上部は強い傾斜になっている。新人を含む班はその急な雪渓斜面で、雪上での支点作りや搬送法などの基本的な救助技術を繰り返し特訓。中堅隊員は、小雨が降るなか八ツ峰のCフェース剣稜会ルートでクライミング（岩登り）の訓練に励んだ。

さらにその翌日には休む間もなく、夏山訓練の仕上げとして「想定訓練」が行なわれる。想定訓

長次郎谷上部の急斜面で雪上でのアンカー作りを学ぶ新人隊員

夏とは思えないほど多くの雪が残る長次郎谷

練とは救助要請が入るところから始まり、要救助者の元へ駆けつけ、応急処置、搬送にいたるまでの一連の流れを通して行なう大規模な訓練だ。事故の場所、要救助者のケガの状態などの設定は実行時まで隊員たちに明かされず、その場で実際の救助同様の判断力や行動力が試される。つまり、本番さながらの救助の行程を間近に目にできる貴重な機会。今回私が取材の機会を逃したくないと、剱沢を訪れた最大の目的でもあった。

当日の朝6時30分、隊員たちは顔を洗ったり、寝袋をしまったり、朝食の片付けをしたりと、それぞれ朝の支度をしている。派出所内は狭いこともあり、訓練中、若手隊員たちはテントで寝泊まりをしながら生活している。自炊や寝袋での就寝など、山での生活技術を身につけることも、当然、訓練の一部だ。

隊員たちが身支度を整えるなか、私は想定訓練で遭難者役を務める小藥《こずい》正義（49）、工藤法寛（44）の両隊員とともに剱沢派出所を出発し、訓練の現場となる平蔵谷へ向かった。平蔵谷は、やはり剱沢の枝谷で、長次郎谷の一本上流側にある谷だ。二人とともに一足早く現場へ行き、そこで訓練救助班を待つことにする。

先を歩く小藥は隊員歴18年目のベテラン。１８３cmという長身だ。「パンツのサイズが合わなくていつも困る」と苦笑するとおり、パンツの裾と登山靴の間にグレーの靴下を覗かせながら、すらりとした脚を伸ばして、派出所下のガレ場を悠々と下っていく。小藥のペースに合わせようとすると、小柄な私はどうしてもちょこちょこと走る格好になって、我ながらおかしい。

小藥は埼玉県出身で、大学の探検部で登山に没頭。大学卒業後もアルバイトをしながら岩登りや沢登りを続けていた。警察官になったのは29歳になってからで、正直なところ、そのころは人命救助をしたいというよりは、「山（それも劔岳）と真剣に向き合いたい」という気持ちのほうが強かったという。小藥にとって大岩壁と深い谷を擁する劔岳は「日本一の山」なのだ。だから就職場所は劔岳のある富山県以外は考えられなかった。

根っからの山好きであることを示すように、小藥は登山史を中心とした山の知識が深い。歩きながら時折、「この岩陰には××を初登攀した○○さんのレリーフが埋められているんですよ」とか「あそこの岩の名は△△さんが登ったときのエピソードから付けられたんです」といった、ガイドブックにも載っていないような細かい解説をしてくれる。人名や年代、出来事が頭の中に整理されていて、それがよどみなく口から出てくる。

そして、私の後ろを歩く工藤は茨城県出身、隊員歴15年。大学ワンダーフォーゲル部で山と出会い、北アルプスの蝶《ちょう》ヶ岳ヒュッテや燕山荘《えんざんそう》、剣山荘でアルバイトとして働いた。そして剣山荘でのアルバイトシーズンを終えて蝶ヶ岳へ遊びに行ったとき、たまたま遭難者に遭遇。ケガ人の搬送などを長野県警察山岳遭難救助隊とともに行なった。そのときに「長野県の救助隊はかっこいい」と思い、レスキューの仕事にも興味を抱いたという。しばらくして知り合いから富山県警で警察官の特別募集をしていることを聞き、採用試験を受験、合格。その後、警備隊に配属された。長野の救助隊がかっこいいと言いながら、そこにはあまりこだわらないあたりが、おおらかでみんなに慕われる工藤らしい。

さて、私たちは劔澤小屋の横を足早に通過し、劔沢雪渓へ向かって登山道を下っていく。劔沢雪渓に出る手前で1カ所、小さな沢地形を横切る。わずか2mほどだが、そこには残雪がある。夏の残雪は押し固められているうえ、早朝は冷えていてさらに硬く、氷のように滑りやすい。

小藥の足運びを見ながら「慎重に行こう」と自分に言い聞かせて雪渓に踏み入る。その瞬間、後ろを歩いていた工藤が、ひょいっと飛ぶように一歩、二歩と足を出し、私の横、斜面下側に並ぶようにして雪渓を渡ってくれた。私が足を滑らせたら、瞬時にサポートできるように、との行動だろう。その身の軽さと足の動きを見ただけでも、山歩きの技術の高さがわかる。危険を予知して先回りする気遣いはプロの山岳ガイドのようで、さりげないやさしさも感じた。そして、そこに警備隊の登山者を思う気持ちの一端を見た気がした。

実際の事故現場で⁉

ガレ場を下り、剱沢雪渓に出たところでアイゼン（登山靴の底に装着する金属の爪が付いた滑り止め）を付け、雪の上をザクザクと下りていく。夏の剱沢は何度か歩いたことがあるけれど、そのたびに雪の量に圧倒される。広いところでは雪渓の幅は１００ｍを超えるだろう。それが谷のずっと下まで続いているのだ。

剱沢を15分ほど下り、平蔵谷出合から平蔵谷を登り返し始めたとき、工藤が携行していた無線が鳴った。「剱沢から立山室堂」「立山室堂です。どうぞ」「剱沢は予定どおり、7時に訓練開始しました」。剱沢にいる松井から室堂派出所に、定刻に想定訓練を始めたという連絡だ。事前に小藥から聞いていた訓練の設定は「源次郎尾根の岩壁を登っていたクライマー2人が滑落し、シュルンド（岩壁と雪渓の隙間）に転落。それを目撃していたほかの登山者から通報がもたらされた」というもの。

今回の想定訓練でリーダーを務めるのは隊員歴7年の柳本直樹（31）。若手隊員のホープだ。柳本を中心とした隊員たちは「源次郎尾根」「クライマーの2人」「シュルンドに転落」というたった3つのキーワードから現場の状況を想像し、救助や負傷者の搬送の過程でどのような装備が必要となるかを瞬時に判断する。派出所内の装備庫からロープやカラビナ、スリング、アッセンダーなどを集め、隊員たちで分担してザックにパッキング。手早く出動準備を整えているに違いない。

一方、平蔵谷に先回りしている私たち。谷の中央から、徐々に右寄りを登っていく。そして15分ほど登り、岩壁と雪渓に隙間ができているところで小藥が足を止めて「ここが今日の訓練の現場です」と言った。私は「ここで？」という戸惑いの思いを隠せずに周りを見渡す。

目の前に迫った垂直の岩壁。見上げても、黒々とした岩壁が続くだけで稜線は見えず、いったいどのくらいの高さなのかわからない。岩はところどころ濡れているうえ、細かい亀裂が無数に入っていて、ちょっとした刺激でもボロリと岩塊となって落ちてきそうだ。お世辞にも気持ちのいい場所とはいえない。実際、足元の雪渓には、頭のサイズを優に超える大きさの岩が数えきれないほど転がっていて、落石の多さが容易に想像できる。

そして小藥の足元には、私が立つ位置から見えるだけでも5mほどの深さのシュルンドが口を開けていて、その底にはガラガラと岩が堆積している。

「ここは源次郎尾根I峰の下部岩壁といわれる場所で、中谷《なかたに》ルートというクライミングルートの取付点です。この岩壁を初登したのは、モンベル（アウトドア用品メーカー・株式会社モンベル）会長の辰野勇さんと、そのパートナーの中谷三次さんなんですよ。一般的には中谷ルートと言っていますが、本当は中谷・辰野ルートなんです」と説明してくれた。クラシックルートの一つで、成城大ルートなどとつなげて登られた名ルートだが、岩がもろいこともあって、最近は登る人はほとんどいないという。

そして、小薬は一度言葉を区切って、静かにこう言った。「以前、ここは実際にクライマーがロープで宙づりになるという事故があった場所なんです」。思いがけない話にびっくりして私は小薬の顔を見上げた。「今回はその事例とは違いますが、私たちは過去に実際に事故が起きた場所で、その例を参考に想定訓練を行なうことが多いんですよ」。小薬は淡々と話すが、それがかえって私の緊張を高めた。

「私たちはこのシュルンドに落ちた遭難者の役をするために、シュルンド内の岩棚まで降ります。雪渓が崩れて本当に落ちたらたいへんなことになりますから、小林さんはこの安全な場所から動かずに見ていてください。間もなく隊員たちが来ます」。そう言い残して小薬と工藤は、周辺の雪渓の状態を確認し、雪渓の際から少し離れたところにスノーバー（雪に打ち込んで支点を作るためのアルミ鋼材でできた棒）を2本、ハンマーで打ち込んだかと思うと、それを支点としてロープで懸垂下降。あっという間に岩壁と雪渓の間に入っていった。

下降の途中、岩棚にたまった不安定な岩屑を小薬が足や手で落とす。不安定な状態のままだと、いつ落ちてくるかわからず、危険極まりないからだ。小薬が触った岩は、ガラガラガラと派手すぎる音を谷に響かせて落下し、シュルンドの陰に消えてからもまだガーン、ゴーンと不気味な音を立てながら隙間の奥深くへ転がっていく。「うわ、ここ、本当に足場がわるいな」と言いながら小藥は岩壁を横切る。そして工藤は私からもよく見える5mほど下の岩棚に、小藥はさらに奥へ進んだ岩陰に体を隠した。

二人が身を潜めると、平蔵谷は怖いほどに静まった。ここは源次郎尾根と前劔東尾根に挟まれた狭い谷で晴天時でも昼近くまで日が差さないが、今日は小雨交じりの曇天で一層暗く、寒い。それに私たち以外に人の気配はない。私は心細さに耐えるようにピッケルで勢いよく雪を削って、あらためてしっかりした足場を作り、そこにしゃがむと身を縮めた。

谷に響く隊員の声

しばらくして「さあて、そろそろ助けが来るか?」と岩陰に座ったまま工藤が腕時計を見ながらつぶやいた。私は谷の下方に目を移す。シュルンドの中にいる工藤の位置からは、もちろん下部の様子はわからない。

やや間を置いて、劔沢と平蔵谷の出合に動く黒い点が見えた。「あ、来た!」。私は思わず工藤に伝える。

小さな人影が1人、2人、3人……と増えていき、ここからは6人が見える。劔沢雪渓の上部から次々に走ってくると、彼らは平蔵谷出合でピタリと足を止めた。そして一人が、私たちのいる平蔵谷上部へ向かって大声で叫ぶ。

「オーイ！」

「オーイ！」

警備隊の力強い声が平蔵谷いっぱいにこだまする。さっきまで暗く、冷たく、無機質で静かだったこの谷に、急に希望の光が差し込んできたようで心臓が高鳴る。

時計を見ると7時45分。訓練の開始、救助要請が入ってからわずか45分。隊員たちはあの雪渓の上をアイゼンも付けず、まさに矢のようなスピードで走ってきたに違いない。双眼鏡で確認すると、彼らは一度ザックを下ろし、平蔵谷の急斜面に備えてアイゼンを付けるなど身支度を整えているようだ。その間にも2人、3人と隊員が到着し、数を増していく。なかには自身の体より大きなスノーボートを担いだ隊員もいる。ボートは剱沢派出所の入口に立てかけてあったものだ。

身支度を整えた数人が再びザックを背負い、ピッケルを手にすごい勢いで平蔵谷の急な雪渓を登ってくる。斜面の下に小さく見えた人影は、みるみるうちに大きくなる。

すると雪渓を登る隊員に、無線で新たな情報が入る。「遭難者のうち、一人の名前がわかりました。工藤さん。工藤さんです」。それを耳にした先頭の隊員が「1名は工藤さん。了解」と返答すると、斜面を登る足はそのままに、谷を見上げて再び叫ぶ。実際の救助要請時も初めから全容がわかることはまずなく、断片的に入ってくる情報をその場でつなぎ合わせつつ、臨機応変に対応することになる。訓練でもそれが再現されるのだ。

「オーイ！　工藤さーん、工藤さーん！」。隊員が力をこめて叫ぶ。

これが本当の現場だったら、名前を呼ばれた遭難者は、どんなに救われた気持ちになるだろう。ケガによる激痛と絶望が続いていたなかで、体に再び熱い血が通い始める瞬間に違いない。

要救助者役の工藤が答える「工藤です！　シュルンドに落ちた。助けてくれー！」

「呼びかけに反応あり」。先頭を歩く隊員は訓練司令部へ短く無線を入れ、「反応あり！」と後ろの隊員たちにも伝える。「よし！」と後続の隊員たちは答え、さらに登るペースを上げる。要救助者が返答したということは、意識があり、返答するだけの力をもっているということだ。ケガの状態を知らされていない隊員にとって、この返答が何よりの力になる。

そして間もなく隊員3人が訓練事故現場に到着した。真っ先にやってきたのは浅川和彦（37・隊員歴3年）。そして坂本祥一（30・隊員歴3年）、原幸二朗（27・隊員歴2年）が続く。浅川は肩で息をしながら、まず岩壁を見上げ「上部、落石の危険あり。足元の雪渓も崩落注意！」とほかの隊員に呼びかける。

坂本が「上から現場の状態を見ます」と叫んで、シュルンドの際まで足を進め、雪の上に膝をつき、寝そべるように雪渓から身を乗り出して慎重に、しかし素早くシュルンドを覗き込む。そして「工藤さん」と「小薬さん」の姿を確認すると「要救（要救助者）2名とも発見！」と声を上げ、次に「山岳警備隊です。今、助けに行きます。動かないで待っていてください」と小薬、工藤に声をかけた。時刻は7時59分。遭難発生の第一報が入ってから現場到着まで、ちょうど1時間ということになる。通常は、剱沢から中谷ルート取付まで歩くだけでも、1時間30分はかかる。状況把握から装備の準備、パッキング、そして移動を含めて現場到着まで1時間とは驚きのスピードだ。

浅川も現場を確認すると「まずは（シュルンドへ降りるための）支点作成から。装備を落とさないように注意しよう」とほかの隊員に声をかける。そして無線を入れる。「浅川から剱沢。要救2名発見し、呼びかけたところ2名とも意識があり、会話可能。現在、隊員はアプローチ工作中です。どうぞ」

その声を聞いて、私は「ああ、助かった」と大きな安堵感を味わった。訓練だとわかっていながら緊迫した雰囲気にのみ込まれ、いつの間にか、すっかり遭難当事者の気分になっていたのだ。しかし、警備隊の仕事、救助活動はここからが本番だ。

気迫がみなぎる若手たち

それにしても、目を見張ったのは坂本の姿。実は前日の夜、訓練を終えた隊員たちが集まる剱沢派出所で、隊員たちに志望動機などを聞いて回った。坂本は人前で話をするのが少し苦手らしく、うつむき加減で控えめに、でも真摯に質問に答えてくれていた。警備隊員に対して勝手に抱いていた「常に屈強」なイメージとは、ちょっと違うタイプかな？という印象をもった。

しかし、松井はそんな坂本をフォローするように「坂本はしゃべるのも、食べるのもすごくゆっくりで、一見、警察官っぽくないでしょう？　でも、いざ救助の現場となると馬力はあるし、冷静で判断力もあり、とても頼りになるんですよ。坂本のすごさはきっと明日の訓練でわかりますよ」と言っていた。

まさにその言葉どおりで、現場での坂本は一本筋が通るようだ。強者が揃う警備隊員のなかでも、先駆けて現場に到着し、ほかの隊員の動きにも目を配りながらテキパキと動く。雪渓の上からケガ人を確認し「要救発見！」と叫んだ声には気迫が満ち、前夜とは別人のよう。それに訓練とわかっていて活動しているなかでも、真っ先に要救助者である工藤や小藥に「今、助けに行きます」と相手の目を見てかけた言葉には心がこもっていて、そのシーンに感動してしまった。坂本は意識していないのかもしれないけれど、きっと、相手を思いやれるその気持ちが遭難者にとって、何よりの救いになるだろう。

ちなみに、坂本は高校卒業後、ＴＫＫ（立山黒部アルペンルートを運営する立山黒部貫光株式会社）に就職。大観峰《だいかんぼう》や黒部平駅でスタッフとして働いていたときに、アルペンルートを使って救助に向かう警備隊の姿を見て「山での救助というすごい仕事をしている人たちがいる。自分もやってみたい」と思ったそうだ。そしてＴＫＫを退社し、中途採用で警察官となった。今、実際にその舞台に立っていることに「先輩たちへの憧れの気持ちは今も変わらず、技術の高さや知識の深さを尊敬している。自分がそのような人たちといっしょに仕事ができるのが夢のよう」と話してくれていた。

さて、話を想定訓練に戻そう。浅川、坂本、原たち第一陣が着いて間もなく、リーダーの柳本など、続々と隊員が現場に到着する。雪渓の切れ目とシュルンドの状態を確認していた坂本が柳本に状況を伝える。「（要救助者のところに）降りるなら、ここからです」。柳本はうなずき、坂本とともにシュルンドと要救助者の状態を確認。

そして「よし、ロープを出そう」と言うと、続けて「みんな、聞いてくれ。この下にケガをした方がいる。一人はケガの状態が特にわるそうだから、なるべく動かさずに上げられるように、その方の近くに引き上げシステムを作る。メインのシステムはここに、バックアップはこっちに作ろう。モノポール（垂直斜面での遭難者引き上げに有効な道具）はここ、プーリー（引き上げ効率を上げるための滑車）はここ、引き上げの支点はここ」とその場所を指し示したり、目印を付けたりしながら具体的に指示を出す。ロープを使ってシュルンドから雪渓上に要救助者を引き上げ、その後に搬送する作戦だ。

柳本の指示にしたがって、隊員たちが一斉にスノーバーを打ち込んだり、ロープを出したりと作業を始める。雪渓上、数カ所で同時に「カーン、カーン」とスノーバーの頭をハンマーで打つ音が勢いよく響き始める。

その間に、坂本は要救助者に呼びかけ、ケガの具合を聞き取る。工藤さんは右足を痛めていること、小槳さんは首から足に痛みがあることを把握し、浅川とともに応急処置に必要な道具を準備する。

隊員全員が現場に揃ったところで、柳本から再び指示が出る。「ここに支点を作るから、浅川、早坂、坂本の3人はそれを使ってロープで下り、応急処置を始めてくれ。ほかのメンバーは引き続きシステムを作成」「はい！」。隊員たちの動きに拍車がかかる。

ガーディアンと質の高い応急処置

そんな隊員たちの一挙手一投足を鋭いまなざしで見つめるのは、訓練の安全管理を担うガーディアンの石川仁（41・隊員歴16年）と谷本悠基（40・隊員歴11年）。例えば、新人が手いっぱいになって雪渓上にカラビナなどの装備を不用意に置こうものなら、すかさず指摘が入る。雪渓上に置いた物が何かの拍子に滑りだしたら、斜面を落ちるうちにどんどんスピードを増して落下する。万一、それが人に当たったら重大事故にもなり得る。それに救助中に限らず、山での必要装備の喪失は時に致命的事態にもつながりかねない。

延ばしたロープの近くに不安定な岩があれば「どかしてからにしよう」と言い、ロープが結ばれれば、その結び方が適切か、つぶさに確認をしに行く。隊全体の動きを俯瞰で、そして一人一人の動作を細かく観察し、危険につながるちょっとしたミスや、周囲状況の変化などのイレギュラーも見逃さない。警備隊の訓練では、その都度、石川、谷本のように安全管理だけを専門に担うベテラン隊員を付け、事故が起こることのないよう、二重、三重チェックの徹底的な安全対策がとられている。

普段は笑顔を絶やさないやさしい先輩だけれど、訓練中、新人隊員たちはガーディアンが近くに来て、視線を向けられただけでとたんに緊張し、日頃はすんなりとできているロープの結びも思うようにできなくなってしまうに違いない。必死ながらも、おどおどした表情に、新人隊員たちの緊張感がこちらにまで伝わってくるようだ。

さて、ロープを伝って遭難者のいる場所まで降りた浅川、坂本、早坂。まずはより重症な小藥さんに浅川と坂本が寄り添い、ケガの状態を詳しく観察するとともに聞き取りが行なわれる。その状況が無線で剱沢派出所に伝えられる。

「小藥さんはトップで登攀中に滑落し、その際に背中を強打。首の後ろがピリピリするとのこと。手足の感覚に違和感はあるものの、自分で動かせる状態です。どうぞ」「剱沢、了解です。脊椎の保護等、充分に注意して救助に当たられたい。また状態の変化に注意して、観察を継続されたい。どうぞ」

現場の様子や要救助者の容体は、剱沢派出所の隊員や、本部など離れた場所にいる幹部隊員にもつぶさに共有され、必要であれば幹部隊員たちからのアドバイスや指示が現場に送られる。

浅川と坂本は持ってきたシーネで頸部を固定し、エアマットを利用して背中の固定作業を進める。「固定ができたら雪渓の上に引き上げますので、もう少しがんばりましょう」。坂本から小藥さんに励ましの言葉がかけられる。

早坂はもう一人の遭難者・工藤さんのケガの状態を確認する。足の先端部から両手で包むように触っていき、工藤さんの表情を見つつ、負傷部位がどこかを探っていく。工藤さんは右足首の骨折が疑われるほか、首にも痛みを訴えている。ギプスや携帯用の副木を使って固定が行なわれ、首にも固定具が装着される。

岩壁からシュルンドに落ちた人の救助訓練を行なう隊員たち

岩場などでの転落事故で隊員たちが最も気を使うのが脊椎の損傷である。一命を取り留めたとしても、脊椎のダメージの有無が、その後の社会復帰に大きく影響するからだ。脊椎が傷ついている可能性が少しでも考えられるときは、救助・搬送中に悪化させないように細心の注意が払われ、固定が施される。それを今回の訓練でも実施している。とはいえ、山岳救助は時間との闘いとなることも多い。しかも、山の中へ持っていける応急処置の用具も限られる。現場にあるもので手早く処置をし、搬送を始めることが最重要だ。

汗が噴き出す雪渓上の搬送

小藥さんの応急処置が終わり、背負い搬送用のハーネスが装着されると、慎重に上体が起こされ、坂本の背中に乗せられる。まずは小藥さんを背負った坂本が雪渓上へ引き上げられる。

しかし、目の前に立ちはだかるのは5mの高さがある垂直の雪壁。これを乗り越すのは簡単ではない。小藥さんの体重は72kg、坂本は65kgで、2人合わせると140kg近くの重量になる。まともに人力で引き上げるのはまず無理だ。そこで使うのはプーリー（滑車）の原理を利用した、小さな力で大きな重量のものを引き上げられるシステム。ここでは「1／3システム」という、その名のとおり、3分の1の力量で引き上げられる方法が使われる。

引き上げシステムを使って、雪の上に要救助者を上げる訓練

応急処置が行なわれている間に、雪渓上に10mほどの規模で構築したシステムのそれぞれの支点を、リーダーの柳本やガーディアンである石川、谷本が手早くチェックし、間違いがないか、強度に問題がないかを最終確認。それが終わると新人隊員たちが引き手となって、「ゆっくり上げろ」という柳本の指示に合わせ、綱引きのようにロープを引っ張る。すると、小欒さんを背負った坂本が少しずつ引き上げられていく。

雪渓に上がった坂本は、ほかの隊員にサポートされながらスノーボートまで歩いて移動し、ボートに小欒さんを横たえる。そこには要救助者の体温保持のため、すでにマットやシュラフ、保温シートがセットされている。

続いて工藤さんを背負った早坂が、同様に雪渓上に引き上げられる。人手が必要となるこの作業に全員の意識が向かいがちだが、常に隊員の誰かが、先にスノーボートに収容された小欒さんに付き添い、「寒くないですか?」と容体を確認したり、「工藤さんを引き上げたら、いっしょに剱沢へ向かいますからね」と状況を伝えたりなどの声がけを怠らないことに感心した。隊員たちは、遭難者に対する心のケアも大切にするように教え込まれているのだ。

全員がシュルンドから脱出すると、今度は雪上の搬送が始まる。工藤さんは、早坂や坂本など3、4人の隊員が交代で背負う。そして小欒さんはスノーボートに横になった状態のまま運ばれる。

山岳救助といえば、ヘリによる搬送のイメージが強い。しかし、訓練では平蔵谷から剱沢まで約2㎞の行程を人力で運ぶという。平蔵谷から剱沢に出るまでは急斜面の下りなので、滑り落ちることがないように何ピッチかロープで確保しながらの搬送になる。さらにその後は剱沢雪渓を、剱沢派出所まで標高差約500ｍの登り返しとなり、相当な労力が必要となる。

ベテラン隊員の松井に「訓練だからヘリを使わないのですか?」と聞いてみた。というのは、私は何度か山での救助を遠くから見たことがあったけれど、そこで目にしたのは、颯爽と飛来したヘリがあっという間に遭難者を収容し、街まで搬送していくという場面。人力で搬送するということに正直、ピンと来なかったのだ。

松井は「私たちはたとえヘリが飛べない条件でも、地上搬送ができるように訓練を欠かさないんです」と答えてくれた。これについて、私は後々、その意味を知ることになる。

平蔵谷出合から登りに転じると、要救助者の体重が隊員たちにのしかかる。背負い搬送は、一人の隊員が要救助者を「おんぶ」して運ぶ。時には自分の体重以上ある要救助者を背負うこともある。

「自分から行きます」と手を挙げて最初に背負ったのは、藤本貴大(26・隊員歴3年)。体勢を整え、意を決して一歩、足を出すと雪の中に足がめり込むほどの加重だ。10歩、20歩と登っていけばたちまち、ふくらはぎも太ももも、パンパンになる。苦しさに負けないように奥歯を食いしばって、30

m、50mと雪の斜面を進む。転ばないように脇についてサポートをする早坂、坂本が頃合いを見て「交代！」と声をかけると、「まだまだ！」と申し出を断って自分自身に活を入れ、さらに足を運ぶ。そんなやりとりを数回繰り返してから、やっと次の隊員に交代となる。

一方のスノーボート搬送は6人が力を合わせてロープを引く。隊員が足並みを揃え、直線的にロープを引くのが最も効率がいい。ペースの乱れや、左右のブレがないよう、互いに気を配りながら「イッチ、ニー。イッチ、ニー」のかけ声を谷に響かせ、テンポよく登っていく。途中で息が切れて苦しくなっても、自分だけが立ち止まるわけにはいかないというプレッシャーをお互いに感じているに違いない。

朝からずっと曇り空だったのに、このころには雲が切れて青空が広がり始めた。太陽が首筋をジリジリと照らし、雪渓からの照り返しもまぶしい。そんななか噴き出す汗も構わずに、スノーボート搬送、背負い搬送が競い合うように、そして鼓舞し合うように、どこまでも続く剱沢の雪渓を一歩一歩、登っていった。

背負い搬送は警備隊の基本搬送技術。シンプルだが隊員の負担は大きい

雪が多い剱・立山エリアではスノーボートによる搬送も選択肢の一つになる

第2章
富山県警察山岳警備隊とは

どんな現場でも

北アルプスを含む富山県全域で活動

富山県警察山岳警備隊とはどのような部隊なのか、ここであらためて紹介しよう。まずは、警備隊の活動舞台となる富山県の山岳地帯について、おおまかに知っておきたい。

富山県は東西約90㎞、南北約76㎞で、中央が窪んだリボン型をしている。富山湾に面した中央部北側は扇状地である富山平野が大きく広がり、それを囲むように急峻な山岳地帯がある。東部は北アルプス3000m級の山々が連なるほか、その周囲にも鍬崎《くわさき》山、負釣《おいつるし》山、黒菱《くろひし》山など日帰り登山の対象となる山が多数ある。

西部は白木《しらき》峰、医王《いおうぜん》山といったハイカーに人気の山のほか、人形《にんぎょう》山、猿《さる》ヶ山、大笠《おおかさ》山など自然の奥深さを感じさせる山が点在。県名のとおり「山に富んだ」地である。警備隊の活動範囲はこの富山県の山岳地帯、全域に及ぶ。

警備隊は救助要請があれば県の端から端まで駆けつけるが、出動機会が突出して多いのは、やはり北アルプスの山々である。北アルプスは正式名称を飛騨《ひだ》山脈といい、全長１５０kmにも及ぶ巨大山脈だ。登山者の人気が高く、国内はもちろん、海外からも多くの人が訪れる。

北アルプスは南端部、長野と岐阜の県境上に槍《やり》・穂高《ほたか》連峰があり、そこから北に双六《すごろく》岳、三俣蓮《みつまたれん》華《げ》岳と主稜線が続くが、この三俣蓮華岳以北が富山県となる。ここで山脈は二つに分かれる。一方は黒部五郎《くろべごろう》岳、薬師《やくし》岳、立山、剱岳、毛勝《けかち》山などの立山連峰。もう一つは長野との県境上に続く鷲《わし》羽《ば》岳、針ノ木《はりのき》岳、鹿島槍《かしまやり》ヶ岳、五竜《ごりゅう》岳、白馬《しろうま》岳、朝日《あさひ》岳などの後立山《うしろたてやま》連峰だ。そして、この両連峰を隔てるのが、谷の深さと急流で知られる黒部《くろべ》峡谷である。つまり、北アルプスのほぼ北側半分は富山県に属することになり、ここだけを見ても警備隊の活動範囲はとても広い。

さらに北アルプス富山県側の山々を三つのエリアに分けて整理しよう。

一つは、メインエリアとなる剱・立山周辺。この山域の玄関口となるのは、立山黒部アルペンルートの室堂ターミナル（標高２４５０ｍ）。富山県側の立山駅から長野県側の扇沢へ、交通機関が山脈を貫いている。室堂は富山県が誇る国際的な山岳観光地だ。

その室堂からは各方面への登山道が整備されている。立山連峰の主峰である雄山（３００３ｍ）へは半日程度で往復でき、比較的手軽にアルプス登山を楽しめることから登山初心者にも人気がある。ほかに浄土山、立山（雄山、大汝山、富士ノ折立）、別山を１日で周回する立山三山縦走路や、大日岳方面へ歩く人も多い。室堂から五色《ごしき》ヶ原、越中沢《えっちゅうさわ》岳、薬師岳をたどるロング縦走も登山者憧れのルートだ。また、ゆったりしたカールを抱く立山三山は、初冬と残雪期は絶好のバックカントリーエリアとなり、スキーヤーやスノーボーダーもたくさん訪れる。

そんな立山の北にそびえ、ひときわ目を引くのが岩峰・剱岳。山頂への一般ルートは室堂から別山乗越、剱沢を経て別山尾根を登るものと、西側の馬場島《ばんばじま》から早月《はやつき》尾根をたどるものの2本がある。剱沢から仙人池や阿曽原《あぞはら》温泉を経て水平歩道を欅《けやき》平へ向かう裏剱エリアも人気が高い。さらに秋の限られた期間だけ通行可能となる阿曽原温泉から黒部ダムへ通じる下《しも》ノ廊下《ろうか》は、熟達者向きのコースだ。

二つ目は黒部源流域の山々。室堂から南西に約15㎞離れた場所に登山口となる折立《おりたて》がある。ここからは薬師岳のほか雲ノ平、黒部五郎岳、三俣蓮華岳、鷲羽岳、水晶岳など北アルプス中央部の山々へ登山道が通じている。この山域は険しい地形の剱岳周辺とは対照的に、おおらかでのびやかな稜線が続き、広大なお花畑や清流、池塘を眺めながらの山旅が楽しめる。

三つ目が長野県境を成す後立山連峰。主要登山口は長野県大町市の扇沢、白馬村の遠見《とおみ》尾根、八方《はっぽう》尾根、小谷《おたり》村の栂池《つがいけ》高原と、いずれも長野県側にあることから、登山者の多くは長野県側からのアプローチとなる。しかし、稜線部は八峰《はちみね》キレット、不帰《かえらず》ノ嶮《けん》などの険しい岩稜帯もあり、そのような場所での事故も少なくない。そして、後立山連峰の北側には花の名山・朝日岳がそびえる。これらの稜線から富山県側で発生した事案は、警備隊の出動対象となり、稜線上の場合は長野県警（三国境《みくにさかい》以北は新潟県警）と協力して救助活動を行なう。

27人の隊員、全員が警察官

山岳警備隊は、山岳地帯の遭難防止と救助を目的とした富山県警察の組織として、1965年に誕生した。発足60年に迫る伝統をもつ救助部隊である。

2022年度の警備隊員は飛弾《ひだ》晶夫隊長（52・隊員歴23年）以下、27人で構成される。パワーみなぎる20代、30代を中心に、経験豊富な40代、50代のベテラン隊員まで、年齢層は幅広い。かつては民間から委託された隊員も在籍していたが、現在は全員が現役の富山県警察の警察官である。

隊員のうち10人は、警察本部の地域部山岳安全課に所属し、警備隊の仕事に専任している。特にそのなかの6人は常駐隊員として、基本的に一年を通じて山の警備派出所に勤務し、交代で寝泊まりしながら事故の対応や遭難防止に努めている（入山者がいないときは警察署勤務）。警備隊のなかでも現場出動回数が多く、最前線での救助を担う花形ポジションだ。なお、全国の警察の山岳レスキューに関わる組織で、年間通じての常駐体制をもつのは富山県警察だけである。

山岳安全課以外の17人は、県内の6つの警察署に分かれて所属し、交番・駐在所勤務や自動車警らといった一般的な警察官としての仕事と、警備隊としての仕事を兼務している。隊員に聞くと、「どちらも『個人の生命、身体、財産を保護する』という警察官としての責務という点で、仕事の意義は共通しています」と言うけれど、地域防犯や交通安全などのいわゆる「お巡りさん」としての勤めと、山岳レスキューという特殊な任務は、現場環境も仕事内容もまったく異なり、まさに「二足のわらじ」。両立はそう簡単なことではない。

その兼務隊員たちが所属する警察署の担当山域を２０２２年度の体制を例に、東から順にまとめてみよう。

・入善警察署（隊員３人）……黒部川の支流である北又谷から朝日岳、雪倉岳、白馬岳。アルプス前衛の山である南保富士、負釣山を含む朝日町や入善町の山を受け持つ。

・黒部警察署（隊員２人）……欅平から黒部川沿いのコースである水平歩道、東は白馬岳から鹿島槍ヶ岳、西は仙人山から毛勝山など黒部市を管轄。

・魚津警察署（隊員２人）……猫又山、毛勝山、僧ヶ岳など、劔岳から北へ続く稜線上の山々を担当。

・上市警察署（隊員4人）……剱岳、立山、大日岳、針ノ木岳などを含む、県内で最も山岳遭難の件数が多い山域を担当。
・富山南警察署（隊員4人）……薬師岳、北ノ俣岳、黒部五郎岳など、北アルプス最奥部、いわゆる黒部源流部の山々を担当。
・南砺警察署（隊員1人）……白木峰、医王山、人形山、猿ヶ山、大笠山など県西部の山岳部を担当。

それぞれの隊員たちは、配属されている警察署が管轄する山域をメインに活動するが、必要に応じて、臨機応変にどこの現場へも出動することになる。また、シーズン中はメインエリアである室堂、剱沢、馬場島の各警備派出所での警備応援も行なう。つまり、隊員たちは、県内の広い山岳地帯をくまなく知り、どこでも対応できる力が必要となる。

それならば、警備隊が一つの警察署に集まっていたほうが、連絡がとりやすく、効率がよいのではとも思うが、このように分散配置されていることには理由がある。まず広い山岳地帯のどこで事故が起こっても対応できるようにすること。分散していることにより現場に最寄りの隊員が、素早く駆けつけられる。また、警備隊の訓練時や大きな山岳事故が発生したときに隊員が一斉に山へ向かうと、警察署に多くの欠員が出ることになる。そこで各署に数人ずつとすることで、彼らが抜けても、通常の警察業務への影響が少なくて済むという配慮もある。

意外なのは、そんな27人の隊員のうちの半数は県外出身者であること。警備隊はテレビや書籍などでたびたび紹介され、知る人ぞ知る存在。どんな険しい場所でも、そして荒れた天候のなかでも、登山者を助けに駆けつける警備隊は、まさに登山界のヒーローだ。その姿に憧れて北海道から九州まで、全国各地から希望者が集まる。なお、現在の隊員は全員、自ら警備隊の仕事を希望し、立候補して入隊してきた。そして、彼らの後ろには、常に何人か、入隊を希望する若手警察官が控えているという。

警備隊を志す理由は憧れの気持ち以外にも「人の役に立ちたい」「もともと山好きで、山に関連した仕事をしたかった」「山の事故を減らしたい」などさまざまだ。大学山岳部出身など、隊員になる前から山に慣れた人もいれば、入隊するまで山の経験はほとんどないという人もいて、経歴も人それぞれである。

また、みんな山好きとはいっても、ロッククライミングに情熱を注ぐ人もいれば、山を駆けるトレイルランニングに強い人、山スキーが得意な人もいるし、なかにはヤブ山に詳しい隊員もいて、山のスタイルは一様ではない。そんな個性豊かな27人が集まり、それぞれの得意分野を活かして協力しながら、富山県の山の安全を守っている。

後遺症なき山岳救助をめざして

山岳救助の仕事の厳しさを知らない人は「登山者は登山道を歩いているわけだから、登山道で倒れている人を運ぶのだろう」というぐらいのイメージしか抱けないかもしれない。でも実際は、山での救助は登山道から外れた場所であることも多い。

例えば、急斜面を横切るように付けられた登山道を歩いていた人がスリップして滑り落ちたとする。その人は、運がよければ崖の途中の木やちょっとした岩棚などに引っかかって止まっていることもあれば、斜面の下まで落ちてしまうこともある。いずれにしても、その人を助けるために警備隊は道のない危険な急斜面を下り、場所によっては遭難者とともに斜面を登り返したり、安全な場所まで下ろして救出しなければならない。そこには遭難者はもちろんだが、警備隊自身も滑落の危険があり、落石を受けるリスクもある。まさに命懸けの仕事だ。

また、登山者が徒渉（橋のかかっていない沢を自力で渡ること）に失敗するなどして沢に流された場合は、急流に身をさらすこともあるし、道迷いならば、それこそ道のないところまで入り込んで広範囲を捜索することもある。天気のよい日ならばまだいいが、山の事故は悪天時に多発する。さらには雪に覆われ、気象条件のわるい冬に出動することだってある。「山に登れます」「登山が好きです」という程度ではとても務まらない仕事だ。

さらに、山での救助はケガによる外傷とは限らない。標高の高いところで酸素不足によって起こる高山病、低温にさらされて体温が維持できなくなる低体温症、逆に高温時に体内に熱が蓄積されてしまう熱中症などさまざまな体調不良にも対応しなければならず、時には心筋梗塞や脳卒中など一刻を争う疾患の場合もある。

そのような傷病者を運ぶときには、街のように近くまで救急車が来てくれるわけではなく、場所によっては、夏山想定訓練で見たように隊員が傷病者を背負ったり、スノーボートに乗せて引くなど、人の力による救助が必要となることも少なくない。

隊員たちは、体力が必要なことはもちろん、普通の登山者が行かないような場所へも駆けつけられる山の知識や、岩登り、沢登り、ヤブこぎなど総合的な山の技術をもっていなければならない。そして、遭難者を安全に搬送する手段、多岐にわたる症状に対応できるようファーストエイドの知識などを駆使し、さらに危険な場所では自らの身を挺して救助活動をしている。

また近年、警備隊は救助の迅速性に加えて、より正確な初期評価（短時間で緊急度を見極め、速やかにその後の必要処置法を判断すること）や医学に基づいた応急処置を大切にしている。それは、救助された人の救命率の向上はもちろん、命に別状がない場合でも早期に社会復帰ができるよう「後遺症なき山岳救助」をめざしているからだ。

そのために山岳医療の専門家を講師に招いて勉強会を行ない、隊員それぞれが最新の知識・技術を習得している。その一方、より対応の正確性を高めるために、実際の救助活動では連携している医療機関の医師と直接やりとりをして判断を仰ぐこともある。

本来の警備隊の仕事は、山で救助した人を医療機関へ引き継ぐところまでである。しかし、救助・搬送するだけでなく、その間に、より適切な処置をすることにもベストを尽くし、さらに質の高い救助活動をめざしている。まさにプロフェッショナルの世界だ。

どんな場所でもどんな条件でも救助へ

もう一つ、警備隊が重要視していることに「全天候型救助」がある。どんな天候であっても、いち早く救助へ向かうという警備隊魂だ。

今では山岳救助といえばヘリコプターが活躍するイメージがある。富山県警察では1988年にヘリを導入して以降、救助から医療機関への搬送までのスピードが格段に増した。現在、例えば劔岳での救助の場合、条件が整っていれば、要請が入ってから1時間ほどで医療機関へ届けることも可能。ヘリによる迅速な救助活動によって、それまでには助けられなかった命を救えることになったことは極めて大きな功績だ。実際、富山県では山岳遭難の約7割でヘリが活躍している。

でも、救世主であるそのヘリにも克服しがたい弱点がある。それは、視界が得られない夜や、霧や強風など悪天候時には飛べないこと。富山におけるヘリ救助の難しさには、富山ならではの地形や気象が大きく関係してくる。

あらためて地図を広げて見てみると、北アルプス北部の山は日本海に裾を洗うかのように、海岸間際まで迫っていることがわかる。剱岳や立山も日本海から直線距離でわずか30㎞ほどしか離れていない。海から近い場所に3000m級の山々が、屏風のように立ち並んでいるのが富山の地形の特性だ。

海の方角から風が吹くと、海上の湿気を含んだ空気が山へ向かって運ばれ、山の斜面に沿うように上昇。その空気は上空で冷やされて雲が発生する。そのため、北アルプスのなかでも立山連峰は特に天候が変化しやすく、その結果ヘリが飛べない条件となる頻度も高いという事情がある。

夏、朝は快晴でも、午後になると山の稜線はガスって（霧が出て）くる。山の事故は登山者たちが下山する時間帯である午後に多発する傾向にあり、それは、ヘリが飛べない条件と重なってしまうのだ。富山県警察航空隊の凄腕操縦士や堅実な仕事をする整備士でも、天候に左右されることばかりは、どうしようもない。

天候の影響は、夏より冬のほうがさらに顕著になる。冬の剱岳の気象条件は日本の山でも屈指の厳しさで、ひとたび荒れると1週間ほど猛吹雪が続くこともめずらしくない。だから冬に剱岳に登頂できるのは、登山者でもそれこそほんの一握りの実力者ということになる。そんな極限の世界でも登山者に何かトラブルが起こったときには、隊員たちは救助に向かう。

もし、そんなときヘリの力に頼る救助隊では、「悪天候でヘリが飛べないから救助に行けない」ということになり、天候が回復するまで動けない。その間に助けられる命が消えてしまうことも起こりうるだろう。隊員たちの心の中には、警備隊としてそれではいけないという、強いプロ意識がある。

ヘリが飛べないのなら、それが、たとえ冬の剱岳であっても、自分たちが吹雪のなかラッセルをして現場へ向かい、その背に遭難者を負って無事に戻ってくる。どんな現場でも、どんな条件でも救助を試みるというのが富山県警察山岳警備隊の伝統で、それこそが日本屈指の山岳救助隊ともいわれるゆえんだ。

警備隊の見据える先には常に「冬の剱岳」があり、隊として、そして隊員一人一人も冬の剱岳で安全に救助活動ができるレベルを維持するために、日々の厳しい訓練を積み重ねている。

身を懸けた仕事

2022年の遭難件数概要

さてここで、警備隊がどれほどの山岳遭難に対応しているのか、富山県山岳遭難対策協議会がまとめたデータを見てみよう。

2022年、富山県内で発生した遭難件数は115件（図1）、遭難者数は124人だった。これが多いのか少ないのかが気になるところだが、近年は新型コロナ感染症による登山者減少や山小屋を含む宿泊施設の営業自粛などの影響もあり、その評価は難しい。しかし、過去のデータと比較すると、コロナの影響を除外しても115件という数字は少なかったとはいえず、例年より登山者が少ないことを考慮すれば、むしろ遭難件数は増加傾向にある。

なお、124人という遭難者数の中には山菜・キノコ採り、作

図1　富山県内での山岳遭難発生状況（2000年以降）

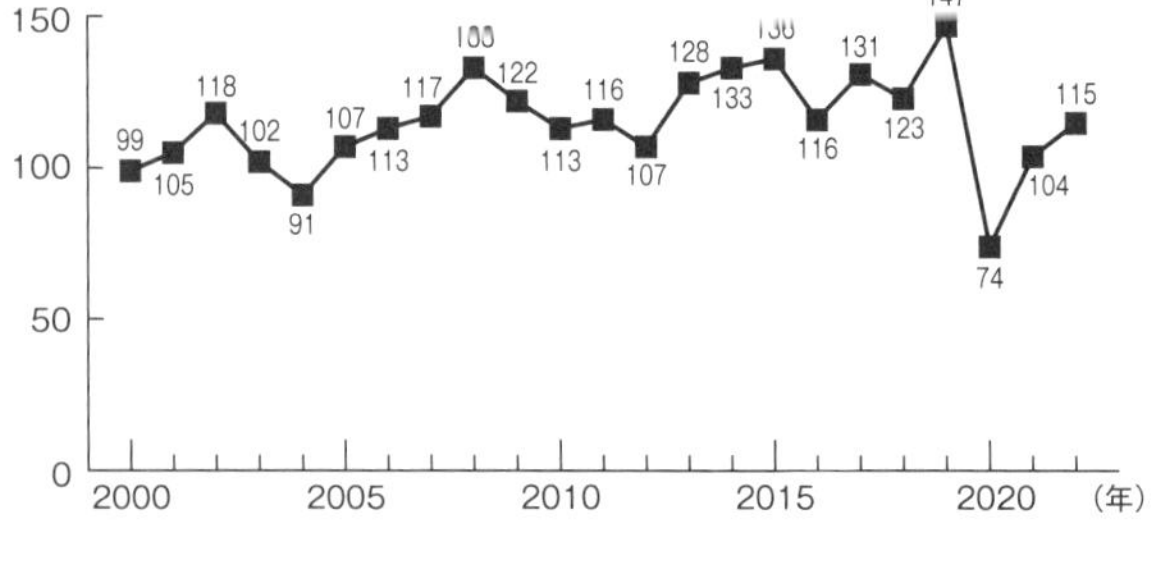

業中の事故も含まれるが、登山、スキー登山、ハイキング、沢登り、岩登りといった山岳フィールドでの活動を目的としていた人が110人で、全体の約89％を占める。

次に図2の山域別遭難者数を見てみよう。剱岳での遭難者数は23人、立山では35人。この二つのエリアを合わせると58人で、富山県全域の遭難者数の半数近くを占める。さらに北アルプス全体では107人、約86％で、富山県での山岳遭難の大多数は北アルプスで起きていることがわかる。

また、図3の居住地別遭難者数を見ると、富山県以外では、東京、神奈川、愛知、大阪と都市部からの人数が多く、全体を見ると8割以上が県外者ということになる。

これらのデータからわかることは、遭難者の多くは富山県外から来た「登山者」で、何らかのトラブルによって富山県警察の警備隊にお世話になっているということだ。このことは、富山県外に住む人たちも知っておきたい事実である。

図2　山域別避難者数

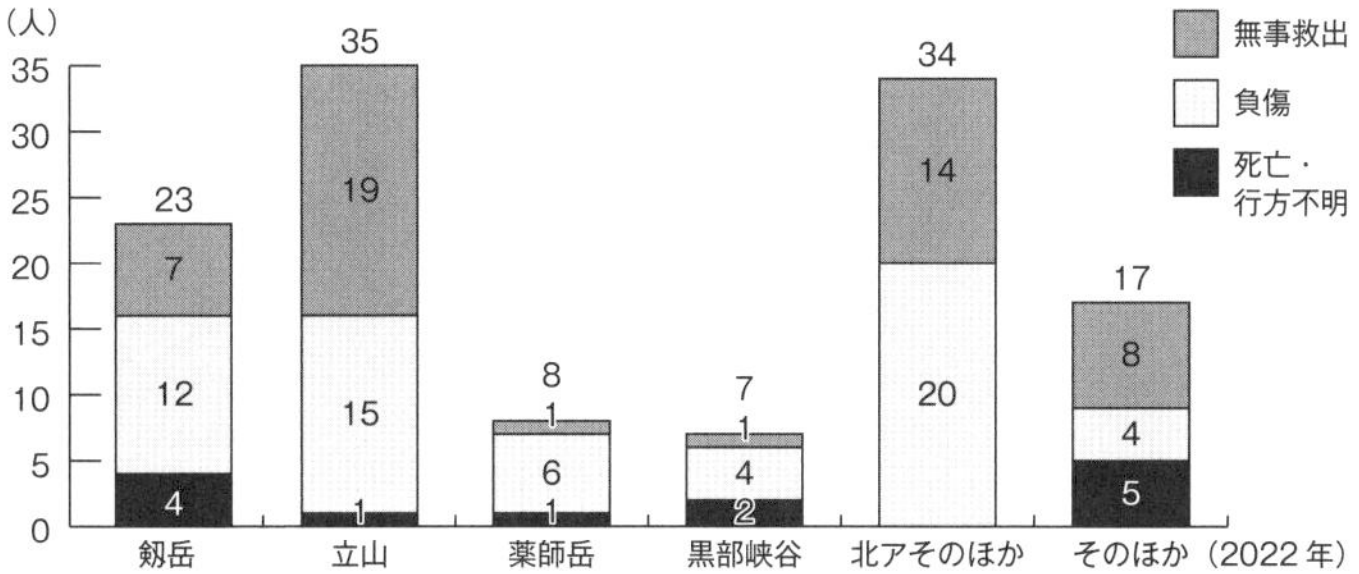

図3　居住地別遭難者数

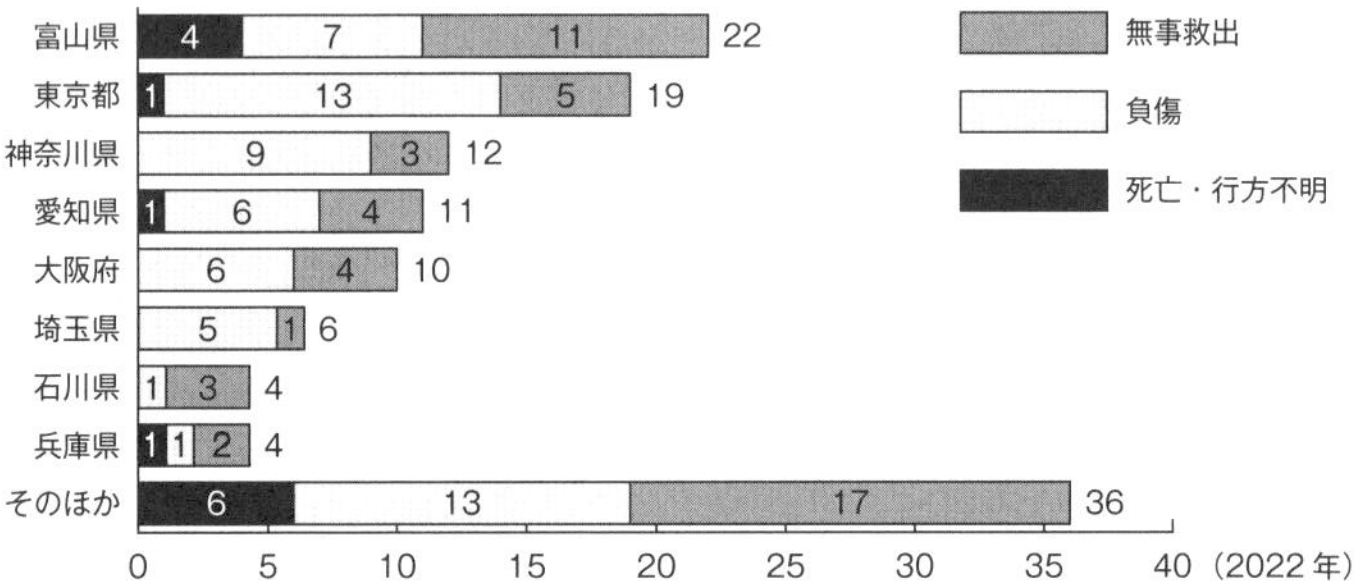

　ところで、ここまで何度も使っている「遭難」という言葉について、ここであらためて整理しておこう。山で起こる遭難を山岳遭難といい、一般的には「山で命に関わるような災難に遭うこと」とされているが、警備隊では「何らかのアクシデントで自力下山ができない状態にあること」と定義している。足を骨折したり体調不良で下山が不可能になり、救助された場合は「遭難」に当てはまることはわかるが、微妙な事例もある。

　例えば登山者が熱中症で動けなくなり、救助要請をしたとしよう。警備隊が駆けつけて応急処置をし、体調が回復。歩ける状態になっても、念のために警備隊が付き添って下山したというケースは「遭難（無事救助）」という扱いになる。

　似て非なるケースとして、山小屋の宿泊者が夕方、高山病で体調を崩し、警備隊と診療所の医師が山小屋へ駆けつけたとする。医師の処置で無事回復し、医師の判断により自力下山が認められ、翌日に自分で室堂まで歩いて帰ったという事例は「遭難」には当たらない。この場合は警備隊の正式な活動記録には残らないし、警察庁で統計をとっている山岳遭難の件数にもカウントされないことになる。

ちなみに室堂周辺では観光客が転倒して骨折するという事故もたびたび起きるが、それは最終的に消防救急隊の対応となることが多く、初動として警備隊が関わったとしても、警察の記録には残らず、遭難にもならない。警備隊は、このように数に入らない病気、ケガにも対応していて、実際に関わっている件数は発表される数よりずっと多い。そう考えると、27人という隊員の数は決して充分とはいえず、隊員一人一人にかかる負担は統計の数字以上に大きい。

現場の指揮をする警備隊長

そんな警備隊を率いるのは、飛弾晶夫隊長。警備隊歴23年の大ベテランで、2020年から隊長を務めている。人を助ける仕事がしたくて警察官をめざし、集団警備や、有事の際の災害救助を任務とする機動隊を志願、配属された。その後、先輩隊員からの誘いもあって、より直接的に人命救助の仕事ができる警備隊に転属。以来、数えられないほどの登山者を救ってきた。そして何度も、自らの命にも関わる危険な現場を経験している警備隊きっての実力者だ。

飛弾の大きく膨らんだ「柔道耳」を見れば、組み合いをして勝てる相手ではないと瞬時にさとるだろう。5歳で柔道を始め、中学、高校と部活で柔道漬けの日々を送った。警察機動隊では柔道特別訓練員として特訓を積み、五段にまで昇段した。

若い隊員たちに隊長がどんな人かこっそり聞くと「全員が恐れる存在」「警備隊のレジェンド」と畏怖した表現が返ってくる。確かに、姿勢がよく締まった体、無駄口を叩かす隙のない態度、何でも見通しそうな目線に、なるほどと思う。でも、オフのときには若い隊員たちがじゃれ合うのを腕組みしながら、やさしい視線で遠くから見ている姿も印象的だ。

2015年から18年までは、人事交流として山梨県警察に出向。富士山、南アルプス、八ヶ岳《やつ》、奥《おく》秩父《ちちぶ》などの救助活動をする山梨県警察山岳警備安全対策隊に、富山方式の救助技術を伝え、山梨の隊員たちのレベルアップに貢献した。

隊長の仕事は隊の運営全般で、隊員の管理、訓練計画の立案、安全登山に関する講演など多岐にわたるが、なかでも重要な任務が、救助の際の陣頭指揮を執ること。どこに誰を向かわせ、どのように救助するのか、方針を立て、それを実行させるための司令官となる。

富山県内の山岳で起きる傷病の救助要請は、110番、119番どちらに通報してもすべて富山県警察本部の山岳安全課に集約される。警備隊はいつ来るかわからない救助要請に備えて、一年365日、24時間体制で事案に対応できるよう、交代でスタンバイしているが、特に隊長は、登山シーズン中、気が休まる時はない。

大きな事故で人手が必要となれば、交番勤務中の警備隊員や非番・休日の隊員にも指示を出して必要人数をかき集める。さらにヘリが必要であれば、警察航空隊などと調整をし、フライトの手配をする。もちろん飛弾自らがヘリに乗って、救助に当たることもある。

夏の想定訓練でも実施していたように、救助要請が入った段階で、現場の全容がつかめるほどの情報が揃うことは少ない。全容が見えないうちに救助方針を立てるのは非常に難しい。でも、その段階から隊員たちを的確に動かさないと現場への到着が遅れるし、隊員や要救助者の安全を守れないことにもつながる。隊長は責務が重く、精神的負担が大きな仕事だ。長年にわたる現場での経験の積み重ねがなければ務まらない。

そんなことが日常ではあるが、特に緊張するのは、3件、4件と複数の事故が同時に重なるときだ。飛弾は「夏や秋のハイシーズン中、気象条件がわるいとき、あるいは天気が回復して、登山者が集中したときに事案が多発しますね。状況が二転三転するなか、複数の現場を取り仕切るのは、安全管理の面でもとても神経を使います」と話す。また、救助要請は夕方から夜にかけて第一報が入ってくることが多く、そんなときは深夜まで対応に当たり、翌朝は天候を見つつ、日の出前の早い時間帯から隊員たちに指示を出す。ハイシーズンはそんな日が続くこともあり、体力的にもハードだ。

もちろん、その重責を隊長一人で背負っているわけではない。警備隊には飛弾の代わりが務まる副隊長の松井や野中雄平（46・隊員歴22年）がいるし、20年以上のキャリアをもつ隊員たちに現場指揮の裁量を任せることもある。でも、経験豊富な彼らは、厳しい現場でも頼りになる警備隊のエース隊員たちでもある。現場へ出動しなければならないことも多く、やはりメインで采配を振るうのは飛弾ということになる。飛弾は休日でも事故があれば出勤し、対応に当たっている。

「隊長を拝命してからは、遠出ができなくなりましたね。でも、私は子どもが成人して、今は妻と二人暮らしなので、休日に急な呼び出しがあっても若い隊員たちより動きやすいんです。まあ、妻にはいろいろと迷惑をかけて申し訳ないけれど。何度も心配させましたしね」と微笑む。

飛弾の「心配させた」という言葉には深い意味が含まれている。

2回死んでいてもおかしくなかった

飛弾は過去に2回、自らの命を危機にさらす現場を経験している。一度は、警備隊にとって今なお癒えない傷となって残る２０１１年2月、丸山政寿《まさとし》氏の殉職事故のとき。事故は剱岳での積雪期山岳遭難救助訓練中に起きた。隊員たちが池ノ谷ガリー中間付近を登攀しているときに突然、上部で雪崩が発生。飛弾、丸山氏を含む隊員3人が雪崩に巻き込まれて池ノ谷へ滑落。飛弾ともう一人の隊員は負傷しながらも一命を取り留めたが、丸山氏は飛弾の懸命な心肺蘇生措置にもかかわらず、帰らぬ人となった。

そしてもう一度は山梨県警察へ出向中の2016年4月。富士山でのスキーヤー救助活動中の滑落事故だ。それは九合目からの滑走中にジャンプの失敗で転倒して動けなくなったスキーヤーを八合目付近で救助、スノーボートに乗せ、搬送している最中に起こった。

積雪期の富士山は、低温と強風で雪が氷化し、アイゼンの爪すらも刺さらないようなカチカチのアイスバーンとなる。足を滑らせたら、何百メートル、いや1000mも止まらないこともあり、死を意味する。4月とはいえ、富士山はまだ冬の様相。歩くだけでも細心の注意が必要となるような場所での救助は非常に難しい。

飛弾は救助中、遭難者とともに凍った斜面を数百メートル滑落した。奇跡的にブッシュ帯に入ったところで、自分の左足首を骨折する重傷を負いながらも滑落を止め、遭難者を守った。まさに身を挺した行動だった。アイスバーンでの滑落を止められたのは、飛弾のこれまで培ってきた警備隊での経験、それに運の強さもあるのかもしれない。

「僕は2回死んでいてもおかしくなかった」。声のトーンを落として言う飛弾の言葉には、極限の場面を知っている人にしか語れない重さが感じられた。

そのように命の危険を感じても警備隊の仕事を続けている理由を聞いてみた。「命は一つしかないし、失ったら決して戻ってこない。そして、命は一人のものではないですよね。家族や友人をはじめ、人生で出会った多くの人、未来に出会うはずの人、たくさんの人々に関わっています。警備隊は、その命を救ってくるのが仕事です。命を救えるのは大きな喜びであり、次につながるモチベーション、やりがいとなっています。僕は最初から人命救助をしたいと思ってこの道に入りましたから、実際に命との関わりを実感できる現場で働けるのは幸せなことです」と話してくれた。時には自分の命を懸けて、人の命を救う。これほどまでに崇高な任務はほかにないかもしれない。

そして再びニコリと笑い、そんなことがあっても妻からは、仕事を変えてくれとは一度も言われたことはないんですよ、と言う。「ニコニコしながら家を出て行って、現場でどんなことがあっても、家に帰るときはまたニコニコする。すると、お父さんは山で遊んでいるんじゃないの？なんて思われているかもしれないけれど、それでいいんです」

警備隊は危険を伴う仕事。家族も当然、それを受け入れている。そして同時に、実は本人が思っている以上に心配し、気を揉んでもいる。家でくつろいでいるときに急な出動命令で出かけることになれば、家族は「もしかしたらお父さんが山でケガをするのではないか」「仕事でたいへんな思いをするのではないか」という思いを抱える。家族たちは無事の帰りを信じて待つことしかできず、時には、送り出すほうが苦しい気持ちになることもあるだろう。それでも、警備隊の妻たちは、胸の内を口には出さず、本人を信頼して送り出す。飛弾はそんな妻の思いをよく理解している。だから、少しでも家族の不安が和らぐように、家を出るときはいつも笑顔で「行ってきます」と言うのだ。

「信頼して送り出す」というのは、飛弾が隊長として隊員たちを出動させるときも同じ心境だ。「場合によっては、隊員の命に関わることになるかもしれない現場ですからね。そこに行ってくれと言うのは、僕がその隊員を信頼していて、その隊員なら現場を任せられるという自信が僕にもないとできないことです」

隊員を現場へ送るときは、どんな場面で何をやれるのかという能力的なところ、技術的な高さ、精神的な安定性、人間性や性格も含めて、その隊員を総合的に見て、適材適所で活躍できるように配置するという。判断を誤れば、隊員に過度な危険が及んだり、さらには隊員の家族を心配させたりすることにもつながる。隊員たちの総合力を見極めるために、隊員といっしょに警備をし、訓練での行動を見て、個々の力や個性を認識することを大切にしている。

また、ベテランに新人を付けるなどペアリングに工夫をして、若手に経験を積ませることも意識しているという。そして隊員たちには、常に最悪の事態を想定して、それに備えることを忘れないでほしいと繰り返し注意をする。

飛弾は、今日までにさまざまな訓練を積み、数知れない現場での経験もある。救助時の陣頭指揮ではそれをフル活用している。不安なところがあればさらに情報収集をし、それでも足りなければ想像を膨らませて対応する。飛弾に対応できない現場はない。

それでも、山の救助活動は「生き物」。そのときによって場所も天候も違えば、傷病者の状態も違う。救助が一段落して冷静に振り返ると、「こうすればもう少しスムーズに救助ができたのではないか」「ああすればもっと安全に動けた」と反省することが多々あるという。25年近くのキャリアがあっても、「自分はいつも足りない」と飛弾が思うほど、山岳救助は対応が難しく、力が問われる仕事なのだ。

夢の舞台

２０２２年春、警備隊には2人の新人が入隊した。一人は地元富山県出身の橋場文也（25）。橋場は中学から大学まで陸上部に所属し、中長距離選手として活躍。前年に入隊した中才《なかさい》雄介（26）とともに、山を駆ける足の速さを買われて警備隊の一員となった。１学年違いの中才とは高校の先輩・後輩で、ともに陸上の練習に励んだ仲。運命の巡り合わせか、警備隊で再び顔を合わせることになった。中才は富山市の浜黒崎海岸から雄山山頂までの約65㎞を力走する大会「立山登山マラニック」で5連覇中（2023年時点）という大きな記録をもつが、橋場も警備隊では中才に次ぐ俊足である。

橋場は街で働く警察官の姿に憧れて富山県警察を志し、警察学校の授業で立山登山を経験。そのときに警備隊の存在を知って志願したという。数年来の願いが叶って、この春、警備隊の一員となった。「山岳救助のことはまだ何もわからないが、これからたくさんの経験を積んで、早く自立した隊員になりたい」と話す。

隊長の飛弾は「中才と橋場は、山で走るのがずば抜けて速い。警備隊は現場へいち早く駆けつけることも大事なので、そのスピードは大きな力になる」と期待を寄せる。

そして、もう一人の新入隊員は、警備隊史上初の女性隊員となった田中明希子（29）だ。田中が警備隊をめざしたのは高校生のときだったという。父が山好きで、子どものころから山登りをしていた田中は、進路を決めるとき、漠然と山に関わる仕事に就きたいと思っていた。そんななかで頭に浮かんだのは、父が若いときになりたかったと言っていた警備隊だ。

しかし、女性には厳しい世界だということは容易に想像がつく。父は悩む田中に「看護師の資格や経験があれば、女性でも山の現場で活躍できるのではないか」とアドバイスをしたという。それで大学の看護学部で学び、看護師となった。その後、京都の病院に務め、救急外来を含む職場で3年の経験を積んだ。その間は看護師としての仕事や仲間と過ごす時間が楽しく、本来の目的であった警備隊のことが薄れた時期もあったという。山は、趣味として続けられればいいと思うこともあった。

「でも、やっぱり山が好き、という根底にあった思いを抑えられなかったのかな。看護師を辞めて、警備隊になるために警察官になったんです」

しかし、警察官となっても、警備隊への道は想像以上に遠かった。同じく山口県出身の藤本が2019年に、警察官同期の原が20年に入隊するなか、田中には声がかからない。どうすれば警備隊に入れるのか、考える日々が続いた。

田中は、まずは警察官として一人前にならなければと考え、仕事に打ち込んだ。非番や休日も仕事を買って出たり、たまの休日には近くの山で歩荷《ぼっか》訓練（重い荷物を背負って山に登る訓練）を行なって体力作りに励んだ。田中の周りには、どうすれば警備隊に入れるかをいっしょに考え、アドバイスをくれる先輩や同僚たちがいたという。「入隊前から警備隊の訓練やクライミングの練習に交ぜてもらったりしました。柳本さんが、警備隊は体力がなければ誰も振り向いてくれないから、まずは体力をつけたほうがいいと教えてくれて、この5年間はひたすら体力トレーニングをしていました」

田中が尊敬する柳本は「田中さんが人一倍がんばっていることは、みんなが知っていますから、警備隊の一員になったときは僕もうれしかったですね。田中さんは僕が警備隊1年生だったときより確実に体力がありますよ。中才、橋場、田中といっしょの世代だったら、僕はかなわなかったかもしれない。新人たちに追いつかれないようにしないと」と言う。

警備隊を組織としてバックアップする布一《ぬのいち》幸雄・地域部長（2022年度）は「田中さんにしかできないことを早く見つけてそれを伸ばし、警備隊に欠かせない一員となってもらいたい」と話す。

飛弾は「看護師としての専門知識があるのは、救助を行なううえでの強みになると思います。ただ、山の現場は設備が整っている病院とは違って、手元にあるもので工夫して対応しなければならず、病院での処置とは異なるところもあります。その対応力がつくのはこれからでしょうね。田中さんに限らず、人によってできること、できないことがありますから、そこをお互いにカバーし合いつつ、全体として強い隊にしていきたいです」と言う。

専門知識・技術を必要とする警備隊は、入隊3年目ぐらいまでは「新人」なのだそうだ。現場で指示をされなくても動けるようになるまで5年ぐらいの訓練や経験が必要で、10年ぐらいでやっと、どんなに厳しい現場でも活動できる主軸隊員となる。

橋場、田中は今、夢が叶ってスタートラインに立ったところ。警備隊の新しい1ページをつくっていく二人を応援したい。

先輩に背負われながら、警備隊伝統の搬送法を教わる

第3章

夏の長い日

対応が難しい山の「未着」事案

平和で穏やかな夏の日

夏の訓練から約3週間後、「山の日」の連休直前に再び剱沢警備派出所を訪れた。8月中旬の今は、夏山シーズン最盛期。前回来たときにはまばらにしかなかった剱沢のテント場は黄色、緑、水色など色とりどりのテントが張られ、行き交う登山者も多くて活気がある。

昼すぎの派出所で迎えてくれたのは湯浅真寿（51）、工藤、大瀧晴英（33）、早坂、藤本の5人。湯浅は隊員歴20年を超えるベテラン。富山市街にある警察本部での勤務を主としながら、救助要請があったときはもちろん、警備の応援や訓練時にも山に駆けつける。北海道出身ながら、学生時代に剱岳に惚れ込み、以後、剱岳に登り込んできた。トレードマークは真っ黒に日焼けした肌と、これまた真っ黒なサングラス。憧れの山を映すサングラスの奥に柔和な目を隠している。

ガッシリした体格の大瀧は隊員歴10年。宮城県出身で、剣山荘でアルバイトをしたときに警備隊のことを知り、この仕事に憧れて入隊した。休日には県内のヤブ山や沢を自主的に歩いていて、人一倍、山の地理に詳しい。

この日は午前中に、源次郎尾根を登攀していたクライマーが岩場から滑落する事故があった。いっしょに登っていたパートナーからの救助要請を受けて、大瀧、藤本が剱沢から現場へ駆けつけた。要救助者は開放骨折の重傷で、大瀧と藤本は、県警ヘリ「つるぎ」に乗って昼前に到着した隊員らと救助を行ない、その後、要救助者は「つるぎ」で医療機関へ搬送された。私が剱沢に着いたのは、二人が源次郎尾根の現場から戻り、ホッとした午後である。

15時、剱沢野営管理所スタッフの福井みゆきさんがコーヒーを手に「お茶だよ」と警備隊にも声をかける。みゆきさんは管理人の指崎彰さんや2、3人のアルバイトの大学生たちと、夏から秋の管理所開設期間中、ここに住み込みで働いている。野営管理所は剱沢のテント場の管理をするための県の施設で、剱沢派出所、剱沢診療所とは棟続き。管理所スタッフの仕事はテントの受付、テント場の清掃、水場の管理、トイレの清掃など。みゆきさんはスタッフや診療所の医師、警備隊員ら十数人分の食事作りを主にしていて、夏のシーズン中はほとんど厨房から離れられない。みゆきさんの本職は映像撮影の照明で、2009年に公開された映画『劔岳 点の記』の撮影では、スタッフとして山の撮影に参加。それが縁でシーズン中だけ管理所で働くようになった。ここでの仕事は8年になるという。

管理所前の広場には、ブリキ板を張った木のテーブルが置かれている。それを管理所スタッフや診療所の医師、警備隊員10人ほどでわいわいと囲む。目の前にドーンとそびえる剱岳を見ながら外で楽しむお茶の時間は、ここで働く人たちの特権だ。

そこにニコニコ笑顔の男性が加わる。警備隊とずいぶん親しそうだなと思っていると「僕は富山県自然保護課の種五駿《たねご》です。この春まで警備隊だったのですが、今は県職員なんですよ」と自己紹介してくれた。種五（33）は2013年に入隊し、警備隊の中堅として働いていたが、春の辞令で4月から県自然保護課へ出向することになった。自然保護課では主に山岳地帯に関する業務を担っていて、今日は剱沢野営場をはじめとした県の施設や今後補修を行なう予定の登山道の様子を確認しに来たという。

和やかなお茶の場で、時折、冗談を言って一同を笑わせるのは剱沢診療所の中井基晶医師。剱沢診療所は夏と秋のハイシーズン、金沢大学医学部山岳部OBで構成される十全山岳会の医師たちが3、4日交代で滞在し、ケガや病気の人がいれば、ボランティアで診療に当たる。連休期間中の診療を担当する中井医師は精神科が専門で、剱沢診療所に来るようになったのはここ数年のこと。10年ほど前まで報道カメラマンとして働いていたが、より直接的に人を助ける仕事をしたいと、40代になってから医師に転職した異例の経歴をもつ。学生時代から登山が好きで、山岳医療にも関わりたいと診療所に来ているそうだ。

管理所の人たちや診療所の医師、警備隊は、それぞれに仕事の内容は違うけれど、剱岳に来る登山者を支えていることで共通している。だから「仲間」であり、生活を共にする「大きな家族」のようでもある。彼らとのたわいもない会話が、事案対応で緊張を強いられる隊員たちの気持ちを和ませ、気分をリセットさせてくれるようだ。

「今日は何張までテントが増えると思う？」とか「朝、派出所に立ち寄った人は、無事に目的地まで行けたかな」など、雑談をしながらくつろいでいると、テント場から3人の子どもと、そのお父さんが遊びに来た。

少し離れたところでお父さんが警備隊のほうを見て「この人たちは山の警察官で、登山者を守ってくれているんだよ」と子どもたちに話しているのが聞こえる。警備隊の仕事を子どもに教えたかったようだ。すると幼稚園ぐらいの男の子が「え〜⁉ ウソだ。警察官が山にいるわけないじゃん。警察官の服を着てないし」と、こちらにもはっきり聞こえる声でイタズラっぽく言う。「山だから警察官の制服は着ていないけど、本物の警察官なんだよ」とお父さんが声を潜めてバツのわるい表情をする。

剱沢野営管理所前でお茶の時間を楽しむ隊員と管理所のスタッフ

登山者の子どもたちと触れ合う隊員。警備隊は子どもの興味を誘う存在のようだ

警備隊との追いかけっこ

そんな父親をフォローしようと、最初に応じたのが大瀧。彫りの深い顔をほころばせてやさしい表情をつくり、子どもたちに近づくと「お父さんの言うとおり、おじちゃんたちは本当におまわりさんなんだよ」と言い聞かせるように話す。すると、待ってましたとばかりに目をキラキラさせて、もう一人の男の子が「じゃあ、パトカー見せてよ」、小学生のお姉ちゃんが「警察手帳、持ってる?」「警察犬はどこにいるの?」と一斉に攻撃してくる。

湯浅も苦笑しながら応戦する。「ここにはパトカーはないし、警察犬もいないけど、おじさんたちは本当に警察官なんだ。山でケガをした人を助けるのが仕事なんだよ」。日焼けした顔にサングラスをしている湯浅は、どう見ても街で見る警察官のイメージとは結びつかない。子どもたちへの説得力は皆無のようだ。湯浅が困り顔で早坂に目配せをすると、慌てた早坂は自分の来ているTシャツに小さくPOLICEという文字が入っているのを思い出し、子どもたちの前にしゃがんで胸のロゴを見せながら「ほら、POLICEって書いてあるでしょう? 警察っていう意味なんだよ」と必死に説明するが、彼らに通じるはずもない。

そんな警備隊の反応を「遊んでくれる人たち」として認識した子どもたちは、もう誰にも止められない勢いではしゃぎだし、「じゃあ逮捕してみて!」「僕を捕まえてよ!」と、結局、隊員5人を巻き込んでの鬼ごっこが始まった。藤本が「わるい子は連行しちゃうぞ〜」と言うと、子どもたちはもう大喜び。キャーキャー言いながら隊員たちに飛びかかり、それをガッシリと抱きかかえて受け止める。そんな様子を見て、ちょっと不思議そうに、そして微笑しながら、何人かの登山者が派出所の前を通り過ぎていく。結局、子どもたちは30分ほど隊員たちとじゃれ合っていたが、最後は、大瀧と早坂が男の子2人を脇に抱え、家族が張ったテントへと「連行」していった。

それを笑顔で見送る湯浅には、小学生の子どもが2人いる。以前、「私は警備隊でいちばんのシロクマ（子育てには無関心でまったく参加しないホッキョクグマの生態にちなむ）なんですよ」と話していたけれど、子どもと同じ目線になってじゃれているところを見ると、どうやら本当は子ども好きのようだ。「にぎやかでしたね」と水を向けると「まあ、こんなことも、あの子たちの記憶の片隅に残って、山のいい思い出になってくれたらいいですよね。ひょっとしたら将来、警備隊になってくれるかもしれないし」と笑う。

子どもを送り届けた早坂は、つい数週間前に第一子が誕生したばかり。戻ってくるやいなや「男の子って5歳ぐらいだと、あんなにやんちゃになるものですか？」と、数年後の自分の姿を案じる表情を浮かべながら、首をすくめた。

休憩時間とはいえ、子どもが遊びに来るぐらい登山者にも親しみのある警備隊。夏の訓練を見に来たときにも感じたことだが、平時の剱沢派出所の雰囲気は和やかだ。この親しみやすさはどこからきているのだろう？

日頃、隊員たちはお互いに「さん付け」で呼び合っている。警察などの組織では○○係長、○○分隊長などのように、先輩に対しては肩書を付けて呼んでいるのを耳にしたことがある。ところが警備隊は、今年入ったばかりの新人が、30歳ほど年の離れた先輩に対しても「○○さん」と名字で親しげに呼んでいる。一昔前の登山者はよく「山に下界の肩書を持ち込むな」と言っていたけれど、そんな山の文化が警備隊にも浸透しているのだろうか。

ある隊員に聞くと「『さん付け』で呼び合うのは、昔からの伝統かもしれないですね。こうやって狭いところでいっしょに生活して、危ない現場も共にしているからですかね」と話してくれた。そして「そんな警備隊の雰囲気が好きだし、そのようなことも隊員の間では大切だと思うんです」と言う。今どき、簡素な蚕棚に先輩も後輩も関係なく横になり、三度の食事も共にする職場はめずらしい。でもそんな環境が、隊員同士が打ち解ける場にもなっているのかもしれない。

そしてもう一つ気づいたのが、隊員たちが警察官であることをあまり表に出していないこと。彼らの制服は紺地に赤い3本線とロゴが入っただけのデザインで、救助隊のイメージにしては地味だ。それに普段は警備隊オリジナルデザインの黒か紺のTシャツ姿という、ラフなスタイルでいることも多い。それについて湯浅に聞くと、かなり意外な答えが返ってきた。「僕らは、できるだけ登山者になじもうとしているんですよ」

どういうことかとあらためて聞くと「登山者たちは貴重な休みを取って、憧れの山に登りに来ていますよね。せっかくの休み、日常から離れて山を楽しもうとしているところに警察官がいたら興ざめじゃないですか。山の主役は登山者たち。だから、僕らは目立たなくていいんです」

山の主役は登山者たち……。思ってもみなかった言葉だった。私たち登山者は、有事には警備隊に救助してもらい、負担をかける存在。どこか後ろめたい気持ちもあったが、警備隊はそのような温かい気持ちで私たち登山者を迎えてくれている。驚くとともに、登山者に対する深い理解をもっていることを知った。

未到着、相談の電話

子どもたちが去って静かになった剱沢派出所。そこに隊長の飛弾から剱澤小屋のスタッフを案じる電話がかかる。実はこの日の朝、スタッフ1人が突如、熱を出したという。新型コロナの抗原検査では陰性だったが、大事をとって感染予防対策をしたうえで下山していた。この夏、北アルプスの山小屋ではシーズン初めからスタッフがコロナに罹患し、臨時休業を余儀なくされるところが出始め、ニュースにもなっていた。

　コロナへの対応も3年目。警備隊は、感染防止をしたうえで搬送する訓練を何度もしているし、実際に搬送も経験していてコロナ患者の救助でも特に不安はない。ただ、山小屋で発熱者が出ると大きな影響となる可能性があるため、とても気を使うという。隊長はほかにも体調不良者が出た場合の対応を考えているのだろう。藤本が「スタッフは無事に麓に着いたとのこと。現段階ではほかに発熱などの症状がある人はいません」と報告をする。

　17時30分、コロナ対応についての話を聞いているときに、警備隊の携帯電話が鳴った。着信の番号を見た湯浅の表情が締まる。「山小屋の方からだ」。湯浅は電話をスピーカーモードに切り替え、隊員たちは緊張の面持ちで聞き耳を立てる。夕方にかかってくる山小屋からの電話は、登山者アクシデントの第一報の可能性があるからだ。

　山小屋の人は話す。「ちょっと教えてください。今日、午前中に県警ヘリが飛んでいたようですが、救助されたのは永田和也さん（仮名）という方ではないですか？　実は今日泊まる予定の永田さんという方がまだ到着しなくて……」

　やはり、という感じで、隊員たちの緊張の度合いが高まる。

「いや、永田さんという方ではありません。源次郎尾根を登攀中のクライマーでした」。湯浅が答えると、山小屋の人は「そうですか。では、もう少し待ってみようと思います」そう言って電話を切ろうとした。すかさず湯浅は「ちょっと待ってください。万が一のこともありますので、もう少し詳しく伺ってもよろしいですか？」

湯浅が聞き取った内容をまとめてみよう。剱岳近くにあるその山小屋の人の話によると、永田和也さん（50代）は単独行動。2日前の朝にこの山小屋に立ち寄り、ご主人に次のように話したという。「今日は池ノ平を通って北股から三ノ窓雪渓を登り返し、そこでビバーク（ツエルトなどの簡易テントで露営すること）。翌日は北方稜線上でもう一泊ビバーク。3日目にその山小屋に宿泊する予定だ」と。

確かに予定どおりであれば、この時間に山小屋に着いていないのはおかしい。山小屋の人は続けた。「前にも来てくれていて、かなり歩いている方なので、心配ないと思います。同ルートを前回も歩いていますし」

湯浅が確認する。「いつも裏剱に一人でいらっしゃって、周辺のルートに詳しい方なのですね。ビバークも経験があって、今回も当初からその予定。まだ山小屋に着かないという、参考情報ということでよろしいでしょうか」。山小屋の人は「そうです」と答える。「わかりました。念のため、こちらで登山届などを調べてみます。夜でも構いませんので、もし永田さんが無事に到着しましたら、剱沢派出所にご連絡ください」。そう言って湯浅は電話を切った。

行方不明事案の状況考察

湯浅は携帯を手にしたまま「今の三ノ窓雪渓は状態がわるくて、一人で歩くのはかなり危険だな……」とつぶやく。三ノ窓雪渓は２０１２年に氷河と認定され、最大部の氷体の厚さは約60ｍ、全長１㎞を超える規模だという。当然、８月のこの時期でも谷の雪が消えることはない。しかし、夏から秋にかけてはクレバス（氷河の割れ目）がいたるところにでき、雪渓上を歩くのは非常に困難だ。

三ノ窓雪渓に登山道はない。そこへは氷河の研究員が調査に行く程度で、登山者が入ることはシーズンを通しても２、３パーティいるかどうかという、人影まれな場所である。１週間前の８月初めに、尾根を挟んだ北側に位置する小窓雪渓を、柳本がパトロールで歩いているが、その時点でも小窓雪渓はかなりやせ細り、不安定な状況だったそうだ。三ノ窓雪渓も状態がわるいことは想像がつく。

電話から得られた情報を、ホワイトボードに書き留めていた工藤が「状況をもう一度確認しよう」と言いながら、経緯を振り返る。「８日は池ノ平から北股を下って、三ノ窓雪渓に入り、そこでワンビバーク。９日は三ノ窓雪渓を登って北方稜線に出る。そこでツービバーク目。10日、つまり今日は北方稜線から山小屋へ行く予定だった。でも17時30分時点で未着。いつ、どこから入山したか、本人の連絡先などはわからない。今日もどこかでビバークしていて、ただ予定が遅れているだけならいいけどね……」

腕組みをしてホワイトボードをじっと見つめていた湯浅が視線を外して今度は天井を仰ぎ、しばらく考えて決断した。「今の時点でわかっていることは氏名と年代、予定ルートだけ。情報はかなり限られているけれど、参考事案として室堂（警備派出所）に連絡を入れておこう。オレは隊長に電話をかけて相談をする。もうすぐ18時か、夕食の時間だな。今日の夕食はこの件が落ち着いてからにしよう。藤本、みゆきさんにはわるいけど、夕食を遅らせてもらうように伝えてきて」

室堂派出所に送るために情報をまとめた書類の作成、各方面への電話連絡など、隊員たちが分担してできることを進める。それを済ませると再び集まり、永田さんの行動についていろいろな可能性を探る。湯浅が「北股から三ノ窓雪渓は、道迷いの可能性はゼロではないけれど、大きなルート間違いはしないだろう」と再び口火を切った。大瀧も「三ノ窓雪渓周辺は尾根と谷の地形がはっきりしているから何度か来て地形を知っている人ならば、三ノ窓雪渓を登るつもりが小窓雪渓を登ってしまうといった大それたミスはしないはず」と同意見だ。さらに、ここ数日は濃い霧の発生はなく、視界不良によるルートミスも考えにくい。だとすれば体調不良か、途中のほかのアクシデントか……。

湯浅はふと思いついたように「写真を撮る人かもしれないね」と言い、「ああ」と工藤、大瀧が納得した様子でうなずく。裏劔といわれる劔岳北東側のこのエリアは、劔岳の針峰群が撮影できる場所として、プロ、アマチュア問わず、写真家に人気の撮影ポイントが点在する。それに三ノ窓と北方稜線をつなぐルートは、バリエーションルートを歩く力のある人ならば1日で周回可能。そこに初めから3日かける予定だったということは、もともとかなり時間的な余裕をもったプランだったということだ。写真撮影ならば、朝夕の山の色づき、霧のかかり具合など、求める条件になるまで、数日かけて粘ることは珍しくないし、予定が遅れることもあるだろう。

もどかしい夜

湯浅は「予定をオーバーして山を楽しんでいるだけだといいな……。でもやっぱり気になる。隊長も対応を考えているだろうけど、明日、大瀧と藤本に劔岳山頂から北方稜線へ入ってもらって、念のため、様子を見てもらうのも一案か」と口にした。そしてもう一度考え、やはり明日までただ待つことはできないといった様子で「今から周辺の山小屋に電話をして、永田さんらしい人が泊まっていないか、確認してみるか」と言った。藤本は「自分が確認してきます」と言うと、すぐに携帯電話を持って派出所の外に出る。外のほうが、電波が通じやすいからだ。早坂も携帯電話を手に藤本の後を追う。

しばらくして戻ってくると「周辺の山小屋全部に電話をして調べてもらいましたが、該当者なしでした」と報告。その間、室堂派出所では登山届の検索が行なわれていて、この数日では、永田さんの名前での登山届の提出はなかったことがわかった。「追加情報なし」。5人は押し黙って考える。将棋の指し手を読むように、それぞれがこうだったらこう、こういう場合はこう、といろいろな対応パターンを頭に浮かべているのだ。

剱沢派出所にかけられた山小屋からの電話は救助要請ではなく、状況確認だった。もしかしたら、永田さんはただ予定が遅れているだけで、今も一人、山にカメラのレンズを向けて撮影を楽しんでいるのかもしれない。それでも、隊員たちは自分の夕食を後回しにして対応を考えている。警備隊は救助要請があってから動くものだと思っていたが、一本の相談の電話でもこれほどするものなのかと、湯浅に聞いてみた。

「基本的には救助要請が入ってからの活動になります。でも、問題ないと思っていた事案が、大事に発展することもあるので、我々はいつでもそのときにできることはすべてやっておくんです。警備隊全員、事の大小にかかわらず、すべての事象に対していつも全力なんですよ」

そして続けた。「警備隊に寄せられる第一報として、今回のように山小屋に到着していません、あるいは家に帰ってきていませんという連絡を、我々は『未着事案』というのですが、これは対応が非常に難しいんです。特に今回のように救助要請ではない連絡の場合は悩みます。単独で、登山届が出されていないと得られる情報が曖昧で、無事かもしれないし、もしかしたら救助が必要な状況かもしれない。前者ならいいですが、後者だった場合は急を要しますから、できるときにできることをやっておきたいんです」と話す。

今後、もし捜索となった場合、永田さんが向かったと思われるコースはわかっているものの、捜索範囲は劔岳の東面一帯に及び、とても広い。捜索は簡単ではないが、そこで大きな力となるのは、三ノ窓雪渓のように人がほとんど入らないルートであっても、山の隅々まで知り尽くす隊員たちの知識だ。その場所の地形を知っていて、どの時期にどのような状態になるかがわかっていれば、トラブルが起きやすそうな場所をピックアップして、確認すべき地点をピンポイントで絞り込むことができる。

湯浅は話す。「今の時期になると三ノ窓雪渓の上部に滝が出るんです。その滝はとても登れるような場所ではないので、三ノ窓雪渓を経由して北方稜線へ行くとしたら、何かしらの方法で滝を迂回しなければならない。通常はだいぶ手前から尾根上に出て滝を巻くのですが、その判断ができたかどうか。三ノ窓でトラブルがあったとしたら、滝の周辺は捜索の重要ポイントになるでしょうね」

ほかのトラブルとしては北俣が考えられる。下部の雪渓がズタズタに切れていて状態がわるく、隙間に落ちてしまったり、スノーブリッジ（雪の下が大きな空洞になっている箇所）が崩壊したりといった危険があるからだ。また、北方稜線で行方不明となる人もこれまでに何人もいた。捜索となれば、北股や北方稜線もポイントとなる。

19時、あたりは暗くなってきた。しばらくして湯浅は、自らの気持ちも切り替えるように言った。

「この段階では、追加情報も得られず、永田さんが遭難しているかどうかもわからない。今できることはすべてやった。夜になってはこちらもできることは限られるし、今日はこれで一区切りにして明日に備えよう」。この言葉で、やっと警備隊の夕食になった。

隊員たちは管理所の小さな食堂へ向かう。この日のメニューは魚のフライとから揚げ、マカロニサラダなど。いつもより1時間以上も遅れた夕食スタートだ。揚げ物はもうすっかり冷めてしまった。みゆきさんはいつも、作りたてのおいしいものを食べてもらうことを大事にしていて、時間を見計らって料理を用意している。今日も熱々を食べてもらいたかったに違いないが、事案が入れば食事どころではなくなる彼らの仕事を理解し、支えたいという気持ちがいちばん。笑顔で「おつかれさま」と隊員たちを迎え、熱い味噌汁とごはんをよそって、一人一人に手渡す。そんなみゆきさんの明るさに、隊員たちはどれだけ気持ちが救われてきただろう。

いつもは笑い声が絶えない警備隊の食卓だけれど、このときばかりは言葉少なにごはんをかき込む。食事をとりながらも、それぞれに永田さんの行動を想像し、捜索となった場合の動きを頭の中でシミュレーションしているのだ。

永田さんは今ごろ、どこで何をしているのだろう……。とにかく無事でいてくれればそれでいい。すっかり暗くなった剱沢。隊員たちはモヤモヤした気持ちを抱えながら体を休める。

事案が連続した「山の日」

最もにぎわう時期に……

翌8月11日は「山の日」の祝日。朝6時、剱沢は小雨がパラつき、標高2000m以上はガスに覆われている。しかし、今日は天気が回復してくる予報だ。起床した隊員たちが朝の支度をしていると、これから出発する2人組の登山者が派出所のドアを叩く。「おはようございます。今日は長次郎谷へ行くのですが、雪渓の状況を教えてもらえますか?」。早坂が派出所から出てきて、剱岳周辺の概念図が書かれているホワイトボードを指さしながら「長次郎谷下部は、左岸側の雪渓の状態がよくないので、やや右岸寄りが歩きやすいです」と説明する。そして、熊ノ岩はS字状に巻くとよいこと、その上の左俣はクラックがたくさんあってルート判断が難しく、右俣を行くなら八ツ峰側は通行可能であることを付け加えた。登山者は真剣な面持ちで聞き、さらにいくつか質問をした。早坂はそれにも、身振り手振りをつけながら答える。

「ていねいに教えていただき、ありがとうございます。じゃあ行ってきます」。二人は早坂の「気をつけて」の言葉に送り出され、剱沢雪渓へ向かっていった。バリエーションルートへ向かう登山者にとって、警備隊からのリアルタイムの情報は欠かせない。このように剱沢派出所には、いつでも登山者やクライマーが情報を求めてやってくる。

7時、朝食を済ませると、藤本が昨日、永田さんの情報を寄せてくれた山小屋の人に電話をし、永田さんが朝になっても到着していないことを確認。念のため、永田さんが来ていたウェアの色や使っているザック、ヘルメットのメーカーなど、身につけているものの情報を教えてもらう。山小屋の人は、永田さんと言葉を交わしたときに、常連客である永田さんと記念写真を撮っていた。その画像が警備隊に送られる。警備隊は該当者の顔立ちや体形、着衣のことを「人着《にんちゃく》」と言い、捜索をする際の重要情報としているが、このように写真があれば、一目瞭然である。

8時、隊長の指示によって大瀧と藤本の2人が剱岳へパトロールに出発。通常のパトロールに加え、永田さん消息の手がかりを得るため、目撃した登山者がいないかなどを確認することも目的だ。

派出所に残った隊員たちも永田さんに関する情報を得るため、各方面に電話や無線連絡をしていた11時、剱澤小屋の主人・佐伯新平さんから派出所に電話連絡が入る。「うちのスタッフ2人が発熱して、隔離している」。いつもは明るい新平さんの声が沈んでいる。昨日に続いてのスタッフ発熱。隊員たちに緊張が走る。

もし、劔澤小屋のスタッフがコロナに罹患していたら、一大事である。完全隔離が難しい環境にある山小屋の特性上、休業も視野に入れなければならないからだ。夏のシーズンで最も宿泊者が多いお盆の時期、これから数日間は劔澤小屋も定員いっぱいの予約が入っている。しかも、今日宿泊予定の登山者はすでに室堂を出発して、剱沢へ向かっているだろう。

新平さんは続けて湯浅に言う。「実は、結果がどうであれ、(休業する)覚悟は決めていて、宿泊予定のお客さんへの連絡など、その対応も進めています。ただ、発熱したスタッフが心配なので、どうやって下山させるのがいいか、相談に乗ってほしい」と言葉を絞り出すように言った。

湯浅が「診療所にある検査キットを持って、今から隊員をそちらに行かせます。その結果を見て対応を考えましょう」と答えると早坂が「すぐに小屋へ行ってきます」と、急いで感染防止対策の身支度を始める。工藤は診療所に待機している中井医師に知らせに走る。

間もなく、早坂と中井医師が劔澤小屋に到着。二人は発熱したスタッフが隔離されている部屋に入り、簡易検査を行なう。湯浅も劔澤小屋へ行き、小屋の前で新平さんから詳しい状況の聞き取りをする。そして、検査結果を待つ間、湯浅は飛弾隊長や室堂派出所など、各方面へ連絡をして、仮に陽性だった場合の対応を考える。

検査の結果、発熱したスタッフは二人とも陽性であった。中井医師は感染を広める可能性があることや発熱している状態で室堂まで歩いて下りるのはスタッフにとっても危険で、勧められないと伝える。新平さんはうなずいて、湯浅に「(救助を)お願いします」と伝えた。

湯浅は再び隊長と電話で話し、富山県警ヘリ「つるぎ」による救助が決まった。ここで感染拡大を止めなければ、より深刻な事態になる。しかしヘリでの救出には一つ、問題がある。今日は剱澤小屋の荷上げの日でもあるのだ。この先の満室の予約に対応するために、大量の食材や飲みものを発注していて、それが今日、民間ヘリで空輸されることになっている。

荷上げと救助の時間が重ならないように、民間航空会社とも調整をしなければならない。湯浅は片手に無線、片手に警備隊の携帯電話を握り、20分以上、ひっきりなしに各関係先と連絡を取り合っている。その間に、仕事用の個人携帯にも、警察の関係部署からの確認電話がかかり、その対応で息つく暇もない。

剱澤小屋の前は広場になっていて、その一角に「岩と雪の殿堂　剣岳二九九九メートル　剣沢小屋」という標柱が立っている。剱沢周辺は電波状態がわるく、剱澤小屋ではこの標柱の向こう側が、電波がいちばん安定するポイントだ。湯浅は、その場所を行ったり来たりしながら、せわしなく電話連絡を続けている。朝はガスっていたけれど、気づけばいつの間にか霧が晴れて青空が広がり、標柱の向こうには剱岳がみごとな雄姿を見せてきた。

13時近くになると山頂を往復した人が戻ってきて、剱澤小屋前の広場は人の姿が増えてきた。ある人が標柱と剱岳が絶好の撮影スポットであることに気づき、記念写真を撮ろうとした。しかし、そこで湯浅が電話をしていて、写真に写り込んでしまう。救助の緊急連絡をしているとは露知らず、「電話なら違う場所でしてくれ」と言いたげな視線を湯浅に向ける。

湯浅は自分が撮影のじゃまになっていることは充分承知だが、ここを動けば大事な電話が途切れてしまうのだから仕方がない。「すみません」というジャスチャーと申し訳なさそうな表情で登山者に詫びる。湯浅は手短に要件を終えると、「すみません。お待たせしました」と言って場所を譲り、近くのベンチに腰掛け「ふう」と大きく息をつく。すると、また電話が鳴り、立ち上がって応対する、ということを繰り返す。

県警ヘリ「つるぎ」による搬送

13時20分、警備隊の動きが慌ただしくなる。県警ヘリ「つるぎ」の調整がつき、空港を飛び立って剱沢へ向かっているという無線連絡が来たのだ。コロナに罹患したスタッフに早坂が付き添い、防護服の装着を手伝う。搬送中の感染を防ぐため、コロナ罹患者は防護服にゴーグル、マスクを着用した状態でヘリに乗せなければならない。

13時30分、ローター音を響かせて、一服《いっぷく》剱と剱御前《ごぜん》の間にある「くろゆりのコル」から浮かび上がるようにヘリが姿を現わした。ブルーの機体の首部には赤の縦ラインが入っている。「つるぎ」だ。剱沢に入ってきた「つるぎ」は一服剱の斜面に沿うように高度を下げて着陸態勢に入る。すると機体のドアが開いて、乗員がステップに足を掛け、機体から身を乗り出して着陸地点の確認をする。着陸地点までの距離などを、インカムを通してパイロットに伝えているのだろう。隊員もパイロットも全員、白い防護服に身を包んでいる。

ヘリポート近くに移動していた湯浅が、ヘリの動きを見ながら手を上下させて誘導する。ヘリは爆音と爆風を発しながら、剱澤小屋近くの高台に着陸。タイヤが地面に接するとすかさず、隊員2人が機体から降りて、駆け足で剱澤小屋へ向かう。一人はアルミ製のストレッチャーを、もう一人は応急処置のための用具が入った袋を手にしている。

私の前を通るとき、二人がこちらに向かって軽く手を上げた。防護服にゴーグル、マスクと、全身をすっぽり覆っているが、ゴーグルの奥の目を覗くと、松井と石川だ。松井は、直接対応に当たっていた早坂と二言三言交わし、その後、罹患したスタッフに声をかける。ストレッチャーを用意してきたが、自分で歩けることを確認したようだ。石川がスタッフの身支度を再点検し、スタッフが背負うザックからストラップが長く出ていることを見つけると、引っかからないように調整してあげていた。その作業を終えると、松井と石川はスタッフたちに寄り添うように歩き、ヘリへと向かう。

二人がヘリに搭乗すると、機内で横にされ、感染防止のためのビニールの覆いを掛けられた。そしてすぐにドアが閉じられ、ヘリは離陸。市街にある富山空港へと飛び立っていった。松井と石川の剱沢滞在はわずか5分だった。

剱澤小屋はスタッフが救助されて一件落着、ではない。この間に新平さんは10日間の休業を正式に決断した。中井医師が行なった検査では、救助されたスタッフ以外は全員陰性だったが、新平さんは全スタッフを下山させることも決意した。ただ、新平さんだけはヘリの荷上げや発電機の管理で、一人、剱澤小屋に残るという。

ヘリが去ったあと、湯浅は再び剱澤小屋へ戻り、いくつかの電話連絡を済ませる。そして、手が空くとやっとベンチに腰掛け、やや背を丸めて目の前の剱岳を眺めている。剱澤小屋は剱岳登山の重要なベースとなる場所。お盆休みにさしかかったこの時期は、山がいちばんの活気を迎える。コロナ禍の3年目、行動制限のない夏で、今年こそはにぎわいを取り戻せるだろうと誰もが期待していたなかでの休業は、衝撃が大きい。なんだか、剱岳の灯火が一つ消えてしまったような空虚さが漂う。

しかし、感情的になっている暇はない。「つるぎ」が飛び立ってしばらくして、民間ヘリによる剱澤小屋の空輸が始まった。急な休業となっても、以前から発注し、街のヘリポートで荷造りされていたものを今さら業者には返せず、劔沢へ運ぶしかない。消費の見込みがなくなっても、空輸される荷物は受け取らなければならないのだ。この日に予定されていた空輸は、ヘリ4便分。数百人分と思われる大量の野菜や肉、缶ビール、ペットボトル飲料などがヘリで次々に運ばれてくる。山のような物資を受け取る新平さんの気持ちは、察するに余りある。

ヘリで運ばれた荷物は、建物前に下ろされるが、急いで建物内に運び入れて、次の便で運ばれてくる荷物を下ろす場所を作らないとならない。ヘリの荷上げは通常時でも山小屋スタッフにとって大仕事だ。下山した劔澤小屋のスタッフに代わり、次から次へとヘリで運ばれてくる荷物を新平さんといっしょに建物内に運んでいたのは湯浅と早坂だった。困っている人を助けるのが警察官。炎天下の午後、荷物の山といつまでも格闘する3人の姿があった。

体調不良者の搬送のため剱沢に飛来した「つるぎ」

傷病者への対応をする警備隊員（左）

相次ぐ事案対応

剱澤小屋で荷上げが行なわれているころ、剱沢派出所は別の事案対応に追われていた。15時30分、山岳部の大学生が剱沢へ来る途中に転倒し、頭を打ったと言って診療所を訪れた。剱澤小屋から戻った中井医師は、応急処置用具を持って、診療所の近くに設けられた診察用テントへ走る。その手伝いに工藤が駆けつける。中井医師は大学生の打撲と裂傷のケガに応急処置をし、緊急性は低いが、安静にしてしばらく様子を見るようにというアドバイスをした。

16時、剱岳へパトロールに行っていた大瀧と藤本が派出所に帰着。北方稜線の偵察や登山者に聞き込みをしたが、永田さんの消息につながる新たな情報は得られなかったという。

17時すぎ、ケガをした大学生のところへ、その後の状態を確認しに行っていた中井医師が診療所に戻ってくると、今度は60代の女性が体調不良を訴えてきた。中井医師は再び診察用テントへ向かい、そこで女性を診る。中井医師のサポートをするのは早坂と藤本。女性は頭痛、嘔吐、悪寒の症状を訴え、診察中も嘔吐を繰り返している。

女性は今朝、社会人山岳会の仲間と室堂を出発し、別山乗越を越えて15時前に剱沢に到着。同行者によると女性は歩くペースがかなり遅く、別山乗越を通過する時点でかなり疲労していたそうだ。剱沢到着後に嘔吐し、激しい動悸もしている。

中井医師は「疲労と高山病の疑いが高いが、体温が低下しているので加温をしよう」と伝えると、早坂が派出所で湯を沸かし、湯たんぽを作って戻る。それを体に当て、加温の措置を行なうと女性は少し落ち着きを見せた。しかし、19時半になって再び激しく嘔吐し、中井医師が点滴をする。それが効いたのか、女性はしばらくするとみるみる回復し、休めそうだと言って自分のテントに帰っていった。その日は21時の消灯間際まで、早坂、藤本が嘔吐物の処理、診療用テントや医療用具の消毒に追われていた。

診察と治療を終えて帰ってきた中井医師に声をかけると「今日は昼からバタバタすぎて、あまり記憶がないぐらい。私は剱沢でのボランティアは3年目ですが、こんなに忙しかったのは初めてですよ。今日は私の隣で助けてくれた早坂さん、藤本さんが、本職の看護師に見えました。彼らが手伝ってくれなかったら、処置が間に合わなかったと思う」と振り返る。

この日、剱沢派出所は多忙を極めたが、剱岳で行方不明になっている永田さんが置き去りにされていたわけではない。その間に黒部署所属の黒川和英（50・隊員歴25年）やほかの隊員、この地域を管轄する上市署などが調査を行ない、永田さんの身元や家族の連絡先が判明。家族による救助要請も得られて、翌日から本格的な捜索が行なわれることが決まった。天候がよければ朝から県警ヘリ「つるぎ」で捜索をし、手がかりが得られない場合は、隊員が地上を歩いての捜索も行なう。

慌ただしく出動準備をする隊員たち

想定外の事態も想定内

搜索中に起こった別の事故

剱沢に再び朝が来た。富山空港では朝から航空隊員が準備をし、「つるぎ」のフライトチャンスをうかがっているが、午前中は剱岳周辺に断続的に雲がかかり、空からの捜索ができずにいる。

この日は隊員の交代日だ。湯浅、大瀧、早坂、藤本の4人は下山し、代わりに小高浩明（41・隊員歴16年）、牧野翔人（35・隊員歴12年）、浅川、坂本、棚田駿亮（30・隊員歴4年）の5人がやってくる。下山予定だった工藤は、引き続き剱沢派出所に留まるように隊長から指示された。永田さんの捜索をするための増員だ。

下山組の4人は今日までの3日間、複数の事案対応に追われながらも、永田さんの無事を願い、対応を考え続けてきた。できれば自分たちの手で救助したいという思いがあるだろう。しかし、翌日からは、それぞれに違う任務があるし、緊張の続く現場から離れて休みも取らないとならない。捜索が始まるタイミングでの交代に心残りはあるが、気持ちをしっかり割り切って次の任務に備えるのも、また彼らの仕事だ。

10時30分、交代隊員5人が室堂から歩いて剱沢に到着。荷物の整理をしつつ、最新情報の引き継ぎを行なう。13時、下山組が剱沢を去ると程なく、剱岳を覆っていた霧が薄くなり、ついに捜索開始となった。「つるぎ」には昨日と同様、松井と石川が搭乗してくる。隊長からの連絡で、小高、牧野、棚田が捜索の準備をするように告げられた。浅川はそのサポートをする。

13時30分、必要な用具を揃えた隊員たちが剱澤小屋近くのヘリポートへ向かう。そして、10分もしないうちに「つるぎ」が到着し、まずは小高がピックアップされた。初めに上空からの捜索を試みるようだ。ほかの二人はヘリポートにスタンバイしている。

「つるぎ」は剱沢沿いに真砂沢《まさごさわ》ロッジ方面へ向かい、二股から北股の谷に沿うように池ノ平へ向かって飛びながら、雪渓の間に落ちている人がいないか、倒れている人がいないか慎重に見ていく。しかし、それらしき人影は発見できなかった。次に北股から三ノ窓雪渓へ捜索の範囲を移そうとしたとき、思いもよらない事態が発生する。なんと、ちょうどヘリが捜索をしようとしていたとき、その真下で別の事故が発生していて、救助を求めている人がいるというのだ。

救助要請の連絡を入れたのは、真砂沢ロッジ主人の坂本心平さん。13時40分ごろ、登山者が真砂沢ロッジに駆け込んできて「剱沢の二股吊橋近くで別の登山者が転落し、川に落ちて行動不能になっている」と助けを求めに来たという。通報者が真砂沢ロッジに駆け込んできたとき、「つるぎ」が北股での捜索をしていて、ヘリのローター音が心平さんの耳にも届いていた。

心平さんはすぐ、遭対協の無線で警備隊に救助要請をした。その無線を「つるぎ」の隊員たちが直接傍受し、状況から二股近くの遭難者の救助がより緊急性が高いと判断。永田さんの捜索を一時中断し、二股の現場へ急行する。

真砂沢ロッジと「つるぎ」に乗っている隊員との無線のやりとりは、剱沢で待機している工藤、坂本の耳にも、断片的ではあるが届いていた。坂本は真砂沢ロッジに電話をして、詳細の聞き取りをする。そして、今度は室堂派出所に電話をしてその内容を知らせる。剱沢に残っている隊員たちは、室堂派出所や本部の隊長などに連絡をし、得られた情報を共有するのが大事な役割となっているのだ。

「要救助者は50代の男性、1人。二股吊橋の手前で川に落ちて行動不能になっています。通りすがりのほかの登山者に助けを求め、その方が真砂沢ロッジに駆け込んで救助要請をしました。現在、『つるぎ』が現場へ向かっています。要救助者の氏名は現在のところ不明。川からは上がったものの、全身に痛みがあって、自分では動けないということです」

緊迫したやりとりをしている最中、今度は工藤が持っている警備隊の無線が鳴る。「真砂沢（ロッジ）から劔沢警備隊。14時04分、『つるぎ』が遭難者発見とのこと。『つるぎ』からの無線交信を中継しました」

心平さんが、谷間で電波状態のわるいところにいる「つるぎ」からの重要な無線連絡を劔沢派出所の隊員に取り次いでくれたのだ。救助活動は、このように山小屋の人たちの協力も得て、スムーズに行なわれている。

工藤、坂本は、状況が二転三転するなか、室堂の隊員と電話でやりとりをして、より詳細な情報の共有を図り、同時に隊長にも電話連絡をして、判断を仰ぐ。断片的で聞き取りづらい「つるぎ」からの無線で情報を得ながら、昨日の湯浅がしていたように、各方面との連絡取次や調整に忙殺される。電話や無線での情報共有はややアナログではあるが、通信状況が限られる山岳地帯では、ウェブでの情報共有が図れず、現在のところ、これがいちばん確実で早い。

三ノ窓での救助

松井と小高が「つるぎ」からホイスト（ワイヤーを巻き上げ、下げして、隊員や要救助者を上げ降ろしする機器）で、登山道近くに横たわる要救助者のところへ降下。ケガの状態を確認したところ、全身打撲のうえ骨折もしている模様。自力歩行は不可能な状態だった。要救助者を吊り上げるための専用ハーネスを手早く装着させ、14時11分に「つるぎ」へ収容した。「つるぎ」は剱沢に戻り、小高が降ろされた。「つるぎ」に搭乗している松井と石川が遭難者に付き添い富山空港へ。剱沢から空港まではおよそ15分である。連絡を受けて、空港で待っていた救急車に遭難者を引き渡し、男性の救助活動は終了した。すぐに永田さんの捜索を再開するため、「つるぎ」は空港で燃料を補給すると15時20分に剱沢へ舞い戻ってきた。

「つるぎ」は剱沢のヘリポートで小高、牧野、棚田を乗せて、再び裏剱へ向かって飛び立つ。しかし、このころ剱岳周辺には霧が立ち込めて、視界が悪化。ヘリでの捜索は、霧が濃くなるまでのわずかな時間勝負となってきた。急きょ、牧野、棚田は池ノ平小屋に降ろされることになった。ヘリでの捜索が難しくなった場合は、翌日に地上からの捜索が行なわれることになる。地上捜索の起点となる池ノ平小屋へ隊員2人を送ったのは、そのための飛弾の布石だ。

小高、松井、石川を乗せた「つるぎ」は、先ほどの捜索の続きで、北股と三ノ窓雪渓の出合から北方稜線方面へ向かって、ゆっくり飛んでいく。小高がヘリに乗っているのは、航空隊を兼務していて空からの捜索に慣れていることもあるが、翌日に地上からの捜索になった場合は地上班のリーダーとして捜索をする。そのために雪渓の状態を確認しておくという狙いもある。捜索中に別の事故が発生するという、思わぬ事態が起き、さらに天候が安定しない状況ながらも、先の展開を読んで、それに備える段取りの緻密さがみごとだ。

15時39分、剱沢派出所。工藤が手にしている無線が鳴る。室堂派出所から警察本部への連絡だ。「捜索中の『つるぎ』より一報あり。15時37分、三ノ窓上部にて要救を発見。座標は北緯36度37分××秒、東経137度37分××秒。現在、隊員が降下して容体を確認中。続報が入りましたら連絡します。以上、立山室堂」。「要救を発見」とあったが、見つかったのは永田さんだろうか。工藤と坂本は緊張した面持ちでメモを取りながら、固唾を飲んで続報を待つ。

数分後、今度は「つるぎ」からの無線が直接、剱沢にも入ってきた。

つるぎ無線「ザー（雑音）要救に接触し、呼びかけたが、ザー（雑音）反応なし」。それを聞いた工藤と坂本の表情がこわばる。

その直後、今度は工藤の無線が鳴る。「『つるぎ』から剱沢（剱沢派出所）。要救の収容完了。これから隊員3名を剱沢へ戻します。対応願いたい」。工藤は「隊員3名を戻す。了解」と応答し、「行ってくる！」と急いでヘリポートへ走る。ヘリが着陸するときは、ヘリポートで誘導する人員が必要となる。遭難者を救助した「つるぎ」は、間もなく三ノ窓から剱沢にやってくる。

ヘリポートの周辺には、散策している登山者が何人か見える。「つるぎ」が来る前にその人たちをヘリポートから離れた場所へ誘導し、安全を図らなければならない。ヘリは離着陸時に爆風を発し、近くに人がいると飛ばされるおそれもあって、危険だからだ。しかし、坂本は電話連絡と情報整理で手いっぱいで、対応が間に合わない。浅川はほかの事案対応に追われている。するとちょうど派出所横にある発電機の手入れをしていた指崎さんが、仕事の手を休めて拡声器を手に取りやってきた。そして、隊員に代わってヘリポート周辺にいる人に向かって大声で呼びかける。「これからそちらにヘリが来ます。ヘリが来ます。ヘリポート周辺にいる方は、至急、離れてください。青いジャケットの方、そこは危険ですので、右側へあと100mほど逃げていただけますか」

工藤がヘリポートに到着し、指崎さんによる登山者の誘導が完了したタイミングで「つるぎ」が現われ、ヘリポートに着陸。役目を終えた小高、牧野、棚田の3人を降ろすと、要救助者を医療機関へ引き継ぐため、すぐに空港へ向かって飛び立った。

「つるぎ」が去り、出動した隊員たちが派出所に戻ると、剱沢は再びいつもの穏やかさを取り戻した。しかし、初めて事故や捜索の場面を間近で目にして、現場へ向かう隊員はもちろんだが、派出所で情報の中継を担う隊員たちもかなりの緊張を強いられるということがよくわかった。状況が変わり、緊迫状態が続くなか、断片的にしか入ってこない情報。剱沢派出所の隊員たちは必要なことを聞き取り、それを整理して正確に各方面へ伝えなければならない。現場を想像しつつ、臨機応変に対応するのは、想像以上に判断力を伴う。

2件の救助が終わったことを派出所内の無線で関係機関に報告していた坂本は、用件を追え、静かに無線器を置くと、胸の奥に詰まっていた緊張感を解き放つように、ふうと大きく息をついた。共に対応に当たった工藤が「お疲れさん」と声をかけると、坂本は「対応中の電話のやりとりで、隊長に叱られちゃいました。『声が聞こえん!』って……」とつぶやいて肩を落とす。工藤は「ここは電波が入りづらいからな。聞こえづらくても仕方ない。事案が重なって隊長もたいへんだっただろう。坂本の働きはわかっているって」と坂本をなぐさめる。

坂本は微笑んで、お菓子の入っているお盆から小さなチョコレートを一つ二つつまみ、口へ入れる。2時間半にわたるめまぐるしい事案対応で、さぞ疲弊したことだろう。そして何かを取りに装備室へ向かう。その途中で「小林さんも一つ、食べられえ」と、私にもチョコレートの包みを手渡してくれた。

家族対応に心をこめて

後日の報道によると、三ノ窓雪渓で発見された遭難者は永田さんで、救助後に死亡が確認されたという。場所は三ノ窓の滝の下部だった。

救助した小高に聞くと、「ザックに大きな三脚が付いていましたから、写真目的の方かもしれませんね。写真を撮る方は自由に動きたいでしょうから単独のことが多いのですが、もし、今回も同行者がいれば、危険な高巻きをするにしてもロープを出して確保ができたと思います。そうしたら、致命的なケガは防げたかもしれません」。「三ノ窓の滝」「写真を撮る人」というのは、一昨日、湯浅や大瀧が可能性を探っていた段階で出ていたキーワードである。

永田さんの一件では、単独行動のリスクの高さをあらためて感じた。「たられば」になるが、小髙が言うようにパートナーがいれば、危険箇所はロープを使えたし、複数の目でルート判断を行なうなどして、そもそも危険を回避できたかもしれない。また、今回の場合では最終的な状況が変わったかどうかはわからないが、同行者、または目撃者がいて、早い段階で救助要請が入っていれば、より早く捜索が始められたかもしれない。

それでも永田さんの場合は、山小屋の人が警備隊に情報を寄せたことで早めの対処ができた。それがなかったら、ほかの誰かが気づくまで捜索は行なわれず、もっと発見が遅れた可能性もある。

さて、ここで永田さんの話は一区切りとしよう。そのうえで、心肺停止の遭難者が発見された場合、その後、どのように事が進むのかに向き合ってみたいと思う。それは、遭難者を救助したところで警備隊や警察官の仕事は終わり、というわけではないからだ。

遭難者が心肺停止の状態で発見された場合でも、死亡診断は医師によってのみなされ、警察官が判断することはできない。ただし、医師の判断を仰ぐまでもなく、死亡が明らかな場合は、要救助者を引き渡す際、救急隊の判断で医療機関へ搬送されないこともある。医師によって死亡の診断がされた場合、不搬送になった場合のいずれも、遺体は事故現場を管轄する警察署へ引き渡され、事件性の有無が検証される。そして、死因や死亡時期が特定されたあとに、家族へ引き渡される。

一方で、遭難者家族への連絡も、警備隊を主とする警察官の仕事である。家族対応をすることが多い、上市署所属の山田智敏（52・隊員歴21年）に聞いた。「ご家族への連絡は多くの場合、行方不明であったり、連絡がとれないといったところから始まります。状況が不明の段階で、ご家族を失望させたくないし、過度な期待ももたせてはならない。その対応は人それぞれだと思いますけれど、私の場合はあらゆる可能性に触れながら、あえて事実を淡々と話していくようにしています。でもご家族は、山のことをご存知でない方がほとんど。だから、山の知識がない方にも状況が伝わるように、なるべくていねいに話をします」

山岳遭難はニュースで取り上げられることも多く、山登りをしない家族も「遭難」をイメージしただけで絶望感や大きな不安を抱くことが多いという。そういった家族の気持ちに寄り添うことを最も大切にしているという。

「例えばの話として聞いてください」と前置きしたうえで話を続けた。「ある方が山で事故に遭って亡くなったとします。私たちはご遺体とともに、周辺を捜索してその方が身につけていた装備などもできる限り回収して山を下ります。その後、警察で検視といって、お体を調べさせていただくことをし、それが終わるとご遺族の元へお返しすることになります。ご遺体といっしょにその方の装備品もお渡しするのですが、私の場合は、その前に一度、回収した品を自分で引き取り、洗えるものはきれいに洗う、形が整えられるものは整えたうえでお返しするようにしています。それは、悲惨な現場の状況をご家族が想像しなくて済むようにという気持ちからです。ハンカチやペンなどの小さなものであっても、家族にとっては大切な思い出の品かもしれない。だから、ご家族の気持ちになって、毎回、小物であっても大切に扱うことを心がけています、でも、私たちは、登山者やそのご家族がつらい思いをしなくて済むように、日々、遭難防止の活動をしているんですよ」。そして続ける。

「警備隊はご家族への対応をとても大切にしています。それは、私たちの育ての親である芦峅寺《あしくらじ》のガイドたちの精神を受け継いでいるんです」

その育ての親とは、どのような人たちなのか、警備隊の起源に迫ってみよう。

第4章

警備隊の原点

多発する遭難に対応するために

立山ガイドと警備隊の前身・救助隊

時は遡り、昭和30年代（1955〜）。日本は戦後の苦しい時期を脱却し、経済が飛躍的に成長していた。好景気が続いて庶民も旅行や観光に感心を向ける余裕が生まれ、行政や企業は観光事業に力を入れた。登山も例外ではなく、一般的なレジャーとしての人気をみせる。1956年に槇《まき》有恒氏が隊長を務めた日本山岳会第3次マナスル登山隊によって、日本人によるマナスル初登頂が成功すると、そのニュースが大きく取り上げられ、登山ブームに拍車がかかる。

立山周辺では1954年に千寿《せんじゅ》ヶ原（現・立山駅）から美女《びじょ》平にケーブルカーが開通。翌年にはその先、弘法まで立山高原バスの営業が始まる。1956年には弥陀《みだ》ヶ原ホテルが営業を開始するなど急速に観光開発が進んでいった。これによって立山周辺に入る登山者や観光客が急増していく。

ハイカーが増加する一方で、先鋭的な登山をしていた大学山岳部や社会人山岳会のパーティは、岩壁や冬季ルートの初登攀争いに沸いていた。『日本登山史年表』（山と溪谷社／2005年）を開くと、このころ日本屈指の岩壁がある谷川岳、穂高岳、北岳などの記録とともに、剱岳周辺では積雪期黒部横断初登破、源次郎尾根初登攀などの記録が並んでいる。剱岳周辺でも新しいルートの開拓や、積雪期・厳冬期の登攀による初登記録を狙うパイオニアワークが盛んだったのだ。さらに、気象の厳しさと険しさを併せ持つ冬の剱岳は、ヒマラヤやヨーロッパ・アルプスの山々をめざす登山者の訓練の場にもなっていた。

　山に入る人が急増し、より困難な条件でリスクの高い登山に挑む人が増えるに伴って、山の死亡事故が多発することになる。山岳遭難は大きな社会問題に発展し、その事態に危機感を抱いた富山県は、１９５９年9月16日に富山県知事を会長とした官民一体の「富山県山岳遭難対策協議会」を結成。同年10月15日に警備隊の前身となる「富山県警察山岳救助隊」が発足した。当時、海難救助を行なう海上保安庁に匹敵するような、山岳地帯の専門組織は全国的にもほとんど存在しなかったという。そんななか、富山県では同年中に千寿ヶ原に臨時警察官派出所を開設したほか、上市、立山、宇奈月《うなづき》に遭対協支部を結成するなど、次々と救助活動と遭難防止の態勢を強化した。

　しかし、組織されたばかりの警察救助隊の隊員たちがすぐに救助の第一線で活躍できたわけではない。まず、隊員が思うように集まらず、最低でも20人は必要なところ15人でのスタートとなった。当時の隊員集めの苦労を、救助隊隊長の佐野武夫氏が「県警警備隊の活動」（『この山にあふれる誓い』富山県警察本部編／１９６５年）に残しているので紹介しよう。

「発足当時は二十名の隊員を確保することを目標としていたが、今も二十名足らずで、最盛期にはいると遭難はいや応なしに隊員をかり立てる。危険な場所では隊員であれば誰でもというわけに行かず、隊長には少なくとも十年以上の経験を持つ適任者をあてなければならない。それだけに新人の養成には一層力を入れる必要がある。だが山の適任者は得がたい。

厳重な身体検査をパスして採用された警察官のなかから選抜して、毎年五人の新人を訓練しているが、残るのは二人くらいで、あとは一年か二年で見込みなしとなる。また本人が希望し素質が十分あっても『母親の反対』という思わぬ障害にあって挫折することもある。さらには勤務の都合や配置換えにより断念せざるを得ないこともしばしばである」

このころ、救助隊に「選抜された」のは、機動隊の警察官たち。主に機動隊のなかから体力のある人が救助隊に任命された。神保《じんぼ》実氏や、谷口凱《かつ》夫《お》氏のように頭角を現わし、後年にまで語り継がれる伝説的に優れた隊員もいた。しかし、集められた隊員の多くは、柔道や剣道では優れていても、山の知識や登攀の技術はほとんど持ち合わせていない。そんな彼らが、初登を狙うような日本で指折りのクライマーが集まる剱岳の大岩壁や冬山の現場で、救助活動をするには無理がある。実際には、立山ガイドを中心とする山に詳しい民間の救助隊員たちに依存することが多かったという。

そのころ救助活動の中心を担っていた立山ガイドとは、立山山麓の芦峅寺集落の人々によって組織された山案内人たちのこと。そのルーツは古い。芦峅寺集落の人々は、立山を開山し立山信仰を興隆させた佐伯有頼《ありより》の子孫といわれている。信仰登山が盛んだった江戸時代には先達役である「中語《ちゅうご》」として、芦峅寺から全国へ布教活動に出かけ信者を集めるとともに、開山縁起や由緒を語りながら立山登山の案内をしていた。

明治時代に入ると、神仏分離令により山岳信仰登山は衰退したが、代わりに盛んになったのが、地元ガイドを伴った探検登山や未踏峰・積雪期登頂に挑戦する近代的登山。登拝の案内人だった中語は、長い歴史のなかで培ってきた山登りの技術や知識をさらに磨き、登山者の安全を守りながら困難なルートに共に挑む近代登山の先駆者・山のガイドへと生まれ変わっていった。

立山ガイドの佐伯平蔵氏は剱岳近代登山第2登（1913年夏）をした日本山岳会の近藤茂吉氏の山行にガイドとして加わった。佐伯春蔵氏は、別山尾根からの剱岳初登（1913年夏）をした木暮理太郎氏、田部重治氏らの山行に同行。その後も昭和初期にかけて、登山史に残る数々の登山に協力し、近代登山の発展に大きく貢献した。歴史ある山のプロ・立山ガイドに、発足したばかりの救助隊が依存するのは自然の流れだった。

ちなみに、芦峅寺集落の人は佐伯か志鷹の姓がほとんどだが、同姓であっても必ずしも血縁関係があるわけではない。しかし、集落の人々の結束はとても強く、同年代で育った間柄ではお互いに「兄弟」だと思い合うほどの絆をもっていた。

幾多の命をのみ込む「行けぬ谷」

ここで、警備隊誕生の背景となる、救助隊結成当時に起きた遭難をいくつか見てみよう。まず、発足2カ月の救助隊が対応に追われたのが剱岳西面、池《いけ》ノ谷《たん》での事故。剱岳西面は、尾根の間に深い谷を刻む険しい地形で、特に冬は日本海からもたらされる風雪をまともに受け、非常に登攀が困難な場所。そのため、昭和30年代になっても未開拓の場所が多く残されていた。早月尾根と小窓尾根に挟まれた池ノ谷はそのなかでも様相がわるく、「行けぬ谷」を名の由来とするともいわれる。1959年大晦日、ここに挑んだ京都の大学山岳部員6人が消息不明となる事故が起こる。

事故の知らせを受けたのは麓の上市警察署。池ノ谷が現場であることに動揺が走る。というのは、警察はもちろん、地元にも冬の池ノ谷の詳細を知る人は皆無だったからだ。明治から大正の登山黎明期は地元ガイドを伴う登山が当たり前だったが、昭和に入ると大学山岳部や社会人山岳会のパーティは自己の実力を高め、ガイドを伴わずに自分たちの力で登攀をなし遂げるように登山スタイルが変化していた。そのため、救助隊が頼りにする立山ガイドたちも、冬の池ノ谷のようにリスクが極めて高い場所には入ったことがない。発足間もない救助隊は、情報がほとんどないこの「魔の谷」での出来事に立ち向かわなくてはならなくなった。

まずは警察官2人が馬場島へ急行。その後、警察官と地元の協力者ら、合わせて11人の救助隊が編制され、翌元日から大学の捜索隊26人とともに、大規模な捜索が開始される。この捜索で活躍したのが、当時の最先端機器であったトランシーバーだ。警察の無線局が馬場島に設営され、トランシーバー5台（ウォーキートーキー1台とハンディトーキー4台）が小窓尾根に上げられて、救助活動中の通信を支えた。富山では警察官が無線機を持って捜索活動の第一線に加わったのは、これが最初だったという。

さらにその後、協力する大学や山岳会メンバーも救助に参加し、総勢70人で必死の捜索が行なわれた。しかし、危険すぎて近づくのも困難な現場に成果を上げられないまま、1月5日、天候悪化に伴って救助活動は打ち切りとなる。

春がやってくると、当事者の大学関係者によって捜索が再開され、7月から9月にかけて6人全員の遺体が発見された。発見までの捜索に当たった人数は、計2059人で、遭難史上空前の大規模なものになったと記録されている。しかし、皮肉なことにこの捜索活動によって小窓尾根に踏み跡ができ、さらに池ノ谷の名が知られることともなり、訪れる人が増加することにつながってしまう。1961年、地元山岳会の3人が池ノ谷に入って帰らぬ人となるなど、その後、遭難が続発する原因となったのがやるせない。

1960年末には別の大学山岳部6人が赤谷《あかたん》山の登山中に豪雪により死亡する事故が起きている。翌1月5日に学生たちの捜索によって2人の遺体が発見されたが、山から下ろすことはできなかった。その報告を受けて1月14日早朝から二次捜索が行なわれることとなる。ここで活躍したのが立山ガイドたち。佐伯富男氏をはじめ、剱澤小屋の佐伯文蔵氏、佐伯栄治氏、平ノ小屋（現・平乃小屋）の佐伯覚秀氏、剣山荘の佐伯仲房氏、天狗山荘の佐伯守氏ら、芦峅寺の主力メンバー15人と、警察からは無線係の1人、大学から8人など、総勢25人の捜索隊が組まれた。

厳冬期の雪山で、立山ガイドたちを中心に10日間に及ぶ活動が行なわれ、5人の遺体を発見、搬送した。残る1人も4月に富男氏ら民間捜索隊の協力による三次捜索によって発見される。ちなみに、このころは剱岳に限らず、谷川岳の衝立《ついたて》岩で登山者が宙吊りとなり、自衛隊の射撃によって遺体が収容された事故（1960年）をはじめ、ショッキングな山岳遭難が各地で起こっていた。それらの事故はマスコミでも大きく報道され、そのたびに世間の耳目を集めていた。

そんななかで発生したのが、1963年1月、薬師岳で愛知大学山岳部13人全員が遭難するという遭難史に残る悲しい事故である。

体制強化のきっかけとなった大遭難

１９６３年の冬は、後に「昭和38年１月豪雪」（三八《さんぱち》豪雪）といわれる大雪に見舞われた。前年の12月末から約１カ月にわたり冬型の気圧配置が断続し、前線や低気圧が次々と日本海側を通過したために北陸地方を中心に大雪となり、富山の平野部でも１８６㎝もの積雪になった。そんな状況で薬師岳の遭難は起こった。

愛知大学から県警本部に救助要請が入ったのは１月14日の夕方。計画では愛大山岳部13人は前年12月25日に名古屋を出発、26日に大山町小見《おみ》（現・富山市）に到着し、27日に折立《おりたて》にＢＣ（ベースキャンプ）を設営。そこから２０００ｍ地点にＣ１、太郎小屋（現・太郎平小屋）にＣ２、薬師平にじ３を設け、準極地法で登頂を果たし、５日から遅くても13日には名古屋へ帰る予定であった。それが14日になっても戻らず、連絡もとれないために救助要請となったのだ。

要請を受けて県警本部では、救助隊を太郎小屋まで進めるのに４日かかると見積もり、装備や食料を用意。10人の救助隊員で挑む計画が練られた。県警本部は当初、隊員３人と立山ガイド７人での構成を希望したが、立山ガイドたちが思うように集まらず、警察救助隊９人と芦峅寺からは剱澤小屋の佐伯文蔵氏だけが加わり、計10人で行くことになった。後日談では、この大きな事故を一刻も早く報じようとマスコミの熱が高まり、救助計画が立てられている時点で報道各社が立山ガイドたちの囲い込みをしていたという。そのため救助隊には文蔵氏だけが参加することになった。

救助要請時、愛大パーティは何らかのトラブルに遭っていることは予測されたものの、太郎小屋などに避難していて、生存者がいるものと考えられていた。そこで天候がよければ、自衛隊のヘリで隊員たちを輸送することも検討されたが、残念ながら悪天のためにそれが叶わず、16日の朝、歩いて捜索隊が山へ向かうことが決定された。文蔵氏と救助隊は愛大の捜索隊13人とともに富山駅を出発。高山線で猪谷《いのたに》駅へ向かう。愛大パーティが薬師岳に向かって出発した年末にはそれほど積雪が多くなかったので、小見から車で有峰《ありみね》ダムまで入れたが、捜索時には雪が増えて小見からのルートは諦めなければならず、直線距離で25㎞も離れた岐阜県側からの入山が最善策だったのである。当初4日と見積もられていた太郎小屋までの行程は、想像をはるかに絶する困難さだった。

県警の伊藤忠夫氏を隊長、佐伯文蔵氏を副隊長とした捜索隊は、猪谷駅から神岡鉱山の臨時軌道に乗せてもらい、茂住《もずみ》へ。その先はブルドーザーで除雪してもらい、ダンプカーに乗って土《ど》集落まで入る。そこから徒歩となった。約50㎏の装備を背負い、連日吹雪が続くなか、斜面では頭を超える深さの雪に苦しみながら進んだ。3mを超える積雪と悪天候、雪崩の危険に阻まれ、悪戦苦闘を強いられた結果、6日目の21日にやっとの思いで折立に到着。22日は標高1900m地点まで登り、C1を設営した。

しかし、ここで捜索隊を愕然とさせる情報がもたらされる。新聞社がチャーターしたヘリが深雪と格闘する捜索隊の頭上を越え、捜索隊に先がけて太郎小屋に強行着陸したのだ。記者が建物の中を確認したところ、避難していると思われていた愛大パーティの姿はなく、全員の遭難が確実だという情報が捜索隊にも入った。伊藤隊長は『この山にあふれる誓い』の中で、このときの心境を吐露した、次のような文章を残している。

「ここ数日ラッセルにつぐラッセルで、私たちは烈しい風雪のなかを悪戦苦闘した。それでも愛大生を求めて、太郎へ太郎へと鞭打って前進して来たのだ。二十三名の隊員も、とどここで頓挫してはいままでの苦労は水の泡なのだ。

この目で、この手で、彼らの所在を確かめなければならない。捜索は予定どおり続行、前進あるのみである。あと一押しで三角点だ。しばらくは遭難者を案じながら、沈黙の前進が続いた。（中略）夜になり気にしないようにと思うのだが、太郎小屋へ先に着陸したヘリのことが頭に残って、なかなか寝つかれない」

若者たちが太郎小屋に避難していることを信じ、一週間、歯を食いしばり、雪の中をもがくようにして太郎小屋の直前まで進んできた。しかし、あと少しというところでマスコミのヘリに先を越されてしまった。隊員が1週間かかってもたどり着けない太郎小屋に、わずか数十分で着いてしまったヘリ。どんなに救助にかける熱意があっても、もはや時代の最先端であるヘリに、人の足はかなわないのかと思い知らされた。救助隊は時代の大きな変化を、現場で突きつけられたのだ。この出来事は、ヘリの威力を広く知らしめることとなり、その後、積極的に山岳救助でヘリが活用されることになる。

しかしこのとき、地上を行く捜索隊は伊藤隊長の言葉どおり、くじけずに前進を続けた。そして25日、捜索隊のうち9人が執念で太郎小屋に到着。薬師平一帯から山頂付近まで必死の捜索をしたが、深雪のために活動は難航し、手がかりは見つけられなかった。その後も吹雪が続くことから、27日、まさに断腸の思いで捜索は打ち切られ、30日に撤収が完了。

3月に入って周辺の春山縦走に挑んでいた名古屋大学山岳部が友情捜索を行ない、23日の朝、薬師岳東南稜で愛大パーティ数人の遺体を発見。その知らせを受けて警察救助隊を含む捜索隊は現地へ向かい、雪の中に7人の遺体を確認した。隊員たちは一人一人をていねいに掘り出すと、下界から持ってきた花を供え、全員で手を合わせて冥福を祈った。

そして、4月末から5月初めにかけて4人が発見された。残りの2人は10月中旬になって父親や最後まで捜索に協力した文蔵氏、太郎小屋の五十嶋博文氏らによる捜索で発見された。

なお、メンバーが書き残したメモから、1月2日に全員で薬師岳山頂へのアタックするものの天候が悪化して引き返していたことがわかり、その途中で東南尾根に迷い込んでC3へ戻れなかったことが遭難の原因とされている。一部ではコンパスを持っていなかったことや、軽装であったことなどが指摘されたが、捜索に加わった救助隊の高島秀次氏、山田広好氏は「あとから考えてみれば、登頂を断念して引きかえしはじめてから五分ぐらいの地点で、右折すれば、のぼってきた道に出られたのだが、方向をあやまり、直進して東南稜へはいったことが、十三名の若いいのちを失うことになったのだろう。あるいはもう少し早い時間に引きかえせば、十三名が雪にうもれることはなかったのかもしれない……」としつつも「しかし、発見された遺体の装備は、全員完全装備といってよかった。また下級生の部員には、上級生部員がたえず付き添っていて、最後まで励ましていたことも、はっきりと想像できることである」と、彼らの名誉を守る記述を残している。

13人もの若い命が失われることとなったこの事故は、山岳遭難対策に取り組んでいた富山県でも非常に重く受け止められた。さらなる対策が練られ、1965年2月1日、遭難の防止と救助態勢を一層強化するため、救助隊を改称して富山県警察山岳警備隊が結成された。「救助隊」を「警備隊」としたのには、遭難者を救うだけでなく、遭難を未然に防ぎたいという強い思いが込められている。

なお、折立登山口近くには13人の霊をなぐさめる十三重之塔と慰霊碑が立っている。そこには事故の概略を伝える案内板があり、その文末に「この事故を教訓に、富山県は、昭和40年その後多くの人命救助に活躍する山岳警備隊を結成し、翌年には全国初の富山県登山届出条例を制定する事になった」と書かれている。

折立に立つ十三重之塔と慰霊碑（秋原浩司提供）

厳冬の剱岳・早月尾根での遭難救助（佐伯栄祥氏提供）

誕生した山岳警備隊

受け継がれる立山ガイドの精神

警備隊が発足した年の4月、隊のレベルを上げるために、より優れた隊員の確保が急務だった。そんななかで富山県警察に異色の新人が採用された。土井恒吉氏（以下敬称略）である。剱岳の麓の町・上市に生まれた土井は、上市高校時代は山岳部に所属。とにかく山が大好きで、どうすれば山へ行けるかばかりを考えているような青年だった。勉強はまったく興味がなく、週末はもちろん、テスト期間の中休みにも勉強を投げ出して山へ行ってしまうほど。しかし、その熱心さによって登山の実力をぐんぐん身につけた。

当時から高校生の雪山登山は禁止されていたが、そんなことにはまったくお構いなしで在学中に社会人山岳会の仲間といっしょに厳冬期の剱岳や奥大日岳に登頂してしまった。とんでもない高校生がいると、当時、剱岳に通っていた社会人山岳会や大学山岳部の人たちの間で話題になっていたという。もちろん、警備隊の前身である救助隊のメンバーとも顔なじみだった。

あるとき、救助隊員に「土井、高校3年生なら、来年、警察に入らないか？」とスカウトされた。自分の体、技術でアクシデントに遭った人を救助できるなら、こんなにいい仕事はないと土井は迷うことなく進路を決め、警察官の試験を受けた。「警察では年度内に警備隊を結成するということで、山で動ける人を探していたときだったから、時期がちょうどよかったんでしょうね。わしは、勉学はまったくダメだったけど、たぶん採用ラインのギリギリに引っかかったんだろう」と笑う。警察学校で1年間学んだあと、1966年4月にさっそく警備隊に任命された。

そして、土井の1年後輩として1967年4月に入隊したのが、のちに警備隊長をも務める椙田《すぎた》正氏（以下敬称略）だ。椙田は立山町にある雄山高校山岳部で活動していた。ホームマウンテンである鍬崎山を中心に、高校生ながら年間100日も山に通っていたという。高校3年のとき、「警備隊になれば思う存分、山へ行かせてもらえる」と隊員を志望。土井を追いかけるように警備隊の一員に加わった。山好きで経験が豊富な新人の土井、椙田は即戦力として期待を集めていた。

そして、彼ら警備隊の若手に山の救助活動で必要なことを一から教えたのは、立山ガイドたち。なかでも剱沢を拠点にいっしょに行動することが多かった佐伯栄治氏と佐伯友邦氏の影響が大きかったという。そのころのことを椙田が話してくれた。

椙田が入隊して初めて剱沢に入ったとき、佐伯栄治氏は剱沢野営管理所の所長として、そこにいた。栄治氏といえば、第一次南極探検隊の隊員にも選ばれた、名ガイドである。ある日、何かの話の弾みで、椙田は栄治氏と劔沢から劔岳の山頂までどちらが早く行けるか競争することになった。「当時、私はずいぶん生意気だったもんよのぅ。20歳で若かったし、高校生のころから山に登っていたから、おじさん相手に負けるわけがないと思った。それが実際に競争してみたらまったく歯が立たず、栄治さんに劔岳のずっと上のほうから『坊や、早く来んか!』と笑われたのよ。『坊や』だよ。あれは忘れられんね。これはかなわん、どえらい人が山にいるもんだと思った」

栄治氏は山を歩けばずば抜けて速く、足の置き場を瞬時に見分け、抜群の安定感があったという。それに人が行かないところでも、どこにどの花が咲いているなど植物にも詳しかったし、天候を先読みするなど山の自然の知識も深かった。「栄治さんはとても穏やかでおとなしいけれど、真が強い人だったなあ」と、人柄を振り返る。

劔沢には、椙田がとてもかなわないと思う人がもう一人いた。それは栄治氏の甥で、劔澤小屋の主人・佐伯友邦氏だ。友邦氏はその数年前から父・文蔵氏の後を継いで小屋に入っていた。椙田より3つほど年上の友邦氏は栄治氏同様に歩くのが速かったという。そして、やはり天候の急変や雪崩の発生など、危険を予測する力に優れていた。「芦峅寺(立山ガイド)の人たちはみんな山に強かったけど、栄治さん、友邦さんはそのなかでも飛び抜けて山に長けていたと思う」と言う。新生警備隊は剱沢の二人に絶対的な信頼を置き、数々の現場を共にしながら、山の登り方、遭難者の救助方法、搬送の仕方などさまざまなことを教わった。

そして警備隊はもう一つ重要なことを立山ガイドたちから教えられたと椙田は言う。「警備隊には『現場から火葬場まで』という大切な言葉があるちゃ。それは、山で遭難するのは地元の人ではなく、遠くから来ている人が多い。もし、遭難者が山で命を落としてしまったら、その家族たちは知らない土地で、絶望のなか、どこで何をしたらいいかわからずに困り果てるだろう。だから、救助をするだけでなく、火葬場まで、つまり家族たちがすべてのことを終えて富山を離れるそのときまで面倒を見てやるものだ、という思いやりの気持ちというかなあ。それはこれからの警備隊も忘れてはならんね」

時にそれが、警察業務の範ちゅうを超えた事柄であっても、自分たちができることの限りを尽くすのが警備隊の伝統。それは、中語として遠くから来た人たちをもてなし、山を案内してきた芦峅寺の人たちの心意気である。

この話を聞き、これが登山者を見守る隊員たちのやさしいまなざしの原点であり、山田が話す「家族の気持ちにも寄り添う精神」の元だったのだと知った。発足から半世紀以上たった今でも、芦峅寺の人々が大切にしてきた登山者に寄せる深い思いは、警備隊の精神として受け継がれているのだ。

厳冬の剱岳・早月尾根を遭難救助に向かう立山ガイドたち（佐伯新平氏提供）

空前絶後の多重遭難

さて、若手隊員の土井、椙田たちは警備隊として急成長していた。でも、まだまだ経験が浅く、山の救助では半人前。現場では父や兄のような存在だった栄治氏、友邦氏をはじめとした立山ガイドたちの指示の下で動くといった関係だった。しかし、それが大きく変わらざるを得ない出来事が起こる。

1968年から69年の年末年始、剱岳には42パーティ、341人もの登山者が入山していた。今となっては考えられないほどの大人数だが、登山ブームの当時は毎年、そのくらいの登山者が入っていたという。

そんな1969年元日。強い冬型の気圧配置のため、剱岳周辺は前日の大晦日から猛吹雪に見舞われていた。大晦日に早月尾根から東大谷《ひがしおおたん》へ登山者が転落して行方不明となり、元日の15時ごろには別の登山者が剱尾根ノ頭付近から池ノ谷へ転落。冬の剱岳登山の起点となる馬場島では登山指導員2人と警備隊1人が対応に追われていた。

その最中の18時5分、赤谷《あかたん》尾根にいた大学山岳部のサポート隊から「雪洞の出入口が雪で埋まって、6人が行動不能になっている」と新たな救助要請があった。その連絡は馬場島からすぐに上市署へ伝えられ、救助が行なわれることになった。2日朝、馬場島にいた隊員と協力を申し出た6人の登山者が第一次捜索隊として猛吹雪のなか、赤谷山へ出発。椙田は第二次捜索隊に加わるよう指令を受け、立山ガイドの栄治氏や友邦氏、それに大学の救助隊ら8人でジープに乗り、9時に上市警察署を出発。

馬場島から約17㎞手前地点で深雪によりジープが動かなくなり、捜索隊は重い荷物を背負い、徒歩で進むことになった。腰の深さまで積もる雪に苦労し、大汗をかきながらラッセルをして約3時間かけて7㎞ほど進んだところで意外な連絡を受ける。「大学山岳部の6人は、山中にいた同大学の仲間と連絡がとれ、自力脱出が可能になったため、救助の必要がなくなった」というのだ。全力で現場へ急行していた捜索隊は、梯子を外される格好となったが、椙田は大学生たちが無事だったことを喜び、ほかの捜索隊メンバーとともに、今歩いてきた道を戻って、夕方、上市署に着いた。第一次捜索隊は赤谷山の標高1200m地点まで達していたが、馬場島へ戻ることになったという。

椙田が上市警察署から自宅に帰り「やれやれ」とくつろいでいたところ、再び出動命令が出る。「先ほどの大学山岳部メンバーが、今度は雪洞内で装備をなくし、それを探していたところ凍傷を負って3人が行動不能。救助を求めている」というのだ。椙田は一度切ったエンジンを再びかける。

3日、前日は体調不良で捜索隊に加われなかった土井とともに椙田は上市署を出発。立山ガイドたちは「連続での出動は難しい」と3日の捜索隊には加わらなかった。その判断は無理もない。警察官である警備隊には救助義務があるが、立山ガイドたちは常日頃から善意で捜索に協力してくれているにすぎない。しかも、誰もが家族とゆっくり過ごしたい正月である。

頼りの立山ガイドの力は借りられなかったが、大学側から13人が駆けつけ、前日より多くの人数で馬場島へ向かうこととなった。それでも1日ではたどり着けず、4日の昼すぎにようやく馬場島に到着。そのころ馬場島では、小窓尾根の途中で行方不明になっている9人パーティを心配したり、剱岳山頂付近にいると思われる十数パーティの所在を確認したりと、情報確認に必死の様子だった。

土井、椙田を含む赤谷山の捜索隊は昼食もそこそこに猛吹雪のなか、赤谷尾根へ出発。第一次捜索隊が付けたトレースは跡形もなく消え、急斜面では頭を超える深さの雪をかき分けて前進していった。1100m地点で日没となり、テントを設営。翌5日はさらに強まる吹雪で視界もきかず、午前中は行動を見合わせていた。しかし「自分たちが行かなければ遭難者は決して助からない」という使命感から、正午に行動を再開。荒れ狂う天候のなか、前日よりもペースは落ちたが1350m地点まで達することができた。

そこで馬場島と無線交信をすると悪夢のような情報を耳にする。「小窓尾根パーティのうち、8名が行方不明。早月尾根で登山者3名が東大谷へ滑落し、行方不明。それに頂上付近にいた4パーティ、18名が救助要請をしている」というのだ。そのほかにも遭難の情報は次々と寄せられ、それらを整理すると8パーティ、42人が助けを求めていて、13人の行方不明者がいるという。これまでにない規模の多重遭難が現実のものになった。

6日、赤谷山の捜索隊はさらに上をめざし、朝からラッセルを続けていた。疲労感を隠せなくなっていた昼すぎ、下部に人の気配がするので一行が振り返ると、吹雪の向こうから現われたのは、なんと立山ガイドたち。栄治氏、友邦氏はもちろん、天狗平山荘の佐伯守氏など顔なじみのメンバーが揃っていた。彼らは、一度は出動を断ったものの、遭難者や、連日の吹雪のなか救助に挑む警備隊を放ってはおけず、メンバーを増やして駆けつけてくれたのだ。このときのことを椙田は「どれほど心強く思ったかわからない。本当にありがたかったし、うれしかったなあ」と振り返る。

まさかの二重遭難が発生

立山ガイドたちはさっそくラッセルの先頭を代わり、ピッケルで雪を崩しながら力強く進んでいった。一気にスピードが上がり、活気づく捜索隊。しかし、しばらくしてとんでもない悲劇が起こる。2番目を歩いていた立山ガイドの足元の雪が大きく崩れたのだ。雪庇の崩壊だ。先頭の人はとっさに足元の雪にピッケルを刺してなんとか転落を免れたが、2番目の人は雪とともに白萩《しらはぎ》川の谷底へ落ちていった。

「××が落ちた！」「ザイル（ロープ）出せ！」と後ろに向かって叫んだかと思うと、手早くお互いの体をロープで結び、落ちた仲間を追うように谷に飛び込んでいったのは栄治氏と友邦氏。「おーい、おーい」と、家族のような間柄の仲間を必死に呼ぶ栄治氏の悲痛な声が谷に消えていく。一同が固唾を飲んで見守っていると、しばらくして友邦氏から無線が入った。「もっと下まで行って探したい。誰か、ビバークの装備を持って応援に来てくれ！」

土井は「警備隊である自分が行かなければ！」と手を挙げ、守氏とともに助けに行くこととなった。手早くツエルトや食料などを詰め込み、守氏とロープを結び、二人を追いかける。しかし、そこは白萩川の谷底まで切れ落ちる、人跡未踏の斜面。岩に雑木がかろうじて根を張っているが、斜面というよりは、滝地形の連続といった感じの場所だった。土井は守氏と確保し合いながら交代でそこを慎重に下りた。下降し始めてすぐ、「こんなところを雪とともに落ちたら助かるわけがない」と絶望感を感じたという。

残された相田たちも助けに加わりたいが、その気持ちをぐっと抑えて待機するしかない。もし、上部にいる彼らが動けば雪崩を誘発し、救助に行った4人をさらなる危険に追い込むことになる。指示があればすぐにでも出動できるように準備をし、無線機の横で続報が入るのを待つ。相田は時間のたつのがとてつもなく長く感じたという。

救助に向かった土井と守氏は、下降に苦戦する。吹雪で視界のきかないなか、先行して斜面を下りる守氏が「ザイル出せ、もっと出せ」と土井に言う。土井からは守氏の姿は見えないが、手から伝わるロープの感触に全神経を集中し、守氏の動きに合わせながらゆっくりロープを出していく。すると突然、ガクッと大きなテンションがかかった。守氏が傾斜の急さに耐えきれず、岩から滑り落ちたのだ。土井が、守氏がそれ以上落ちないように必死でこらえていると、しばらくしてテンションが緩み、「ゆっくり下ろせ」とまた声がかかった。そのようなことを何度となく繰り返し、上下を交代しながら岩の間をすり抜けるように下降する。途中、土井もどうにも下りられずに、守氏の確保を信じてずり落ちるしかない場所が何箇所もあった。それほどに険悪な斜面だった。

そのころ、標高差500mほど下ったところだろうか、栄治氏と友邦氏は白萩川の滝の下、傾斜が緩んだところに転落した仲間を発見。一目散に駆け寄ると、なんとその仲間は打撲程度のケガだったという。これこそ奇跡だ。3人は抱き合って涙を流し、喜んだ。場所は白萩川、小窓尾根の取付付近。ここから馬場島へ向かえば早いが、谷を行けば雪崩に遭うことは必至である。栄治氏は状況を冷静に判断し、今来た斜面を登り返すことを決意した。

友邦氏と栄治氏で救出した仲間を挟むようにロープを結び合い、再び険悪な斜面を登っていく。そこへ下りてきた土井と守氏が合流。簡単に食料を口にすると、栄治氏は「今晩は眠らないで上がるぞ」とみんなに言った。夜から朝にかけてマイナス20℃ほどにまで冷え込む。じっとしていてはとても耐えられる寒さではないが、行動し続ければ生き延びられるだろうと考えたのだ。

しかし、再び登り始めて1時間もたたないうちに、ルンゼ（岩壁内の溝）を通過中の彼らを表層雪崩が襲った。栄治氏が近くにあった木に反射的に抱きつき、危機一髪で仲間たちを救う。土井が目を丸くしたのは、激しく雪に揉まれた仲間の一人の姿。耳、鼻、口に雪がびっしりと詰まって呼吸できずにいたのだ。「栄治さんが、かきむしって取れ！　と言うので、それは必死にかきむしった。口の中にも手を入れて、とにかくかき出した。それで彼は息を吹き返したんです」。登り続けたら、この先もまた同じことが起きるに違いない。誰もが、この状況で登り続けるのは、もはや不可能だと悟った。５人は木の根元に身を寄せて、ビバークすることにした。

彼らがかぶったのは2人用のツエルト（簡易テント）。肩までしかかぶれなかったが、頭と首だけはなんとか雪が積もるのを防げた。一晩、生きて過ごせるだろうか。残っていた食料はピーナッツが1袋、それにわずかのタバコ。それを土井や守氏が数えて、平等に行き渡るように管理することになった。

土井が目を細めて言う。「人間は不思議な動物よのう。真っ暗で、寒くて極限に追い詰められた状況だって、不思議とちゃんと数えられるもんだ。ピーナッツは80粒ほどあったかなあ。１回に１人

5粒。それを2時間に1回だけ食べようということになった。手にした5粒を大事にポリポリ、ポリポリ食べるの、これがうまいんだよ」。タバコも時間で割って、1本に火をつけ、一口吸ったらすぐ次の人に渡した。そのうちに誰かが待ちきれなくなって「まだピーナッツの時間にならんか?」と聞く。「いや、まだ30分しかたっていません。あと1時間半待たないとなりません」「タバコはどうだ?」「いやまだです」というやりとりが繰り返される。そのうちに誰かが寒さに耐えきれずにツエルトを引っ張る。そうすると誰かが外に出てしまう。「おい、引っ張るな」。一晩中、そんなことをやっていたという。

お互いの体がくっついているので、誰かが居眠りをすると体が傾くわずかな動きも感じる。それが先輩だろうが後輩だろうが構わず、肘鉄砲で起こし合う。「わしも何度、肘鉄砲をくらったかわからん。寝たら死ぬかもしれないと、そのたびにハッとした。朝が来るまで、なんとしても生きていなければならないという一心でひたすら耐えた。それで5人みんな朝まで生きられたんだな。朝、明るくなってくると寒いなんてもんじゃないがよ。どんなにくっついていたって、外は吹雪だ」

夜が明けると、栄治氏がメンバーを組み替えると言い、土井は友邦氏と組んで先に登り、ルートを作れと指示された。栄治氏と守氏がケガをした仲間を挟み、上から引っ張り、下から押し上げて、少しずつ前進していった。土井は友邦氏と声をかけ合いながら必死に登った。時間の概念も何もない。ただ、残った警備隊たちが待つ1600m地点まで戻らなければ、全員が死ぬ、それしか頭になかったという。

登って、登って、登って……。そして昼近くになって、やっと5人は1600m地点に戻った。一同は抱き合い、肩を叩き合い、手を握り合って、奇跡の生還を喜んだ。

苦難の独り立ち

生還した5人はテントに迎え入れられ、やっと落ち着いて食事をとることができた。そこで話し合いが行なわれ、立山ガイドは全員が一度、馬場島に引き上げるという決断が下された。神保氏、城《じょう》宝《ほう》氏ら警備隊の主力メンバーも、現場に残ってくれるように必死に説得したが、立山ガイドたちの団結した意思は揺るがなかった。

これまで山男の気概として、危険な救助にも協力してきた立山ガイドたち。しかし、初の二重遭難という事態になり、これ以上、命を懸けた協力はできないというのが芦峅寺の一致した意見だった。そこには一度救助要請をしながら自ら解除し、再び救助を求めるという、登山者のモラルを疑問に思う気持ちもあっただろう。結果として救助する人たちを振り回し、彼らの命も奪いかねないような事態にまで追い込んでしまったのだから、無理もない。立山ガイドたちにも家族がいて、日々の生活があるのだ。そして、彼らは言葉どおり、全員が山を下りていった。

現場に残された土井、梠田たち警備隊は突然、大きな支えを失い、たいへんなショックを受ける。しかし、そうしている間にも遭難者たちは、今か今かと助けを待っている。自分たちだけになっても行かなければならないと、使命感を奮い立たせた。

翌8日、梠田たちは標高1800mまで前進。土井は早月尾根で多発している遭難に対応するため、赤谷尾根から早月尾根へ転進した。9日、梠田たちはついに赤谷山頂上にいた大学山岳部の6人を救出。彼らは数人が凍傷にかかっているものの歩くことができる状態だったので、食料を与えたうえで自力下山をさせることにした。なぜなら、赤谷山からさらに先の白ハゲには15人もの遭難者がいて、助けを待っているというのだ。そこには自衛隊のヘリが向かい、何度も救助を試みたが、悪天候のために、現場には着陸できずにいた。

10日の朝、梠田たちは白ハゲに到着した。折よく天候が回復し、自衛隊のヘリが接近。動けなくなっていた1人をヘリに収容させ、ほかのメンバーを連れて下山を開始した。その日の夕方には全員無事に馬場島へ帰ることができた。土井たち早月尾根の捜索隊も同日までに全員を救助し、馬場島へ戻った。さらにその後、13日に捜索が打ち切りとなるまで、周辺で行方不明になっている人たちの捜索に全身全霊をかけた。

結局、年末からの10日間で剱岳周辺では15パーティ、81人が遭難、19人が死亡するという、前代未聞の多重遭難となった。しかし、それは奇しくも警備隊が立山ガイドの力を頼らずに任務を完遂させることになり、また、警備隊が独り立ちをしていく大きな転換点となった。そして警察では、今後、危険を伴う山の救助は警察主導で行ない、警察官が主となって当たるべきだという大きな判断をしたのだ。

とはいっても、すぐに独立できたわけではなく、その後も長年にわたって立山ガイドをはじめ、山小屋の人たち、各地の遭対協の人たちに協力をしてもらいながら、合同での救助活動が行なわれた。

土井は「そのころは現場が厳しい場所であることが多かったし、事故も悲惨だった」と振り返る。土井は年始の赤谷尾根や早月尾根で決死の捜索に加わったあと、同年5月には地獄谷で作業中に火山性ガスを吸って倒れた山小屋従業員を助けに行った。火山性ガスに対する知識も装備もないことから現場で躊躇していると、集まって来た人たちから「見殺しにするのか」という声が上がった。その声で意を決して穴の中に入り、救助をしている際に自らも火山性ガスを吸って一時、意識不明に陥った。

また、数年後の8月には黒部川・上ノ廊下での救助活動中に増水した川の濁流にのまれて流された。一緒に活動していた仲間に、危機一髪のところで助けられるという経験をしている。土井は数年のうちに3回も、救助活動中に死の淵に立たされた。「警備隊に任命されてから、この仕事を続けていたら絶対に長くは生きられないと覚悟していた。だから女房には、わしが逝っても悲しむな。この仕事はわしが自分で選んだ道。たとえそうなっても自分は納得しているのだから、といつも話していました」と言う。

土井はその後、55歳で引退するまで警備隊として現場に立ち続け、活躍した。現在、77歳。「いつ死んでもおかしくないと思いながら、今まで生きてこられたんだから、すごいことよのう。死にそうになったときは、いつも誰かが手を伸ばして、わしを死の淵から引っ張り上げてくれた。今、ここにいるのはその人たちのおかげ」と話す。

そして「だけど、わしだけ生き残ったようで、本当に申し訳なくてなあ……」。そう言って土井は言葉を詰まらせ、あふれる涙を手で拭う。その涙は、救助の現場で、あるいは訓練の場で、土井のように助からなかった、警備隊の仲間に向けられたものである。

1980 年ごろの警備隊（警備隊提供）

痛恨の殉職事故

日本屈指の山岳救助部隊へ

剱岳の多重遭難から2年後の1971年、警備隊は全国で初めて、警察官による年間の常駐体制を敷く。一年を通じて警備隊員が山の警備派出所に常駐し、そこから直接、救助やパトロールに出動できるようにした。これによって、事故の際はより早く現場へ向かえるようになり、また、パトロール中に危険な登山者を見かけたときには、指導をするなど積極的な遭難防止活動もできるようになる。

昭和50年代（1975年〜）になると、厳冬期の剱岳西面のような困難な場所もほぼ登り尽くされた。そして先鋭クライマーの剱岳の登攀対象は、黒部別山や奥鐘《おくがね》山西壁など、岩壁のより狭いエリアに絞られていく。このころ、登山界の牽引的存在だった大学山岳部は衰退しはじめ、大きなキスリング（帆布製のザック）を背負って、大人数の合宿を行なう山岳部員の姿はだんだん少なくなっていった。代わりに増えてきたのが友人同士や家族など、より幅広い世代で山に向かう、趣味の色合いを濃くした登山者。それに伴って、これまでの典型的な山の遭難事故であった転落・滑落だけでなく、心臓発作や脳卒中といった疾病による事例も目立つようになる。以前にも増して短時間での救助・搬送が課題となっていた。

発足から10年がたった警備隊は救助経験を積み、どんな現場でも警察主導で対応できるほどの実力をつけていた。さらに訓練を定期化したり、訓練日数を増やしたりすることで、隊員のレベルは見違えるほどにアップしていた。

ちなみに、現在の隊員たちも着ている紺地に3本線が入った警備隊制服のデザインはこのころに考案されたもの。椙田らが東京のスポーツ店に出向き、ラガーシャツをモデルに作ってもらった。当時は今のように登山に特化したウェアはなく、生地が丈夫なラガーシャツを山で着るのが定番だった。襟があるラガーシャツは、肩がらみなどでロープを扱うときにも肌への摩擦を軽減してくれるので重宝したという。なお、横に入った3本線は、当時ラグビーの強豪だった早稲田大学のユニフォームをヒントにしたもの。当初は紺地に黄色のラインだったが、のちに赤に変更されて現在にいたる。お揃いの制服が作られてから半世紀。現在の隊員たちもこの伝統あるデザインを大事に思っていて、より速乾性のあるものなどに素材を見直しながらも、大きなデザイン変更はせずに受け継いでいる。

さて、レベルアップをした昭和50年代の警備隊だが、相変わらずの悩みは隊員のなり手不足だった。このころ、人気の職業としてプロ野球選手とともに上位に挙げられていたのがエンジニア、サラリーマン、パイロット。きつくて危険なイメージがある警備隊の仕事には、思うように人が集まらなかった。そこで考えられたのが、優れた人材発掘のための「山岳警備専科」である。

考案したのは当時の警備隊デスクであった谷口凱夫氏で、１９７８年5月に初めて実施した。まったく山に登ったことのない警察官を10日間、専科に入校させ、座学、ロープワーク、クライミング、懸垂下降などの厳しい訓練を実施しながら、素質を見極めた。あまりの厳しさに、当時は「命の保証がない専科」として恐れられていたという。

しかし、専科は功を奏し、何人もの優れた隊員を輩出した。そのうちの一人が、第一期生で、のちに２００8年から10年もの長期にわたって警備隊の隊長を務めた髙瀬洋氏である。髙瀬氏は現役時代、危険で困難な現場であればあるほど、自分から買って出て救助に向かい、１００人を超える人の命を救った。そして、警備隊、警察官を引退した現在も、入山指導員として室堂ターミナルなどに立ち、事故防止活動を続けている。

自らに厳しい訓練を課し、装備や救助用具を充実させ、１９８5年ごろには警備隊は、事故発生から現場に駆けつけるスピードや、優れた搬送技術が評判となり、マスコミなどから「日本屈指の山岳救助部隊」と表現されるまでに成長していた。また、1984年には谷口氏らが、山岳救助用に富山県警として初のヘリ導入に向けてヨーロッパの救助隊を視察するなど、新しい時代を迎えようとしていた。

そんな上り坂の時期に起こったのが、警備隊初の殉職事故である。

警備隊のベテラン「剛の者」

1985年5月27日朝、警備隊は2件の山菜採りによる行方不明事案を抱えていた。一つは早月川支流、小早月川上流部の大倉谷。大倉山と白倉山の間に刻まれた、登山道のない深い谷だ。そして、もう一つは称名川が削り取ってできた断崖絶壁、悪城の壁である。二つの現場ともに警備隊や消防団、地元の人たちは前日夕方から捜索を行なっていたが、まだ発見されず、27日は態勢を立て直し、早朝から再び捜索が開始されることになった。

この時期の山菜採りの目当てはゼンマイ。「山菜の王者」といわれるゼンマイは太くてやわらかい、質のいいものが絶壁に生える。春になると、それを狙う山菜採りの人が険しい山に入って、毎年のように事故が起きていた。当然、現場は厳しい場所であることが多かった。

27日早朝から大倉谷の捜索に加わったのが、数年前に警備隊を除隊していた郷《ごう》康彦氏である。郷氏は1965年、警備隊発足と同時に入隊した第一期生。柔道三段の業師で粘り強く、そのうえ高校時代から山が好き。「山男にうってつけのタイプ」として、所属していた警察署の署長から推薦されて入隊した。郷氏は期待に応え、すぐに警備隊として欠かせない一員となった。

1969年1月の剱岳多重遭難では、立山ガイドたちとともにラッセルをして赤谷尾根へ駆けつけ、その後、椙田たちとともに多くの遭難者を救出している。また、郷氏の勇敢さを表わすエピソードとして、次のような事が伝えられる。

1967年4月、郷氏は市街の深夜パトロールをしていた。ある飲食店の前を通ったとき、店内からガスが漏れていることに気づく。しかし、呼びかけても店内から反応はない。郷氏が施錠されたドアを蹴破って店内に入ると、そこには意識を失った店員が倒れていた。瞬時に店員を担ぎ出して救出。その直後に大爆発が起こり、一帯の民家数戸が吹き飛ぶ惨事になった。郷氏はその爆発で顔を負傷しながらも、危機一髪のところで店員を救い出したことは、県民からも大きな称賛が寄せられた。警備隊に入ってからは、屈強さと姓をかけて「剛の者」といわれ、10年近く活躍した。

警備隊を辞した郷氏が、困難が予想される大倉谷の捜索に加えられたのは、もちろん警備隊での経験が買われてのことである。郷氏はその日、警備隊時代から大切にしていた登山靴を履き、現役当時と変わらぬ勇壮ないでたちで現場に現われたという。

27日7時、郷氏は現役警備隊の鍛治啓一郎氏、高瀬洋氏ら4人とともに捜索を開始。現場が極めて危険度の高い場所であることから、警備隊の先鋭が率先して救助に向かうことになった。8時すぎ、4人は大倉谷上部に倒れる遭難者を遺体で発見。現場の状況確認や遺体の搬送準備をし、8時40分ごろから搬送を開始した。

発見場所から300mほどは谷が雪渓に覆われていたため、その上を滑らせるようにし、スムーズに搬送できた。しかし、その先は雪渓がところどころ切れ落ちていて、雪渓のないところは大小の岩が堆積するなかを沢水が小滝の連続となって流れている状態。不安定な斜面を高巻きしなければ越えられないところもあり、通過が難しくなる。谷に残った雪渓はブロック状に割れたり、スノーブリッジになったりしていて、いつ崩れるかわからない。通過には緊張を強いられる。隊員たちは周囲の状況に目を配りながら、引っ張り上げたり、押し上げたりしながら、使命感に燃えて遺体の搬送を続けた。

下るにつれて谷の様相はさらにわるくなり、ついに、隊員たちが交代で遺体を背負って運ばなければならない状況となった。郷氏は遺体を背負った隊員のすぐ後ろに寄り添い、スリングの一端を持って、隊員が転倒しないようにサポートしながら進んでいた。

9時45分、突然、爆音を立てて近くの雪渓が大崩壊。その風圧だけで先頭を歩いていた隊員が約

1mも吹き飛ばされるほどの威力だった。そして、崩れた雪渓ブロックの一つが郷氏と遺体を背負っていた隊員を直撃。遺体を背負っていた隊員は押し倒され、郷氏は下半身が雪塊の下となった。押し倒された隊員は、足が雪に挟まれていたが、ほかの隊員たちがピッケルで掘り起こしてすぐに救助された。

しかし、郷氏の上に乗る雪塊は1tほどの重さがあり、持ち上げようとしてもビクとも動かない。雪塊の反対側からロープを掛け、捜索に加わっていた民間の人たちの手も借りて引っ張り、なんとか救出した。救出された郷氏は、激痛に耐えながらも気丈に、このような事態になったことを詫びたという。

一目で一刻を争う状況だと悟った隊員たちは、すぐに無線で警察本部へ連絡をとる。本部ではヘリと陸上からの両方による救助方針がとられた。しかし、当時は警察保有のヘリはなく、自衛隊や民間ヘリ会社に依頼するが、フライトの調整に時間がかかってしまった。最終的には、最良の策を講じても陸上による搬送のほうが速いと判断された。

次第に意識が弱まるなか、郷氏は隊員たちの手によって林道奥まで運ばれ、そこから警察車両に乗せられた。林道途中で迎えに来た救急車に出会うと、そちらに乗せ替えられ、12時5分、魚津市内の病院に収容された。病院であらゆる蘇生措置が講じられたものの、その甲斐もなく13時5分に息を引き取った。

救助のプロが、その活動中に命を落とすという痛恨の二重遭難。土井が話すように、隊員たちが常に感じていた自らの命の危険性。警備隊が発足してからちょうど20年の節目の年に、それがとうとう現実のものとなってしまった。仲間を失った喪失感、明日は我が身かもしれないという切迫感。そして何より、今まで数多くの登山者たちの命を救ってきながら、いちばん身近な仲間を救えなかった無念さが隊員たちを苦しめた。

しかし、それが仕事である以上、隊員たちは下を向いてばかりいられない。精神的に打ちのめされた状況でも、事故があれば、第一に現場へ駆けつけなければならないのだ。警備隊は大倉谷での事故を教訓とし、無理にでも前を向いてつらい経験を乗り越えなければならなかった。

積雪期訓練中の事故

郷氏の殉職から4年。1989年、年号が平成に変わるころ、登山界は中高年の登山ブームという新たな時代を迎える。その兆しのなかで起こったのが、1989年10月、悪天の立山・真砂《まさご》岳での事故。中高年登山者8人が死亡した大きな事故は、これまでには見られなかった態様の遭難として重く受け止められた。一方、困難な岩壁・積雪期の初登ルートがほぼ登り尽くされたことや、大学山岳部の衰退によって、昭和40年代から50年代のような挑戦的な登山をする人は減少する。

しかし、依然として社会人山岳会のパーティに人気だったのが冬の剱岳である。特に年末から年始にかけての入山者は多く、このころになっても毎年のように事故が発生していた。

1990年の正月には、剱岳周辺で社会人山岳会5パーティ、17人が豪雪によって行動不能になるという、かつての多重遭難を思い起こさせる事態が起こる。しかし、警備隊を中心とした救助隊がみごとに無事救助し、全員の命を救った。そのころの報道をきっかけに、警備隊への絶対的な信頼を表わした「落ちるなら富山県側へ」という言葉が登山者の間でもささやかれるようになっていた。遭難が富山県側であれば、高い実力をもつ富山県警察山岳警備隊がきっと助けに来てくれると、認知度がさらに高まったのだ。

そのような世間の評判はさておき、警備隊は登山者を救助するための技術を身につける地道な訓練を行なっていた。シーズンごとに内容を変えて行なわれる訓練のなかでも最大規模で最難となるのが、毎年3月に行なわれる積雪期山岳遭難救助訓練。これは、冬の剱岳での救助活動を見据えたもので、隊員たちが実際に雪の剱岳に登り、そこでの救助技術を磨くことを目的としている。

1990年3月の訓練も、隊員たちは高い志をもって挑んでいた。小窓尾根を登る班5人、赤谷尾根を登る班5人、そして早月尾根を登る班に分かれ、3月3日から訓練を行なっていた。そして

5日目の3月7日、早月尾根を登る班が、カニのハサミ付近でルート工作をしていたときに、足元から表層雪崩が発生。隊員の一人、鍛治啓一郎氏が雪崩とともに池ノ谷へ滑落、行方不明となった。

事故発生の無線連絡を受けた赤谷尾根、小窓尾根の隊員たちはすぐに捜索に向かおうとしたが、天候がわるく、待機の指示に従うしかない。2年前の1988年に導入された初代県警ヘリ「つるぎ」が滑落した池ノ谷右股上空へ向かうが、ガスで視界が得られないうえに乱気流に阻まれて接近できない。三ノ窓にいる隊員たちをピックアップして現場投入しようにも、やはり強風のために断念せざるを得なかった。

翌日、警備隊の無線交信を耳にした周辺の山小屋の人たちや地元の山岳会の人たち大勢が捜索に協力を申し出て、馬場島に集結した。その人たちを取りまとめたのは劒澤小屋の佐伯友邦氏だった。また、午後には民間ヘリ会社の大型ヘリが捜索の支援に加わる。日頃、警備隊と関わりの深い人たちが、なんとか鍛治氏を助けようと惜しみない協力をした。

しかし、風速20mを超える強風に阻まれて、この日も捜索は難航。捜索隊は早月小屋と小窓尾根をベースに活動をしたが、滑落した場所は大規模な雪崩が頻発し、これまで何人もが命を落としている池ノ谷。そこに人が入っての捜索はとても不可能である。あらゆる手を尽くしたが、警備隊は仲間を助けることはできなかった。7月になって、池ノ谷にテントを張り、泊まり込みで捜索をしていた隊員が鍛治氏を発見。やっと家族の元へ帰すことができたという。

この2件の殉職事故を経験した谷口氏は著書『アルプス交番勤務を命ず』の中で次のように書いている。

「二つの殉職事故を見ていると、自然の仕打ちは、全く非情。長いこと山をやっているから手加減してやろうとか、警備隊員として登山者のために尽くしているから勘弁してやる、なんて気持ちは全くありません。五十歳を区切りに、警備隊とともに警察官も辞めた神保先輩は、『山は恐ろしい。登れば登るほど分からなくなった』いみじくも、山の怖さ、厳しさを述懐していました。

遭難後の家族の悲嘆や後遺症の残る生活の変化、その苦しみを考えると、やらなくて済むものなら、このような危険を伴う救助活動は止めたいと思うこともありました。殉職した後輩に代って、自分が死ねば良かったと思うこともありますが、死んで解決するものではありません。責任を取って警備隊を止めておれば気持ちの上では楽ですが、厳しい現場から逃げることにもなります。危難に立ち向かう気持ちが萎え、隊員の士気が低下し、現実逃避の空気が芽生えれば、現場はガタガタになってしまいます。どんなにつらくても、現に救助を求めている者があるかぎり、逡巡停滞することは許されません。だれかがやらなければならないのです。やはり、『生命の危険を伴う活動は、最後は救助義務のある警察官以外にはない』、そう信じるからこそ、苦難を乗り越え、つらさ、苦しさに耐え、不撓不屈の精神で今日も現場で頑張っているのです。それこそ、危険と安全のはざまでジレンマを感じながら……」

重い苦難を背負い、再発防止を誓う警備隊。しかし、どんなに技量を身につけても、気をつけても、山へ向かう以上、リスクはゼロにはなり得ない。

警備隊はさらなる試練を受けることになる。それが飛弾の話にもあった丸山政寿氏の殉職である。

夜中の焼きそばパーティー

話はガラリと変わるが、ここで警備隊に欠かせない話題の一つ、焼きそばの話をしようと思う。私が最初に警備隊を取材したのは、7月の夏山遭難救助訓練だった。その訓練期間中のある夜、就寝までの自由時間にくつろいでいる隊員たちに交ざって話を聞いていると、松井が突然声を上げた。「さあて、今日は小林さんも来ているし、焼きそば、やろうか。管理所のみゆきさんたちを呼ぼうよ」。夕食は済んでいるし、もうすぐ消灯という時間なのに、今から焼きそばとは何事かと驚く私の表情を楽しむように松井が笑う。

若手隊員たちが立ち上がり、台所のコンロに特大の鍋を2つ並べると、湯を湧かし始めた。そして「20ですかね、30ですかね」と袋麺が入ったダンボール箱の封を切りながら相談している。そんな様子を察したのか、松井が「30と言いたいところだけど、今日は20でいいぞ〜」と台所に向かって言う。どうやら何食分作るかの話のようだ。しばらくして大鍋いっぱいに湯が湧くと、そこへ20袋分の麺が次々に投入されていく。この晩、剱沢にいる隊員に管理所のスタッフを加えても20人足らず。寝る直前だというのに、人数分以上の焼きそばを作ろうとしている彼らに「ちょっと多くない？」と小声で聞くと、田中や橋場が「そうなんですよ」と笑う。

大鍋で茹で上げられた焼きそばは、これまた大きなザルに上げられて湯切りされ、すぐに鍋に戻される。そこに粉末ソースが加えられると、派出所いっぱいにスパイシーな香りが広がった。熱々の焼きそばは手早く皿に盛り分けられ、全員に配られた。

それぞれに行き渡った山盛りの皿を見渡して、松井が満足そうに笑う。「夜に焼きそばを食べるのは警備隊の伝統なんですよ。小林さんもどうぞ」と言うと、隊員たちも派出所スタッフも「じゃあ、いただきまーす」と声を揃え、箸をつけた。

みんな、お腹いっぱいに夕飯を食べたうえで当然のように大盛りの焼きそばを食べるらしい。私が「今からこれを食べたら、明日は胃もたれで動けなくなってしまう。でもせっかく用意してもらったものだし……」と困惑していると、「あ、もし多かったら、自分が食べます」と浅川が私の皿から半分を引き取ってくれた。浅川の皿には大盛りどころか、すでに山盛りの焼きそばがある。「浅川、いくねえ」と一同の賞賛を集めると、「僕、いくらでも食べられるので」と言い、言葉どおりにあっさりと完食した。藤本や原、中才《なかさい》もお互いの量を競うように、そして鍋の焼きそばを奪い合うように食べ、20食分の焼きそばは、あっという間に消えた。そんな若手隊員のなかで、少食の柳本と坂本が「もう食えん」と目を白黒させながら箸を運ぶ様子が、みんなの笑いを誘った。

松井に聞くと、警備隊では来訪者をもてなすときや、訓練の打ち上げなどで、大量の焼きそばを作るのが習わしらしい。最近は作る量が減っているが、少し前は人数分の倍量を用意するのが普通だったそうだ。それを知っている周辺の山小屋の人たちも、警備隊が訓練や警備などで小屋に宿泊するときには、もてなしの気持ちとして鍋いっぱいの焼きそばを用意して迎えてくれることもあるという。

そんな楽しい夜を過ごし、しばらくしたある日、もう一人の副隊長・野中と剱沢警備派出所の片隅に座り、話をするなかで何げなく「警備隊にはおもしろい伝統があるんですね」と、あの晩にごちそうになった焼きそばのことを口にした。すると野中はどう答えるか迷ったのか、微妙な表情をした。

そして「あの焼きそば、実は警備隊にとってけっこう深い意味をもっていたりするんですよ」と言う。疑問の表情を向ける私に、野中が話してくれた。「以前、警備隊にインスタント焼きそばが大好きな先輩がいたんです。その先輩というのは、あの丸山さんなんですけど……」と派出所内に掲げられている丸山政寿氏の写真を見上げた。私はハッとして座り直した。

実は剱沢派出所はもちろん、室堂派出所にも、その後に訪ねることになる馬場島派出所にも丸山氏の写真が掲げられている。その写真は、私が初めて剱沢派出所を訪れた8年前にもあって、松井から丸山氏の事故の概要を聞いていた。でも、その後は詳細を聞くのがはばかられて、そのままになっていたのだ。

野中は十数年前の想い出を話してくれた。そのころ、丸山氏と警備がいっしょになると決まって「焼きそばを食べよう」ということになり、よくインスタント焼きそばを食べたという。丸山氏はとにかくその焼きそばが大好きで、いつも誰かを誘っては作って食べていた。それが時には、小腹が空く寝る前のタイミングになることもあり、若手隊員たちは付き合わされる形で、大盛り焼きそばを食べたという。夜に無理をして食べれば、当然、翌朝は胸やけで調子が悪い。でも、そんな起きがけに救助要請が入り、走って現場へ向かうこともある。

「私たち若手隊員たちは、喉からこみ上げそうになる焼きそばをこらえ、丸山さんを半分恨みながら走るんですよ。でもそのうち、前の晩に食べた焼きそばがエネルギーになるんでしょうね。救助に時間がかかって、食事をする時間がないこともよくあるんですが、それでも焼きそばを食べているとパワー切れにならないんですよ。そんなときは『丸山さん、ありがとう』って感謝しましたね。夜の焼きそばは、隊員にとってはカーボローディング。食べられるときに食べておくものだという、先輩からの教えとしての意味もあると思います」

私もあらためて、壁に掲げられた丸山氏のにっこりとやさしく微笑む写真を見上げる。「丸《まる》」の愛称で、多くの人から慕われていた丸山氏が殉職したのは、２０１１年のこと。焼きそばの由来を話してくれた野中はもちろん、湯浅、松井、小薬《こずい》ら現役隊員の半数は、かけがえのない仲間を失ったそのときのことを当事者として経験している。

「丸山さんのこと、もう少し教えていただきたいのですが」と野中に尋ねると「そうですね……」と口が重くなった。そして「私を含めて、現役隊員で丸山さんの事故について、詳しく話せる者はいないかもしれないですね」と申し訳なさそうに答えた。誰に聞いてもらうのがいいかな、としばらく考え「ＯＢだったら話せるかもしれません」と教えてくれた。

丸山氏のことは、今も隊員たちにとって口にできないほどの重みがあることを、あらためて感じた。そして、私が警備隊にとって忘れられない出来事、丸山氏のことに触れられるまでに、それからさらに数カ月の時間を要することになる。

剱岳に咲くミヤマリンドウ。空のように澄んだ青色をしている

第5章

命と命のはざまで

秋の室堂警備派出所

警備隊を支えて約50年

10月上旬、連休初日「スポーツの日」の朝、立山黒部アルペンルートの始発便で室堂にやってきた。街は秋の行楽シーズンまっただ中だが、室堂は、初冬を思わせる冷気に包まれていた。室堂ターミナルを行き交う人も厚手のフリースやジャケットを着込んでいる。

そんな人々の様子を見ながら、ターミナルの階段踊り場にある「山岳情報」ホワイトボードの前に立ち、そこに書かれた情報を確認する。「山岳情報」は毎朝、警備隊が情報を更新していて、剱岳周辺のその日の天気や気温、最新の登山道や雪渓の状況、最近発生した事故、そのほかクマの目撃情報などが記されている。登山者が出発前に、注意ポイントなど警備隊からのメッセージを得られる場所だ。「最近の事故」欄には「9月23日、一ノ越、転倒、救急搬送」「9月25日、三ノ越、転倒、重症、ヘリ救助」「9月25日、剱岳、転落、死亡」「10月4日、早月尾根、バランスを崩し重傷」「10月4日、奥大日岳、滑落、重傷」と記載されている。秋の連休、登山者の増加によって事故も多発しているようだ。

さて、連休後半は、警備派出所の中心的な位置付けである室堂警備派出所で取材をさせてもらうことにした。夏の間、救助活動の最前線基地であった剱沢警備派出所は、10月第1週で開設期間を終えて閉所されたため、10月、11月は室堂派出所の役目がより大きくなる。

室堂ターミナルの屋上から外に出て「立山玉殿の湧水」前を通り、遊歩道を挟んだ東側にある室堂派出所へ向かう。ターミナル内の表示によると、8時の外気温は0℃。雪になってもおかしくない気温だが、冷たい雨である。ここのところ急な冷え込みが続いていて、立山は数日前に初冠雪を観測した。この日の室堂は濃霧に覆われていて山の様子をうかがうことはできないが、次に晴れたときには雪化粧した山々を見られるかもしれない。

室堂派出所は、1976年に開設された立山センター（当時は自然保護センター）という県の施設内にある。時代を感じさせるガラスの重い扉を開けると、山田、牧野、浅川、早坂、坂本の5人が迎えてくれた。派出所は玄関のすぐ右側にある。玄関ロビーが警備隊の装備室を兼ねていて、救助要請があったときには、その場で装備をまとめてすぐに出動できるよう、警備隊にとって、動線のよい造りになっている。

そして「よく来たね」とロビー奥から姿を現わしたのは青山絹子さん。「この連休は天気がわるいから、登山者が少なくてすごく静かよ。まあ、お茶でも飲んで」と温かいお茶をいれてくれた。

絹子さんはセンター開設時から50年近くにわたって、シーズン中は泊まり込みで、ここの食堂で働いている。センターを活動拠点とするのは警備隊のほかに、消防救急隊員、環境省レンジャー、富山県自然解説員（ナチュラリスト）らがいるが、多いときには30人にもなる彼らの三度の食事を毎日作り、食の面で警備隊たちの活動を支えている。

山田は「私が常駐隊だったころは、室堂勤務が続いて、妻よりも絹子さんの食事をいただく回数のほうが多かったぐらい。食事だけでなく、派出所が忙しいときには無線や電話の番をしてくれたり、救助活動が夜間に及ぶときには、寝ずに、センターの灯りをつけて待っていてくれたりするがですよ」と言う。それに対して絹子さんは「警備隊はたいへんな仕事だから。彼らが仕事ならば私がすることも仕事」と笑う。

なお、元隊長の椙田とは中学からの同級生で、高校時代は同じ山岳部に所属し、いっしょに山に登っていたそうだ。東京の短大を卒業後、やはり山で働きたいと故郷に戻り、室堂の山小屋でスタッフとして働いた。そして立山センター開設と同時に食堂を任されるようになったという。私が椙田に会ったとき「絹ちゃんにはセンターで警備隊の生活面を支えてもらい、今でも頭が上がらない」と感謝していた。絹子さんは警備隊の結成当時から、活動を見守ってきた一人である。

青山絹子さんと警備隊。室堂警備派出所が入る立山センター前にて

絹子さんが作った食事を消防救急隊員（奥）とともに味わう

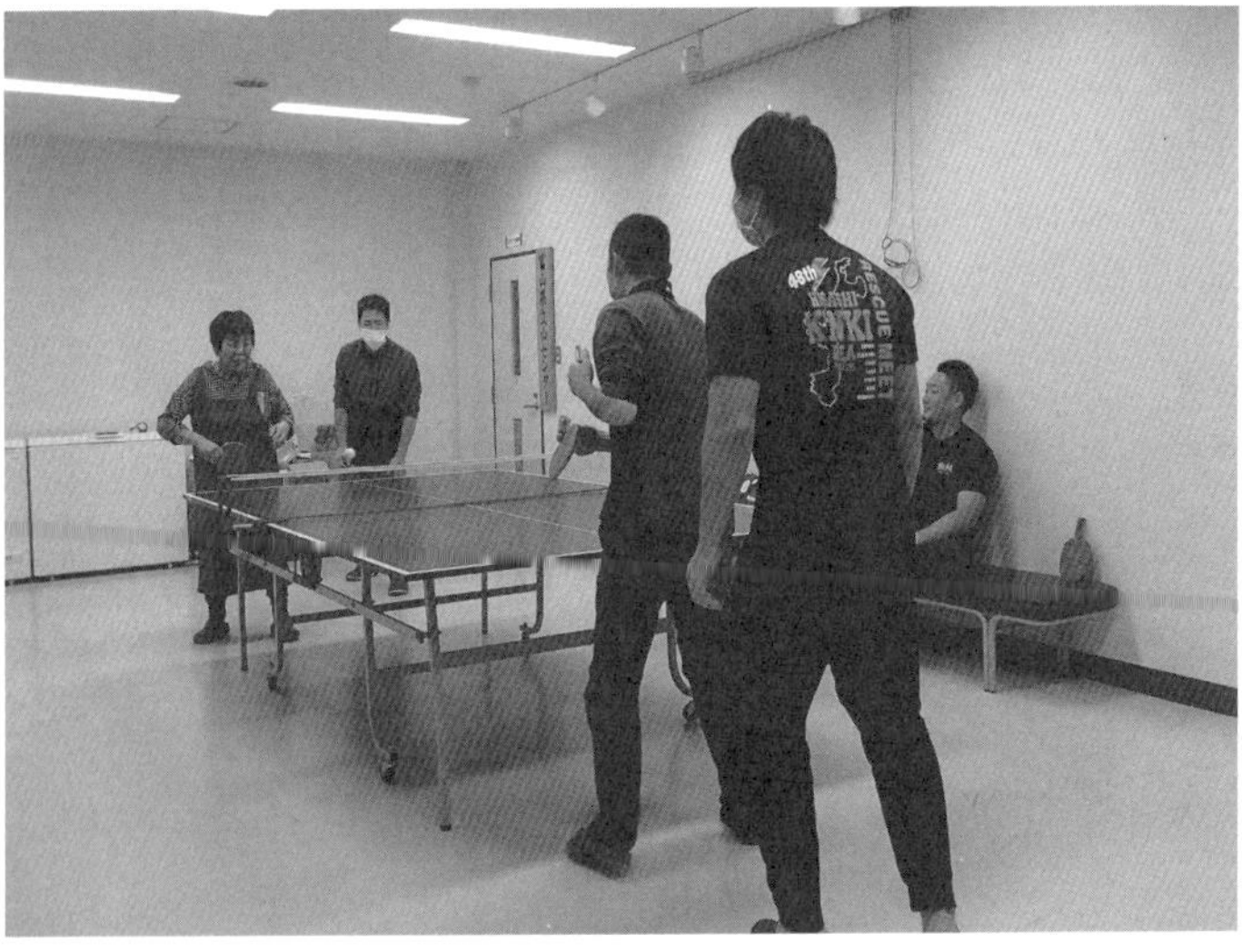

平穏な日の休憩時間に隊員たちと卓球を楽しむ絹子さん

そんな話が落ち着いたころ、山田が「今、若い隊員が新しい背負いバンドを作ろうと試行錯誤しているので、見てやって」と派出所内の控え室に案内してくれた。そこでは牧野を中心として、早坂、坂本が背負いバンドを使って交代でお互いに背負ってみては「もう少し高い位置で背負えたほうが楽かも」「背負われるほうはハーネス部分がまだ脚に食い込む」と感想を言い合っている。背負いバンドは、隊員が要救助者を「おんぶ」のように背負って搬送するときに使う道具。要救助者をおんぶするのは、隊員の負担は非常に大きいが、最低1人でも搬送できることから、警備隊の基本的な搬送法の一つになっている。だから、背負いバンドは警備隊にとって、最も重要な救助用具の一つだ。

これまで数十年間使っていた従来の背負いバンドは、帆布と革製で、富山のランドセルメーカーに製造を依頼した特注品だった。メーカーが培ったランドセル製造のノウハウが活かされており、耐久性と剛性に絶対的な信頼があった。しかし、メーカーが生産を中止し、それが将来的に使えなくなるため、まったく新しい素材で、これまでとは形状も変えたうえで、より軽量化、コンパクト化したものをめざしている。

場合によっては要救助者を交代で背負い、何時間も移動することもある。そのような長時間の搬送となった場合でも、要救助者も警備隊自身も体への負担が少ないことが、開発の譲れないポイントである。

今、牧野たちが実際に手にして検討しているのは、メーカーと協議を重ねて形になった試作品。背負う部分はザックのショルダーストラップの形状を基本としていて、生地もザックなどに使われる強度の高いものを使用している。背面にはアルミのプレートを入れてさらに強度を高めたり、要救助者が座る部分の形状を工夫し、臀部や脚が痛くなったりしないよう、工夫されている。

例えば、要救助者が足を骨折している場合は、なるべく座ったままで体を動かすことなく背負いバンドを装着させたい。そして背負うときや下ろすときも要救助者の体勢を変えずに、安定して雨動かなければならない。そのためには、どの位置にショルダーストラップを付けるのが適切か、岩場を下るときに要救助者の負傷した足が地面につかないかなど、あらゆる救助シーンを想定しながら何度も背負い、背負われて、を繰り返して確認する。今後、現場でも実際に使い、さらに2、3回の試作を経て新モデルに移行するそうだ。

毎年、室堂を訪れる一組の夫婦

牧野たちが試作品の検討をしていた最中、派出所を訪ねてきた老夫婦がいた。センターの玄関ホールで、山田と静かに話をしている。夫婦は70代後半だろうか。やや曲がった背を起こして、山田の顔を見上げながら、神妙な面持ちで何度も、何度も深々と頭を下げていた。山田もそのたびに深く頭を下げ、何か言葉をかけている。

作業の手を止めて、その様子を見守っていた牧野がそっと教えてくれた。「あのご夫婦は、10年以上前から剱岳で行方不明になっている方のご両親です。毎年この時期にごあいさつに来てくださるのですよ」

夫婦は山田と10分ほど話をし、最後にもう一度、深く頭を下げてセンターを後にした。霧雨のなか、一つの傘に二人寄り添って雨をしのぎつつ、おぼつかない足取りでターミナルへと戻っていく。途中、ターミナル方面を指さしたり、立ち止まっては霧に煙る山のほうを振り返ったりして、夫婦で言葉を交わしている。

どこか心残りな様子が気になって後を追うと、夫婦はターミナルの中を行ったり来たりして、何かを探している様子だった。「どうかしましたか?」と声をかけると「11年前に警備隊の隊長をされていた方が、今もこちらにいらっしゃると聞いたのですが、どこに行ったら会えるんでしょうね。さっき、警備隊の方に聞けばよかったんですけど……」と言う。11年前の隊長といえば、髙瀬洋氏だろうか。髙瀬氏なら入山指導員として、ターミナル内の入山安全相談窓口にいるはずだ。私は夫婦をその場所へ案内した。だが、そこに髙瀬氏の姿は見えない。ほかの入山指導員に聞くと、この日はあいにく休みで、室堂には来ていないという。そのことを夫婦に伝えると、残念そうに肩を落とした。

そこで話を聞くと、夫婦は10年以上前の秋、剱岳へ行くと言って消息を絶ったまま現在も行方不明となっている登山者の両親であることを話してくれた。毎年、9月か10月に室堂を訪れているという。数年前までは、その登山者の兄弟など一族で来ていたそうだが、近年は夫婦だけのことが多くなったそうだ。

「隊長さんには当時、息子の捜索でとてもお世話になったんです。でもその後、ちゃんとお礼が言えないまま年月が過ぎてしまったんですよ。それが去年来たときにたまたま、ここで働いていらっしゃると聞いて探したんです。でも、去年は会えなくて。今年はどうしても会いたかったんですけど、残念でしたね。また来年、ここを訪ねてみます。でも、私たちもいつまで来られるかしらね……」と寂しそうに微笑んだ。

実は、その登山者の情報を求めるチラシが今も室堂や剱沢、馬場島の警備派出所前に貼られている。それによると行方不明となっているその登山者は、登山直前、知人に「単独で剱岳に登る」と話していたという。その数日後の出社日に会社に来ず、自宅にも車がなかったことから、家族が捜索願を出し、警察が捜索。警察は立山駅近くの駐車場に登山者の車が停まっているのを発見。直後から警備隊は剱岳周辺を捜索したが、手がかりは得られなかった。その後も断続的に捜索を行なっているが、今も見つかっていない。

10年もの時を経ても解決がつかない山での行方不明。その間、両親はどのような気持ちで毎日を過ごしていたのだろうか。心の整理をつけなければと思う一方、山へ行ったというのは何かの間違いで、今もどこかで楽しく生きてくれていたら、という一縷の望みも捨てきれないだろう。諦めきれない気持ちを引きずりながら、それでも息子が消息を絶った季節に毎年、室堂を訪れ、剱岳に目をやる。「早く帰ってきて」とどんなに強く祈っても、「せめて見つかってほしい」と願っても、いまだに家族は家に戻らない。この両親のように派出所を訪ねる遭難者や行方不明者の家族は、ほかに何組もいるという。

遭難してしまった登山者たちも、まさかこんなことになるとは、みじんも思わずに山へ出かけたに違いない。しかし、何げなく、そして当たり前だった日常は、ある日、突然に消えてしまった。そして、その悲しい現実を受け止めなければならないのは、家族や友人ら周りの人たちである。大切な人を失った人々の悲しみを思うと、山で遭難することの重さを考えずにはいられない。

秋の冷たい雨はその日の夜半まで降り続いた。

恐ろしい秋の天候急変

一時的に晴れた連休の朝

翌朝、室堂では初氷が張った。起きてすぐ、外の様子を確認しに出ていた山田が派出所に戻ってくると「今朝は氷が張っているけど、誰か初氷の写真は撮ったがか？」と聞く。早坂が山田の言葉にハッとして、スマホを持って外に出る。どうやら警備隊が情報発信に使っているSNS用に写真を撮っておこうということらしい。

街はまだ汗ばむほど暑い日もあるが、10月になると室堂は氷点下に冷え込むこともめずらしくない。普段生活している場所と、標高の高い山の気温差が大きいことは、頭ではわかっていても、街にいると具体的にはなかなかイメージしづらい。そんなとき、警備隊がSNSにアップした写真を見れば、山の様子が一目瞭然だ。氷の写真に、寒そうだから厚めのダウンを持っていこうかな、防寒用の手袋が必要だな、といった備えもできる。室堂の初氷は、これから山に来る人に重要な情報提供になる。

でも、初氷の写真を撮るといっても、これがなかなか難しい。ただ凍った水たまりの写真を写しただけでは、登山者への注意喚起につながらない。一枚の写真に山や空の様子も写し込んで、その写真を見た登山者が状況を想像できるようなものを撮ろうと試行錯誤する。

早坂が「こんな感じ、どうですかね」と言って、一片の氷を手に持ち、立山にかざすようにしてスマホのカメラを向ける。ガラスのような薄氷と、そのバックにはうっすらと雪が付いた立山、そして雲間から青空が覗いている様子が写っている。

昨日までの雨はやみ、天気は回復傾向のように見える。しかし、今日の午後から明日にかけて日本海を低気圧が発達しながら通過する予報。午後から雨か雪が降り、風も強まるという。その日の警備隊SNSには早坂が撮った写真とともに、天気の急変への注意喚起のコメントも載せられた。

派出所では牧野が窓の外に目をやりながら「こういう日が危ないんですよ」と言う。「今日の天気の予測ができていて、一時的に天候が回復している午前中にピンポイントで行動し、午後は帰る計画で来ている人は問題ないんですよね。でも、なかにはこの穏やかそうな天気だけを見て、今日はだいじょうぶだろうと、危機感をもたずに行動してしまう人がいる。そうすると、午後からの悪天で行動不能になってしまいます」

アルペンルートのウェブサイトで乗車の予約状況を確認していた山田が立ち上がると「今日は登

山者が多そうだから、早めにホワイトボードを書き換えよう」と言い、朝食もそこそこに早坂とターミナルへ向かった。この日、高原バスの始発到着は7時40分。その前に天候などの情報を最新のものに書き換えて、登山者に注意を促すのだ。ホワイトボードの目立つ場所に「本日、天候の急変に注意‼　早めに下山を‼」と大きな文字で書き加えられた。これを見たすべての登山者が、今日の天気に危機感を抱いてくれるといいが……。

ターミナルの入山安全相談窓口には7時すぎから入山指導員の高井充《みつる》さんがスタンバイ。40分になると始発のバスが到着し、ターミナル内には一度に数十人の登山者がどっと流れ込む。高井さんとともに早坂と坂本が登山指導に加わり、ターミナルを通過する登山者に声をかけて、登山届の用紙を手渡しながら記入・提出を促す。そして「今日は昼から天候が崩れる予報が出ています。早めに下山してください」と、天候に応じた慎重な行動を呼びかける。

足早に出口へ向かおうとする登山者たちだが、警備隊や高井さんの声にふと足を止めて「ああ、そうか。登山届を出しておかなきゃ」と気づいたように用紙を受け取り、書き込む人の姿も見られた。「え、これから天気が悪くなるんですか？　知らなかった」と、相談窓口の上に掲げられた天気予報をあらためて確認する人もいる。テント泊装備の大きなザックを背負った人には、テントが浸水したり風で飛ばされたりするおそれがあるので設営場所に充分注意するよう話をし、できれば稜

「山岳情報」のホワイトボードは毎朝、警備隊が書き換えている

室堂ターミナルの入山安全相談窓口で登山指導をする

線では幕営しないように伝える。入山指導員や警備隊のこのような地道な活動によって、未然に防げる遭難もあるに違いない。

バスが到着するたびに大混雑していたターミナルも、11時すぎには落ち着きを取り戻した。外に出ると朝には見えていた青空はすっかり消えて、厚い雲が空を覆っている。派出所の前では山田が双眼鏡を覗いて心配そうに雄山の稜線を確認していた。「これから雄山に登ろうとしている登山者が行列になっている。みんな、早く下山しないとたいへんなことになる」とつぶやく。

警備隊の集計では、この日、ターミナルの入山安全相談窓口に提出された登山届は221件。そのほとんどは日帰りで、室堂から雄山の往復か、立山周回コースである。入山指導員の髙井さんの肌感覚では、室堂で紙の登山届を提出するのは全登山者の2割程度だというから、この日、ざっと1000グループぐらいは雄山に登っていることになるだろうか。

10月9日の昼前、多くの登山者が行き交う雄山山頂周辺

連続事案対応のはじまり

12時30分、青ネギやエノキなどの野菜が入った絹子さん特製の牛丼を食べ終えると、坂本が一ノ越までパトロールに出かけていった。登山者に異常がないか見守り、有事の際はいち早く現場対応をするためだ。早坂は坂本を見送ると、6日連続の勤務を終えて室堂から下山していった。

この日は昼ごろ、ターミナル周辺で転んで膝をすりむいたという70代男性がセンターを訪ねてきて、消防救急隊に応急処置をしてもらった程度で、午後も静かに過ぎていった。しかし、空はどんよりと重い雲に覆われ、朝には見えていた立山の稜線も雲の中である。

坂本は15時すぎまで一ノ越に待機していた。さすがにこの時間になると登山者は下山して周囲に姿はなく、異常もみられなかったので室堂に帰ってくることになった。そのころから室堂も再び冷たい雨が降り始める。これまで平穏だった秋の連休、その雰囲気が一変したのは16時をすぎたころだった。

派出所の電話が鳴り、牧野が応対する。ターミナル内で2歳の女児が肩をケガして痛がっているという通報が、ターミナルスタッフから寄せられた。牧野は受話器を置くとそのままセンター内の救急隊分遣署へ走り、救急隊に事態を知らせる。すぐに3人の救急隊員と、警備隊からは状況確認のために浅川がターミナルへ走る。

ターミナル内は美女平行き立山高原バスの乗車待ちをしている人が長蛇の列を作っていて、そのなかに泣いている幼い女の子とその家族がいた。家族が列に並んでいる最中、女の子が走りだしそうになり、それを止めようと母親が腕を引っ張ったら、肩が外れてしまったようだという。母親は「ごめんね、痛いよね」と泣きながら女の子に謝っていた。混雑するターミナル内を小さな子どもが走ったら危ないと思って、とっさに引っ張ってしまったのだろう。

救急隊が家族をスタッフルームに案内し、ケガの状態を確認している間、浅川は父親から事情を聞き取り、書類に書き込む。救急隊の判断で女の子は麓の病院へ搬送されることとなり、間もなく救急車に乗って室堂を去っていった。

ちょうど救急車が走りだすところに、一ノ越へパトロールに行っていた坂本が帰ってきた。人手が必要かもしれないと気を利かせてターミナルに立ち寄ったが、救急隊の対応で一件落着。サポートは必要なさそうだと、坂本が派出所へ戻りかけたところで、胸に付けている無線が鳴った。

それに応対していた坂本が「すぐに派出所へ戻れとの指示なので、帰所します」と浅川に言って走りだした。浅川が何事かと「浅川も現場離脱します」と派出所に連絡を入れると、無線の向こうの牧野が「別件発生。急ぎ帰所されたし！」と言っているのが聞こえた。

浅川はターミナルに隣接する自然保護センターへ走っていったかと思うとセンター内の階段を一

段飛ばしで3階まで駆け上がり、さらにターミナル広場の石段を上がって、室堂派出所まで一気に走った。派出所では牧野と坂本がすでに出動準備を始めていて、ザックに装備を詰めながら「雄山山頂に低体温症疑いの方がいます」と浅川に伝えた。

浅川がターミナルで女の子の対応をしている間に、室堂の宿泊施設から電話で救助要請が入ったのだ。山頂で低体温症疑いの男性1人とその同行者が動けなくなっているという。男性の同行者が宿泊施設に電話で連絡をし、それが室堂派出所に伝えられた形だ。宿泊施設からの情報提供により、救助を求めているのは和田勝さん（仮名・74）と長瀬美子さん（仮名・73）と、それぞれの携帯電話番号もわかった。しかし、容体などそれ以上のことはまだ不明である。

今日の立山稜線は、おそらく午後から雪になっているはずである。室堂から見ると稜線にガスがかかっていて、しかもガスの動きが速いことから風が強いことがわかり、そこは吹雪になっている可能性もある。数日前に雄山山頂の神社は冬季閉鎖をし、すでに神社の人も下山していて、山頂には誰もいない。状況を想像すると危機感が高まる。

浅川は急いでポットの湯を沸かし直す。その最中、隊長から指示があり、牧野と坂本に加えて、浅川も現場へ向かうことになった。すでに日没近いこと、要救助者の状態がわるいときは背負い搬送になることを見込んで、3人で行ったほうがいいと判断したのだろう。派出所に残るのは山田一人ということになる。

「ロープ、背負いバンド、ファーストエイド、ツエルト、遭難者用の食料と防寒着、プラティパス(携帯用折りたたみ水筒)、お湯……」と3人は必要装備を声に出して確認。山田は鳴り響く電話に対応しながら「長引くかもしれんから、ヘッドランプを余分に持っていけよ」と隊員たちに指示を出す。浅川が派出所に戻ってから20分後の16時40分、土砂降りの雨となり、薄暗くなり始めるころ、3人は雄山山頂へ向かって出動していった。

現場を見通す指揮官

山田は出動する3人に目をやりながら、要救助者の携帯電話に電話をかける。和田さんは応対なしだったが、続けて長瀬さんにかけるとつながった。

「もしもし。救助要請をした長瀬さんでいらっしゃいますか? 室堂の山岳警備隊です。今、救助の者がそちらへ向かっています。1時間かからずに着きますので、もう少し待っていてくださいね。二人、ぴったりくっついて、体温を下げないように」。山田は気が動転している長瀬さんを落ち着かせるようにあえてゆっくり話し、状況を確認していく。二人は今、山頂社務所の軒下にいて、風雪はしのげていること、疲労と寒さで歩けないものの話はできる状態だと把握した。続けて山田はレインウェアや防寒着など持っている装備で体温保持に役立つものをすべて身につけるように指示。どのような行動食を持っているかを聞き、羊羹を持っていることを知ると、まずはそれを口に入れるよう伝えた。

山田の聞き取りによると、この日、二人は室堂を朝6時前に出発。雷鳥沢から別山乗越へ向かい、別山、真砂岳、富士ノ折立へと歩いた。しかし、その途中で吹雪に遭い、16時ごろに山頂に着いたところで力尽きて行動不能になってしまったという。

山田は長瀬さんも和田さんも会話が可能で、今は落ち着いている状況であることを確認すると、いったん電話を切り、隊長に電話をして状況を伝える。そして二人が歩ける状態ならばひとまず山頂から一ノ越まで隊員が付き添って下山させる方針でよいことを確認。隊長とのやりとりを終えると、すぐに今度は一ノ越に立つ山小屋・一の越山荘に電話をして事情を話し、要救助者2人を受け入れてくれるように頼む。

山田は受話器を置くと派出所の壁に掛かっている時計をチラリと見る。17時5分。3人が室堂派出所を出てから20分あまり。「牧野たちはそろそろ一ノ越に着くころかな」と言いながら牧野へ無線連絡をする。「立山室堂から牧野。一の越山荘に受け入れを了承していただきました。合流後、二人を一の越山荘へ収容願います」。それに牧野が答える。「了解。ただいま一ノ越、通過」。山田の時間の読みはピタリと当たっている。悪天のなか、コースタイムの半分以下という早さで3人が一ノ越まで行っていることにびっくりしたが、室堂派出所の机に座りながら、まるで隊員の動きが見えているかのような山田の読みにも驚いた。山田の連絡が落ち着くのを見計らって「まるで牧野さんたちのことが見えているみたいですね」と聞くと、「20年も（警備隊を）やっていますからね」と何でもないことのように答える。

山田は入隊して21年。そのうちの9年を常駐隊として、現場での仕事に従事した。今日の牧野、浅川、坂本のように、雄山へ救助に向かった経験はこれまでに数えられないほどある。それに、ほかの現場対応やパトロールの経験などからも、今の雄山山頂がどのような状態なのか、隊員がどんな思いで、どのように行動しているかは、室堂の派出所にいても手に取るようにわかるらしい。

それは、もちろん警察本部で指揮を執る飛弾隊長も同じだ。限られた情報ではあるが、雄山の現場や隊員の動きを俯瞰するように把握できているから、離れた場所にいても的確な指示が出せる。

雨が降るなか、雄山山頂の現場へ向かって出動する隊員

雄山での低体温症の遭難者、救出時の様子（警備隊提供）

低体温症への対応

山田はリアルタイムでモニターに映し出される「立山気象観測システム」のデータを時折確認する。17時18分現在、室堂は3・9℃、風速3m、762ヘクトパスカル。外は相変わらず横殴りの雨だ。室堂との標高差から単純計算すると、雄山山頂は約0℃、風は室堂より強いだろうから吹雪に違いない。

そのころ牧野たちは三ノ越を過ぎ、山頂直下の登りにさしかかっていた。一ノ越より上部は吹雪とガスで視界がわるいうえに、すでに日没を迎えてあたりは薄暗く、ヘッドランプなしでは足元も確認できない。三ノ越から先は数センチの積雪があり、スリップしやすく登山道の状況もよくない。3人は顔に吹き付ける雪も構わず、ガレ場を駆け上がるように登っていく。

17時28分、浅川が社務所の陰にうずくまる二人のヘッドランプの灯りを確認。夏の訓練のときと同じように「おーい！　おーい！」と叫び、「和田さーん、長瀬さーん！」と要救助者の名を呼ぶ。すると、今か今かと助けを待ちわびていたのだろう、力尽きてもう立つこともできないと言っていた和田さんが渾身の力で立ち上がり、浅川に手を振った。長瀬さんも呼びかけに答えている。

それを見て牧野、浅川は「長瀬さんだけでなく、和田さんもだいじょうぶそうだ。二人は歩いて下山できる」と判断。坂本と協力して和田さん、長瀬さんにすっぽりとツエルトをかぶせ、まずは用意してきた湯を与える。そしてバイタルを確認。

体温は測れる状態ではないが、脈拍や血圧に目立った異常はない。和田さんは警備隊が来てくれたことで安心したのか、何かを言おうとして興奮状態である。しかし、衰弱していて言葉が途切れ途切れになってしまい、会話にならない。少しずつ湯を口にし、しばらくすると強烈な震えが戻ってきた。隊員たちはプラティパスに保温ポットの湯を移し、簡易的な湯たんぽをつくると、それを和田さんの腹部などに当て、体温の回復を図る。牧野は和田さんたちに合流したこと、二人ともに歩いて下山が可能であることを、無線で山田に伝える。

低体温症の疑いがあるときは、まずはツエルトなどの簡易シェルターで外界から隔離し、風雪（雨）や冷たい空気に直接触れないようにすることが大切である。そして湯たんぽで脇の下、首、腹部など大きな血管が流れているところを温めると体温回復に効果的だ。さらに意識があるならば、まず温かい飲みものをとること。そして食料を口にして、カロリーを摂取することにより、内部から熱をつくり出せるようにすることもポイントとなる。警備隊は、山岳アドバイザーとして登山、医療、気象などの専門家を委嘱し、助言や講義を受けたり、応急処置法の実践訓練をしたりなど、最新の救助技術を学んでいる。今回の対応も、それを活かしたものだ。

約30分かけて隔離、保温、加温などの処置を行ない、二人は歩行可能な状態まで回復。スリングやヘルメットを装着させ、転倒しないように確保をしたうえで、18時7分、下山を開始。和田さんはおぼつかない足取りながらも、警備隊員に支えられて少しずつ足を進めている。その様子を無線で聞き取った室堂派出所の山田は「一ノ越まで1時間半、というところかな」と言って、隊長に状況説明の連絡を入れ、一の越山荘にも到着見込みの時間を伝える。

警備隊は背負い搬送の技術をもっているが、それは要救助者が自力歩行できない場合の最終手段である。なぜなら、要救助者が男性の場合、70kg前後の重さを、交代しながらも一人で背負わなければならない。それは隊員にとても大きな負荷がかかる。過去には100kg近い遭難者を背負って腰を痛め、復帰までに長い時間を要した隊員もいる。また、今日のように積雪で足元のわるい状態で万一スリップすれば、隊員も要救助者もケガをする可能性を否定できず、大きなリスクにつながる。視界のわるい夜ならば、危険なことはなおさらである。

ここは時間がかかっても、二人に自分で歩いてもらい、一の越山荘まで届けるのが確実な手段だ。警備隊と和田さんたちは山頂を出発してから30分後、三ノ越まで下りてきた。

しかし、少し前から、和田さんたちをサポートしながら下山する牧野たちの視線の先に気がかりなものが見えている。それは、一ノ越を越えた先、龍王岳のあたりで動く複数のヘッドランプの灯りだ。

牧野はただの行動遅れであってほしいと願いながら、念のため山田に無線連絡を入れる。「牧野から立山室堂。和田さんとは別件です。おそらく龍王岳と思われる方向でヘッデン（ヘッドランプ）が複数、見えています。参考までに……」

それを耳にした山田は、頭を抱えながら天井を見上げて思わず絶句。こんなに天気が荒れた日の夜に稜線を歩いている登山者たちがいるというのか。さすがの山田も、気持ちを落ち着けるように一度大きく息を吐いて、それから受話器を握り「間違いであってほしいんですけど、今、牧野からの連絡で……」と、龍王岳方面をさまよう複数の登山者がいることを隊長に報告する。隊長も電話の向こうで「続報が入ったら知らせてください」と重い返事をする。隊員たちの頭には、山岳遭難史に残る「あの日」の出来事が浮かんでいることだろう。

立山の忘れられない記憶

この時季の立山には、忘れてはならない遭難の歴史がある。それは1989年10月8日、立山の稜線で中高年登山者10人パーティのうち8人が死亡するという、凄惨な事故だった。

その日は、日本の太平洋沖を台風が通過するのに伴い、富山にも悪天予報が出ていた。しかし、当日の早朝は予報に反した晴天となった。関西地方の仕事仲間のパーティ10人はその天気に誘われるように、立山駅からアルペンルートで当日8時に室堂に到着。だがこのとき、すでに早朝の青空は消え、雲が広がり始めていた。一行は立山の稜線を縦走したあと、さらに剱岳に登る計画で、この日は室堂から一ノ越経由で雄山に登り、真砂岳、別山と稜線を縦走して剱御前小舎に宿泊する予定だった。

8時45分ごろに室堂を出発して約1時間後の9時50分、一ノ越に到着。一ノ越へ向かっている途中から天候が急激に悪化し、一ノ越では吹雪になっていたという。しかし、一行は吹雪が強まるなか、登山を続行して雄山へ向けて歩きだす。途中で遅れがちになる人も出て、コースタイムの倍近い時間をかけて、10人は昼すぎに雄山にたどり着く。

彼らは吹雪を避けるために社務所の傍らで豚汁とごはんの昼食をとったあと、13時30分ごろ剱御前小舎へ向けて歩きだした。天候がわるく、体調もすぐれない人がいるので引き返したらどうかと言ったメンバーもいたが、今回の中心メンバーが予定どおり進む決断をしたという。

ペースの乱れからこの先、一行は行動がバラバラになってしまう。パーティの分離は遭難の一つの原因としてよく挙げられることである。仲間とはぐれることで道迷いにつながったり、行動不能に陥った人を置き去りにしてしまったりするリスクがあるからだ。このことに気づいた先行者が、真砂岳手前の大走り分岐まで来たとき、立ち止まって後続を待った。

そして16時30分ごろ、一度全員が集合した。コースタイムでは雄山山頂から1時間10分程度の行程なので、後続者は3倍近くの時間を要したことになる。大走り分岐付近に集まったとき、衰弱して意識混濁に陥っているメンバーがいることがわかり、ここに来て一気にパーティの危機感が高まる。

そこで比較的体力のある2人が、通常なら20分ほどで行ける距離の内蔵助《くらのすけ》山荘へ助けを求めに行くことになった。しかし、その二人もここまでの間に体力を消耗し、さらに吹雪で視界がわるく、道がわからずに内蔵助山荘にはたどり着けなかった。二人は内蔵助山荘へ行くことを諦めて剱御前小舎へ向かうことにしたが、途中で日が暮れ、別山でビバークを余儀なくされる。

翌日は前日の吹雪がウソのような晴天で、剱御前小舎に宿泊した登山者のうちの何人かが、御来光の写真を撮るために早朝から別山方面へ登り始めた。そのうちの一人が、剱御前小屋へ救助要請に向かおうとしていたパーティの二人が登山道で倒れているのを発見。ただちに剱御前小舎へ知らせに走った。

6時30分ごろ、二人を収容した剱御前小舎のスタッフは、介抱しながら聞き取りをし、真砂岳周辺にほかにも遭難者がいることを警備隊に知らせた。

実は室堂派出所は、8日の夕方から雄山に登ったが帰ってこないという別の遭難をはじめ、各山小屋から「宿泊予定の登山者が到着していない」という連絡が相次ぎ、その状況確認に追われていた。翌9日から秋山訓練が行なわれる予定で、隊員のほとんどはその準備のために下山し、この日は室堂に2人の隊員しかいなかったのだ。夜半になって、翌朝からの救助対応のため、急きょ隊員2人が室堂派出所に送り込まれた。

剱御前小舎からの連絡を受けると、警備隊は内蔵助山荘に電話をして、真砂岳周辺の様子を見てきてもらえないかと頼んだ。スタッフが雪をかき分けるようにして様子を見に行き、真砂岳の山頂から富士ノ折立方面を双眼鏡で覗いたところ、白い雪の上に点在する登山者たちの姿を発見。すぐに駆け寄って確認すると、ここで動けなくなった8人が変わり果てた姿となっていた。その状況はすぐさま警備隊に知らされた。

このときの様子を語ってくれたのは、元警備隊員で現在は阿曽原温泉小屋のオーナーである佐々木泉氏。佐々木氏は当時、警備隊員として真砂岳遭難の救助活動にも加わった。「8日はものすごい暴風雪だったのに、次の日はそれがウソのような快晴でしたわ。でも風は強かったですわ。9日は訓練の初日で、私は早朝から上市警察署でその準備をしていました。そこに出動命令が出て、民間の大型ヘリで現場へ急行したんです」。そのとき、物資輸送用の民間の大型ヘリが室堂近くで仕事をしていて、そのヘリの協力で多くの隊員が一気に真砂岳の現場へ送り込まれた。

現場へ行ってみると、吹きさらしの雪の斜面に、こちらにも、あちらにも、という感じで遭難者が点々と横たわっていたという。そのなかにはビニール製のレインウェアを着た人も何人かいて、その裾が強風に煽られ、大きくめくれ上がっていたのを強烈に覚えていると佐々木氏は振り返る。遺体を収容しようと手を伸ばすと、衣服がバリバリに凍り付き、昨日の状況の厳しさを実感した。

この遭難では、助かった二人が防水透湿素材のレインウェアやウールの手袋など、しっかりした装備を身につけていたのに対し、亡くなった人のなかには、佐々木氏が目にしたようにビニール製のレインウェアや綿パンツの軽装の人もいたため、のちの検証では装備の準備不足も指摘された。それに対して佐々木氏は「あのころはまだ防水透湿素材のレインウェアは高くて、みんな買えなかったんだよな」と話す。そして「どうしてあの状況で突っ込んでしまったんだろう。早い段階で引き返せばあんなことにはならなかったのに」と付け加えた。

逃げ込む学生たち

話を今に戻そう。雄山の低体温症の2人の救助現場。19時01分、牧野から室堂派出所へ「二ノ越通過。和田さん、長瀬さんに体調変化なし」という無線連絡が入る。長瀬さんは普通に歩行ができ、和田さんも警備隊に支えられながらでペースは遅いながらも歩いて下山している。19時28分、警備隊と和田さん、長瀬さんの5人は一の越山荘に到着した。ここも山田が予測したとおり、山頂からちょうど1時間半だった。このころ気温が徐々に上がり、一ノ越では雪から土砂降りの雨に変わっていた。しかし、風は依然強く、厳しい状況に変わりはない。

山荘のエントランスに入り、暖かく、落ち着いたところで隊員たちはあらためて和田さん、長瀬さんの体調確認を行なう。それを警備隊の協力医である田邊隆一医師に電話で報告し、今後の対処について指示を仰ぐ。田邊医師の判断で、和田さんと長瀬さんは、今夜は一の越山荘で休ませてもらうのがよいということになった。

そんな対応をしながら隊員たちは、にわかに信じがたい光景に直面していた。それは、ずぶ濡れになり、疲弊しきった表情で次々と一の越山荘のエントランスに転がり込んでくる若い登山者たち。それも2人や3人ではない。牧野が何事かと登山者たちに声をかける。

彼らは大学ワンゲル部の学生たちで、雷鳥沢でテント泊合宿をしていたのが、この荒天でテントが倒壊したり、水没したりして耐えられなくなり、立山の稜線にある大学の関連施設に緊急避難しようとしているところだという。

雷鳥沢周辺には宿泊施設が点在するが、学生たちは所持金がないのでそこを利用することはできず、迷惑もかけたくないという思いから施設をめざしているというのだ。雷鳥沢から関連施設までは、通常のコースタイムで約2時間。16時半には雷鳥沢を出たというから、途中の一ノ越まででもだいぶ時間がかかっている。移動の途中で日が暮れて真っ暗になり、吹雪や暴風雨、疲労に耐えかねて、何人かがやっとの思いで一の越山荘に転がり込んだ。

合宿に参加している部員は28人という大所帯で、パーティとしての行動がバラバラになっている模様。そして体力のある部員たちは一ノ越を通り過ぎ、その先の関連施設へ向かって先行してしまった。牧野たちが三ノ越を通過するあたりで目にしたヘッドランプの灯りは彼らの仲間だったのだ。

事情を知った牧野が「これ以上の行動は無理だから、今日は一の越山荘に素泊まりをさせてもらうように」と言うと、学生たちは「お金を持っていないから宿泊はできない」と答える。「お金のことは、あとでなんとでもなる」と牧野が説得するが、学生たちは関連施設へ向かう意思をなかなか崩さない。その間にも2人、3人とびしょ濡れの学生たちが到着する。

押し問答をしているうちに、最後尾のメンバーに付き添っていたリーダーが山荘内に入ってきた。一の越山荘に到着した部員たちが、ここで警備隊に行動を止められていることを知るとリーダーは「すみません」と頭を下げた。今年入部した新入部員はほとんど山の経験がなく、テント泊が初めての人も多い。部員全体では経験値も体力差も大きく、指示が行き渡らなくなってしまったという。

警備隊がリーダーとともに確認したところ、一の越山荘内に18人がいて、ほかの10人が関連施設へ向かって歩いていることがわかった。すぐに先行メンバーたちの携帯電話にかけてみるが、誰も応答せず、彼らの安否は不明。さらにわるいことに、食料はすべて今、一の越山荘にいるメンバーが持っていて、先行している10人はほとんど食べ物を持っていないという。

牧野からの報告を受けた室堂派出所の山田は、事の深刻さに頭を抱える。山田は関連施設がある場所は携帯もトランシーバーも電波が非常に弱く、ピンポイントの場所に立たない限り、通信ができないことを知っている。しかし、大学生たちはそれを知らないだろう。つまり、この時点で10人と連絡をとるのは不可能な状況である。

山田は再び、県警本部の飛弾隊長と対応を検討する。警備隊としては、10人全員の無事を確認しなければならない。それには、隊員の負担は増すが、牧野たち3人が彼らを追いかけて施設まで行き、直接確認するのがいちばん早く確実である。

立山センターの灯り

20時30分、山田は天候観測モニターに目を移す。気温6・5℃、風速3・3m、761ヘクトパスカル。幸いなことに気圧は下がらず、気温は上がってきている。立山センターの絹子さんが派出所にやってきて、警備隊の様子をうかがう。隊員たちが戻ってきたらすぐに温かい夕食を出せるよう、この時間になっても休まずに待っていてくれているのだ。しかし、学生の安否確認という新たな対応が必要になってまだ帰れない状況だと知り、言葉少なに再び調理室へ帰っていた。

20時55分、指示を受けた牧野、浅川、坂本はワンゲル部リーダーを伴い、先行メンバーに届ける食料を持って、一ノ越から関連施設へ向かった。コースタイムではここから40分ほどの距離だ。このころになってようやく雨は小降りになってきた。しかし、稜線は依然としてガスが濃く、10m前後の強風が吹いている。

21時15分、室堂派出所に牧野から無線が入る。「関連施設に到着。残りの10人、全員の無事を確認しました。10人とリーダーを施設に残し、牧野以下3名は一ノ越経由で下山します」。山田は「了解。長時間の対応になっているから、気をつけて帰ってきてください」と返答。そして、無線を置くとホッとした表情で、学生たちが全員無事であったことを隊長に報告する。連の報告が終わると「22時20分に帰ってくるとみた。さあ、風呂と飯の準備だ!」と言って軽やかに席を立った。

22時ちょうど、牧野から室堂山荘まで下りてきたと無線連絡が入る。それを受けて絹子さんは食事を温め直して、1階道路側の部屋の灯りをつける。山田は閉めていた派出所のブラインドをすべて開けた。外まで灯りが届くように建物を明るくして迎えるのは、真っ暗で寒いなか、たいへんな任務を無事にこなしてきた隊員たちの労をねぎらう絹子さん、そして山田の心遣いだ。

山田の読みより10分早い22時10分、牧野、浅川、坂本の3人は立山センターに戻ってきた。無事に任務を終えて緊張が解け、今まで抑えていた心の叫びが、思わず口から出たのだろう。浅川がセンター入口のガラス扉をガラガラと開けると「いや〜、雄山の山頂、寒かった〜」と叫びながら入ってきた。寒さにさらされた浅川の顔は赤い。牧野、坂本も大きなザックを担いで建物に入ってくる。「雄山の天気、ひどかったな」「登山道は嫌な感じで雪が積もってるしさ」。3人は救助現場そのままの気迫だ。低体温症の2人を救出して一件落着と思ったところに大学生の対応が加わり、疲れていることには違いないが、表情はつらつとし、体いっぱい充実感に満ちている。これは人命を救うという、とてつもなく大きな仕事を、全力で成し終えてきた隊員独特の雰囲気だと思った。

山田は心で彼らの健闘をたたえ、表情を緩めながらも、あえて厳しい言葉を投げかける。「話はあとからたっぷり聞くから、まずは5分で風呂に入れ。そしてすぐに飯を食え。絹子さんをこれ以上待たせるな。それが今日最大で、最難の任務だ！」。牧野、浅川は「はい！」と短く返事をし、坂本はこちらに向かってクスリと笑って肩をすくめる。

その日の夕食は、大鍋いっぱいに煮込んだ熱々のボルシチ。大きな鶏肉と丸ごとのジャガイモ、ザクザク切ったキャベツ、タマネギがやわらかく煮えている。それに山ではとても手に入らないビーツに替えて、ケチャップをたっぷり入れるのが絹子さんの特製。3人と山田は、大皿になみなみ盛られたボルシチをフウフウと冷ましながら口に運び、「うまい！」「最高！」「あったまる〜」と口々に言いながら、静まった深夜の食堂でにぎやかに食べていた。

その後、びっしょり濡れた装備の後片付けをし、派出所の電気が消えたのは、日付が変わろうとしているころだった。

警備隊の大きな働き

翌日の午後、一ノ越から下山してきた和田さんと長瀬さんが室堂派出所を訪れた。「昨夜は助けていただき、どうもありがとうございました」と深々と頭を下げる。「みなさんのおかげで命拾いをしました」と和田さんは目を潤ませる。

二人に話を聞くと、9日は天候が崩れることは出発前に知っていたという。しかし、朝の天気がよかったこと、数年越しの計画だったことで周回コースを諦めきれず、予定どおり出かけてしまった。そして14時半ごろ、真砂岳と富士ノ折立の鞍部で風が強まり、雨が降ってきた。奇しくも1989年の同じ日、8人の登山者が変わり果てた姿で発見されたあの場所である。「そのときすぐにレインウェアを着るべきだったのですが、行き交う登山者が多く、通行の妨げになることを遠慮して、もう少し先へ行こうと、そのまま登ってしまったのです」。その間に服が濡れてしまったという。

間もなく雨は雪に変わり、登山道が白くなってきた。富士ノ折立への登りはコースタイムでは30

分ほどだが、鞍部から約200mの標高差を一気に登るので、晴天時でもかなりきつく感じる。しかも、上部は岩がゴツゴツしていて歩きづらい。途中でレインウェアを着て軽アイゼンも付けた。しかし風雪が強まり、上がらないペースに体は完全に冷えてしまった。

和田さんは寒さのうえに急登で体力を奪われて疲労困憊してしまった。その先の大汝《おおなんじ》休憩所で休もうと思ったが、ここもすでに小屋閉めをしていて入れなかったことが、精神的にも大きなダメージとなった。

ふらふらしながら雄山までやっとの思いで歩き、社務所の角に座ったが、休む間に足のほうから体が固まってきて、動かなくなったという。これは新聞や本で読んだことのある低体温症だと自分でも気づいた。麻痺がだんだん体の上のほうまで広がるように感じ、もうこれ以上は歩けないと考え、宿泊予定だった室堂の宿泊施設に助けを求めた。その後、さらに体が動かなくなる状況に恐怖を感じて、一時も早く救助に来てくれと必死に願ったと話す。「心臓が圧迫されるような苦しさがあって、もうこのまま死ぬのではないかと思いました。警備隊が来てくれなかったら、私は助からなかった」

そして和田さんと長瀬さんは自分たちの行動を振り返り、反省点を次々と口にした。まず、雨が降りだした時点でレインウェアを着なかったことは最も反省すべきと話し、さらに70代になって体力が落ちている自覚があったのにコース設定に無理があった。天候の読みが甘かった。稜線の山小屋が閉まっていることを調べておけばよかった、温かい飲み物をもっと持つべきだったと、いくつもの後悔を挙げた。でも、最後には「助けてもらった命を大切にします」と言い、警備隊に見送られ、二人とも笑顔で派出所を後にした。

一方の大学ワンゲル部員たちはそのころ、室堂ターミナルにいた。リーダーをはじめ上級生の何人かがテントの撤収に行き、1、2年生たちはターミナルで待機するように言われているらしい。彼らは時間を持て余して、ちょっかいを出し合ったり、スマホを見せ合って笑うなど和やかな雰囲気だ。そのなかの数人に「昨日はたいへんでしたね」と声をかけると新入部員だったようで、はにかみながら「いや、そんなに……」と小さな声で答えた。二十歳前の若者は、多少のつらい目に遭っても、一晩寝れば完全復活できてしまうらしい。でも、ターミナルに残っていた上級生と思われる部員があの状況にいたったいきさつを話してくれた。

アウトドアブームの影響か、この春は新入部員が急増。テントなど部の共同装備を人数に合わせて揃えることができなかったのだという。そのまま秋山合宿となり、足りないテントの何張かは山岳用ではないレジャー用テントを間に合わせに使うしかない状況になってしまった。当日はそれを担いで歩き、雷鳥平に7つのテントを設営。しかし、張る場所がわるかったことに加えて、夕方からの風雨にレジャー用テントは耐えられず、短時間で半数以上が浸水したり倒壊したりした。

部員たちは無事だった山岳用テントに集まったが、とてもこのまま一夜を過ごすことはできないと、急きょ、関連施設へ逃げることにしたという。日暮れが迫っていたため、大急ぎで準備をし、行ける人から出発。そして行動がバラバラになってしまった。リーダーは行動が遅れがちな新入部員たちのサポートに追われ、統率をとる余裕がない。「そもそも僕らの装備がダメだったし、こんなに天気がわるくなるとは思わず、非常時の対応を考えていなかったのもいけなかったと思います。今回のことを部でもよく反省して、教訓にします」と上級生たちは言っていた。

気象条件は異なるが、私は低体温症の二人や学生の行動を1989年の大遭難と重ねずにはいられず、昨夜はとてもハラハラした。そんななか、警備隊は体を張った出動で低体温症の二人を救った。そして、もし昨夜の状況で学生たちが警備隊に会わなかったらどうだったか……。

それは誰にもわからない。でも私は、彼らが今、笑顔でいられるのは警備隊の働きによるものだろうと考えている。そうであるとしたら、難を未然に防いだ警備隊の功績はとても大きい。

とにかく、急な荒天となった秋の連休、登山者たちが誰も傷つかずに山を下りられた。それは間違いなく、かけがえのないことである。

シーズン最終の室堂で

スキーヤーたちの楽園

救える命がある一方で、警備隊がどんなに対応を尽くしても救えない命があることも、また現実である。それを目の当たりにしたのはアルペンルートの最終営業日が迫った11月末だった。

この日、私は白銀の世界へと様相を変えた室堂に再びやってきた。数日前にまとまった雪が降り、室堂周辺も一気に積雪が増えた。8時の気温はマイナス2℃、積雪は65㎝。登山者や観光客でにぎわっていたターミナルは、この時季は初滑りを楽しむバックカントリースキーヤー・スノーボーダーが目立つ。スキーやスノーボード、ダッフルバッグなどの大きな荷物を手に、歩きづらそうなブーツでガツガツと音を立てながらターミナル内を行き来している。雪のシーズンの初め、スキーヤーたちの活気に満ち、夏や秋の登山シーズンとはまた違った雰囲気だ。

入山安全相談窓口には指導員の髙瀬氏、警備隊の浅川のほかに、警備隊から県の自然保護課に出向している種五《たねご》の姿もあった。種五は「山に来られてうれしい！」という気持ちが前面に出た笑顔で「今日は人がたくさん来そうなので、入山指導の応援に来ているんです」と言う。彼らは、スキーヤーやスノーボーダーにも登山届の提出を求め、積雪期の入山ルールを守るように呼びかける。

春から室堂派出所をベースに活動してきた警備隊は、立山センターの冬季閉鎖に伴い、昨日からホテル立山の一室に仮住まいしながら、残り数日の勤務についている。センターの絹子さんは長いシーズンを終えて、昨日下山したとのことだ。

この日、室堂で警備に当たっているのは牧野、浅川、石黒竜大（29歳・隊員歴5年）の3人。いずれも警備隊の中核をなす常駐隊員だ。午前中に浄土山方面へスキーパトロールに出かけたという牧野が昼前に帰ってきた。牧野はゴーグルを外すと「雪がいい感じにクラストしていて、なかなかコンディションがよかったですよ。今日来た人はみんな気持ちよく滑れますね」と充実の表情を浮かべる。パトロールはもちろん仕事だが、山好きの警備隊員にとっては、山の魅力に触れられる貴重なひとときでもある。

そんな私もシーズン初めの雪を楽しもうと、スノーシューを履いてミクリガ池の先まで散策に出かけてみる。真っ白な雪に覆われた立山の稜線は青空に映えて神々しい。フカフカの雪の斜面を「ヒャッホー！」と叫びながら、スノーボーダーたちが雪煙を上げて滑り降りる。ほかにもあちこちから楽しそうな笑い声と叫び声が聞こえてくる。この時季の室堂はバックカントリー天国だ。雄山方面、浄土山方面を見上げると、列を成して登るスキーヤー・スノーボーダーの姿が見える。天気はいいが、風は強く、グローブをしていても指先が冷たくなるほど体感温度は低い。

しばらく散策を楽しんでターミナルに戻って聞くと、昼からは浅川が雄山方面へスキーパトロールに出かけたという。そろそろドロップポイント（滑り出し地点）に着くころだろうか。雪のシーズンを心待ちにしていた浅川はわくわくしているに違いない。

山梨県出身の浅川は子どものころ競技スキーの選手で、長野県のスキー場に通うほどスキーにのめり込んでいたという。大人になってからバックカントリースキーに出会い、山にも通うようになった。そんなアウトドア好きが高じて、やがてアウトドアショップに就職。しかし、ショップスタッフとして働いていたある日、店を通じて知り合ったスキー仲間を雪崩で亡くすというつらい経験をする。そのこともあって警備隊を志望した。「雪崩の事故をなくしたいんですよ」という言葉は、浅川の心の底からの訴えだ。だから、パトロールに出れば人一倍、危険箇所を確認したり、無茶な行動をするスキーヤー・スノーボーダーがいないか気を配ったりしていることだろう。

スキーヤーやスノーボーダーでにぎわう 11 月末の室堂ターミナル

真っ白な新雪に覆われた立山。
雪のシーズンを他山域に先がけて楽しめる場所として人気

空転する思考

「浅川さんはどこにいるかな」。ターミナルの屋上で私は双眼鏡を雄山方面に向け、斜面を下から上へ目でなぞる。私もバックカントリースキーをかじったことがあり、警備隊のなかでも定評のある浅川の滑りを見るのを楽しみにしていたのだ。でも、いくら探しても浅川らしき姿はない。「あれ？おかしいな……」。一度双眼鏡から目を外し、裸眼で雄山を見上げる。浅川が滑ると聞いた場所には3人の影が点で見える。しかし、いずれも浅川ではなさそうだ。もう一度確認しようと双眼鏡を覗きかけたとき、私のすぐ横を駆け抜ける人の気配を感じた。そちらに顔を向けると石黒で、目が合った。

反射的に「どこへ行くの？」と聞いてしまい、直後に「しまった」と思った。石黒の表情が険しく、警備隊のウェアである黄色いアウタージャケットに、黒く大きなザックを背負った出動時の装備だったからだ。何かあった、と直感する。石黒は走りながら振り返って「今、近くで救助要請があって。意識不明の人が倒れていて」と教えてくれた。

突然のことに思考停止しそうになりながらも「了解。気をつけて」と一度、石黒を見送る。そして「意識不明」「人が倒れている」という衝撃的な情報に混乱し、「冷静に」と自分に言い聞かせながら、つられて走り出しそうになるのをこらえて立ち止まる。石黒の後を追うべきか逡巡しつつ、自身の装備を確認する。さっき、周辺を歩いたばかりだからアウタージャケットやオーバーパンツは身につけているし、帽子、手袋もしている。防寒対策、足回りに問題はない。先ほど歩いた感じでは雪は適度に締まっている。それほど潜らないから、吹きだまりへ入らなければツボ足でもだいじょうぶ。そして、まずは救助活動の迷惑にならないところまで行こうと決心した。

室堂山荘方面へ雪原を走る石黒の後を急いで追う。時々、すねのあたりまで足が潜ることはあるものの、早足で歩ける雪だ。200mほど先を行く石黒は、室堂山荘の手前で斜め左に向かい、前方を確認すると、片手をサッと上げた。石黒が視線を向けたほうを見ると、さらに向こうの小高い場所に数人が固まっているのが見える。要救助者はあそこだ。

力のある石黒は時々、足が潜るのも構わず現場に向かって直進したが、私がそこへ行ったら深雪に苦労するだろうと思った。そこで斜面を登って室堂山荘に近づき、山荘近くの高台から現場の様子をうかがった。

パトロールに出ていた浅川はすでに現場に着いていた。雄山方面で無線を受け、スキーで現場に直行したのだろう。たまたま現場近くに居合わせたと思われるスキーヤー数人とともに胸骨圧迫をして心肺蘇生を試みていた。そこに石黒が到着し、ザックから出したのはAED。すぐさま取り付けの準備がされる。

私にも何か手伝えることはないか。少し離れた場所で現場を見ながら、空回りする頭をそれでもフル回転させる。手当てを受けているのは男性で、仰向けでぐったりとしている。体はスキー板の上に乗せられ、スキー板と体との間にはツエルトやレスキューシートが敷かれている。雪面からの冷えを防ぐ工夫だ。

緊迫した場面を目の当たりにして頭が真っ白になる。これまで、何度か警備隊の救助や訓練の様子を見てきて、その流れは知っている。「自分に何かできることはないか」と繰り返し考えた。AEDによる蘇生処置は石黒も加わって、手が足りているようだ。

浅川は要救助者の対応を石黒に任せ、現場の状況を無線で送っている。その声が風に乗って、途切れ途切れに聞こえてきた。「ヘリですか！　ボートですか！」。傷病者をどの手段で運ぶかの確認をしているのだ。その叫ぶような声からも緊急を要する状態であり、一刻も早く搬送したいという気迫と、緊張感が伝わる。

富山空港からヘリが飛べば、室堂から直接、または空港経由で病院へ運べる。ボート、つまりスノーボートならば、傷病者をそれに乗せてターミナルまで運び、救急車に引き継ぎ、救命措置を受けながらアルペンルートを麓の病院まで向かうことになる。飛び立てばヘリのほうが圧倒的に早く病院に着くが、すぐに飛べる状況かはわからない。

「ヘリは今、出動準備中ですね。了解。では、ボートと早いほうで（運ぶ）、っていうことですね」

浅川が詳細を確認する。ヘリとスノーボート、両方対応できるよう同時進行で準備をするということか。

でも、まだ現場にスノーボートは到着していない。ボートを持ってくるのは、室堂ターミナルにいる牧野だが、夏の湯浅、秋の山田のように、無線や携帯電話で各方面との調整をしなければならない。慌ただしい連絡をしながらでは思うように動けないだろう。

牧野の代わりにボートを持ってくる人手が必要だ。やっとそれを思いついた私は現場を離れ、ターミナルへ向かって走る。

平穏が崩れるとき

室堂山荘とターミナルは目と鼻の先だが、いざ雪面を走るとなると、それなりの距離がある。雪に足をとられながら全力で向かったのですぐに息が切れてしまい、足が思うように前に出ない。ターミナルまではまだ少し距離がある。悔しまぎれに顔を上げると、雪面の向こうからスノーボートを引いて走ってくる二人の影が見えた。一人は牧野だが、もう一人は……。種五だ。今は県へ出向中とはいえ、この春までは警備隊として活動していたし、戻ってくれれば再び警備隊を支える中堅の一人。急きょ、サポートに入ったのだろう。

室堂は一面の雪原だとはいっても微妙な凹凸があり、そこでスノーボートを引くとなれば、わずかな上り下りの傾斜も移動効率に影響する。種五はとっくにそれを読んでいて、室堂山荘前まで大きく迂回しながら、最も効率のよいルートどりで現場に向かう。牧野はやはり、連絡係の仕事に追われ、両方の耳に携帯を押し当てながらボートの後ろを走っている。

牧野と種五が現場に着くと、入れ替わるように浅川が一人の女性を伴ってこちらに向かって歩き始めた。「九州から飛行機で。ご主人と二人で室堂にいらしたのですね」。歩きながら浅川が女性に状況を聞いている。その内容と、現場の状況から推察するに、救命措置を受けているのはこの女性の夫のようだ。九州から室堂にやってきた夫婦は、この時季、室堂に設けられる臨時幕営地にテントを設営し、周辺を散策。その途中、室堂山荘の近くで突然夫が倒れ、気づいたスキーヤーたちが初期対応をするとともに救助要請もしたようである。浅川は女性とテントに置かれた貴重品などを回収し、夫が運ばれる病院へ女性がすぐに向かえるようにサポートしているようだ。

浅川が近づいてきたので「何か手伝えること、ありますか?」と私が聞くと、「人の誘導と飛散物の処理をお願いします」と指示してくれた。ヘリが近づいたときに危険がないよう、周囲にいる人を安全な場所に誘導し、さらにヘリの風圧で飛びそうな物を片付けるようにということだ。

浅川に続く女性は体が震え、うつむき、やっとの思いで歩いていた。私の前を通り過ぎるとき「あ、××さん……」と夫の名前をうわごとのように呟くのが耳に入った。この状況で夫から離れるのは、とてつもなくつらいだろう。心残りだろう。そして心細いだろう。「どうか、気持ちを強くもってください」。そんな言葉が口から出かかって、のみ込んだ。女性は今にも倒れそうで、私が声をかけるのがよいのか、わるいのか判断できなかった。いや、私に声をかける勇気がなかったのかもしれない。

きっと夫婦は雪の立山を見るのを楽しみに飛行機を予約し、だいぶ前から計画して、ここに来たのだろう。そして、白銀の世界に感動しながら雪の上にテントを張り、二人で大自然を満喫していたのだろうか。そんな平穏で楽しい山での時間が突然、打ち破られた。

ふらつきながらも浅川にサポートされてテント場へ向かう女性を、胸の潰れる思いで見送り、気持ちを切り替えるように現場へ足を向ける。今、私ができることは飛散物の処理。現場では牧野、石黒、槓五がスキーヤたちと交代しながら胸骨圧迫を続けている。

私は浅川に言われたように、警備隊やスキーヤーたちの荷物をまとめ、周辺にいた数人と協力し、50mほど離れた室堂山荘の建物の陰まで何往復かして運んだ。その間に、ターミナル方面から救急車のサイレンが聞こえてきた。ボート搬送になった場合のために、救急車がスタンバイしているのだ。

初めはヘリとボート、両方の搬送法に対応できるように準備していたが、このころにはヘリ救助に方針が絞られたようである。「すぐにヘリが来ます！」。無線連絡を受けた牧野が周囲の人に伝える。間もなく大日岳方面からやってきたのは、県警ヘリ「つるぎ」ではなく、赤い機体の消防防災ヘリ「とやま」。近づいてくると雪煙を上げながら現場近くに着陸。警備隊とヘリの隊員が協力し、男性は手際よく機内へ収容された。男性はすぐに病院へ運ばれることだろう。

私はアルペンルートの最終便に乗らなければならず、ヘリが飛び立つ音を聞きながら室堂を後にした。男性の容体を気にしつつ、胸がぺちゃんこに潰れたように重苦しい気持ちである。そして家に戻ってからも数日間、ずっとその気持ちを引きずり続けていた。

その重苦しい感じがどこからやってくるのか、自分でもわからない。ただ、頭の中をぐるぐる巡るのは、あの日の自分の行動。また、浅川にサポートされながら私の前を通り過ぎた女性の姿、救助に当たった隊員たちの姿が、いつになっても頭を離れなかった。

しばらくしたのちに、男性は助からなかったことを耳にした。心臓の病気で、私と同じ40代であった。

第6章

空か地上か

警察航空隊と「つるぎ」

山岳救助に適したヘリを求めて

今、山岳救助の現場で欠かせないのがヘリの存在だ。例えば現場が剱岳の場合、クルーがスタンバイ状態で、現場の場所がわかっていれば、救助要請から情報整理、出動、傷病者のピックアップ、医療機関や消防救急隊への引き継ぎまで、最短1時間で任務完了できる。ヘリの利点はこの圧倒的なスピード力。

ヘリ救助といえば、傷病者の搬送という印象が強いが、ほかにも役割がある。例えば上空からの捜索。最近は行方不明者の捜索にドローンが使われることもある。ある特定の場所をピンポイントで確認するには便利な機器だ。でも視野の広さという点では、ヘリにはかなわない。谷全体、山の斜面全体に捜索範囲が及ぶとき、上空から直接、複数の人の目で俯瞰するほうが有利だ。

また、多数の隊員を一気に現場へ送り込む際にも使われる。それはスピードアップだけでなく、活動の安全性にも大きく寄与している。警備隊が陸路で現場へ向かう場合、または現場から傷病者を搬送するとき、状況によっては雪崩や落石などの危険が高い場所を通過しなければならないこともある。だが、ヘリで隊員を直接現場へ輸送できれば、その危険箇所を通る必要がなくなり、アプローチ間でのリスクを軽減できる。

富山県警察でヘリの運航や管理を行なっているのは警備部警備課の警察航空隊。地域部山岳安全課の警備隊とは警察内の別部署ということになるが、山岳救助の際は両部署が協力し、一つのチームとして出動している。

救助の際にヘリに搭乗するのは、航空隊からは機長の原田周平（48）、操縦士の瓦田《かわらだ》秀和（59）、整備士長でオペレーターの佐伯真矢（39）、そして警備隊から２人の計５人というメンバー構成になるのがスタンダード。ヘリ救助を担当する警備隊員は航空隊を兼務している松井、小高や、飛騨、湯浅、野中、石川らベテランが中心となる。なお、行方不明者の捜索の際は人の目が多いほうがよいので警備隊が３人搭乗することもある。

現在、富山県警察で運用されているヘリ「つるぎ」は３代目で、２０１４年に導入されたアグスタウェストランド社（現レオナルド社、イタリア）のＡＷ１３９型だが、機体について紹介する前に、まずは富山県警察ヘリ「つるぎ」の歴史を振り返ってみよう。

山岳地帯の救助で本格的にヘリが使われるようになったのは、日本では１９６５年ごろから。富山県では第4章に書いたが、1963年1月に起こった薬師岳の遭難で、当時の救助隊が1週間以上かかってもたどり着けなかった太郎小屋へ、マスコミのヘリが短時間で着陸した。当時の救助隊にとってショッキングな出来事ではあったが、結果、ヘリ救助の可能性を広げることにもつながった。昭和50年代（1975〜）には山の救助でヘリが出動することもめずらしくなくなり、登山者の間でも認知されるようになった。以降、なじみの深いものとなっていく。

山岳県である富山県へのヘリ配備は、昭和40年代後半から何度も検討されてきた。しかし、実際に導入されたのは1988年である。時間を要した理由の一つに、ヘリの運用には多額の費用がかかることがある。それに、北アルプスでは民間ヘリによる山小屋への物資輸送が行なわれていて、民間ヘリ会社の体制が充実していたこともある。救助時にはその民間ヘリのほか、自衛隊ヘリなどの協力を得ることが可能だったため、県警ヘリの差し迫った必要性が認められず、見送られてきたのだ。

昭和50年代後半には登山者の多様化により、典型的な転落・滑落事故に加えて病気による体調不良者の搬送も増加し、よりスムーズで短時間での救助が重要性を増した。そこで、警察所有のヘリが不可欠という機運が高まり、88年にヘリが導入されることになるのだが、そこには、県警ヘリの導入を切望していた警備隊の働きかけが大きかったという。

初代県警ヘリとして採用されたのは、アメリカ製の小型ヘリ「ベル206L-3ロングレンジャーIII」で、富山の名峰・剱岳を由来とする「つるぎ」という愛称が付けられた。ベル206は当時、製作機数が最も多かった優れた機体で、海上保安庁や他県警でも多用されていた。初代「つるぎ」は、運用開始から4年後の1991年には「救助等の成果100人」を達成する、他に類を見ない成果を上げている。

しかし、課題だったのは山岳地での使用に必ずしも適していなかったこと。都市部上空の飛行や災害救助には問題がない性能を備えているが、実際に山の救助活動で使ってみると、気圧が低い高山の稜線部ではパワー不足だったのだ。救助に不要と思われる部品は細部にいたるまですべて取り外し、搭乗する隊員も自らダイエットをして軽量化を図るなどの涙ぐましい努力をしても、標高2000mを超えると飛行性能が落ち、時には現場に接近できず、傷病者を目の前にしながらヘリによる救出を断念、引き返さざるを得ないこともあった。

その問題を解決するべく、1996年に機体の入れ替えが行なわれる。新しく配備されたのが2代目「つるぎ」であるアグスタ社（イタリア、現レオナルド社）A109K2という機体。これはスイスの民間航空救助隊である「Rega（スイス・エア・レスキュー）」の要望によって、山岳地帯に適した仕様にオーダーメードされたヘリで、大きな馬力を有するのが特徴。自動車で例えるならば、軽自動車の車体にレーシングカーのエンジンを搭載したぐらいのパワーがあったという。

この新型ヘリの導入により、これまでは近づくのが困難だった剱岳や立山の稜線部でも、ホバリングしながら傷病者を直接ピックアップすることが可能となって、救助力はさらにアップした。Ａ１０９Ｋ２は引退するまでの18年間で６３３人（山岳地のみの数）を救助・搬送する成果を上げている。そして２代目「つるぎ」が引退するのに伴い、後継として採用されたのが、３代目となる現在のアグスタウェストランド社ＡＷ１３９だ。今、富山の山岳救助で活躍している、その機体を間近で見せてもらえることとなった。

愛情注がれる3代目

富山県警察航空隊は富山空港の一角にある。警察本部庁舎がある富山市中心部から南へ約７㎞、周辺は田んぼの中に民家が点在する、のどかな場所だ。

ヘリの格納庫と直結する事務室で迎えてくれたのは、航空隊の原田、瓦田、佐伯の３人。航空隊はほかに操縦士訓練生１人と整備士２人がいて、計６人で業務を行なっている。この体制は、機体１機を運用するのにギリギリの人数なのだそうだ。なお、警備隊の飛弾隊長と航空隊を兼務する隊員２人のデスクも航空隊事務室内にある。

機長の原田が警察航空隊の操縦士となったのは2018年。前職は航空自衛隊で、救難隊のヘリ操縦士として活躍し、東日本大震災では約1カ月間、空からの救助活動に当たった。2016年に23年間務めた航空自衛隊を辞め、地上での救助活動などほかの仕事を模索中、自衛隊時代の先輩である瓦田に誘われて、警察官としてヘリの操縦士に復帰した。

気流が不安定で、障害物も多い山岳地帯でのヘリ飛行は特に難しい技能が必要で、ライセンスがあれば操縦できるというものではない。山岳救助を専門にできる操縦士はごく限られる人数しかいない現実があるなか、自分の能力を活かせる現場として「つるぎ」に乗ることを選んだという。今は1年先に警察航空隊に入っていた瓦田と共に操縦席に座り、空からの救助活動に当たっている。佐伯は民間や他官庁で飛行機やヘリの整備経験を積み、2014年に富山県警察航空隊に採用となった。

3人がヘリを案内してくれる。事務所から格納庫に入ると、そこには山で何度か目にしていた「つるぎ」が納められていた。これほど近くで見るのは初めてで、まずはその大きさに驚いた。AW139の全長は約17m、高さ約5m。テニスコートほどの広さの格納庫にギリギリいっぱいに入っている印象だ。実際に目の前にすると、山で見たイメージより一回り大きい。それでもヘリとしては中型だという。

機体は隅々まで磨かれていて、まるで自動車ディーラーのショールームに展示されている新車のように輝いている。その美しさに引き寄せられるように近づくと、ボディの表面だけでなく、接合部やビス周りなどの細かなところもまったく汚れがない。10年間使っているとはとても思えないきれいさなので、塗装をし直しているのかと尋ねると、納品されてから一度もしていないそうだ。ただ日頃から佐伯を中心としたクルーみんなが手作業で磨きあげる作業をしているという。特に雨や霧などで機体が濡れると錆の原因となるので、フライトが終わると底部からメインローターがある上部まで、水滴を残さないように拭く作業を欠かさない。「いつもきれいな状態にしておかないと、ちょっとした不具合があったときに、どこが調子わるいのか原因を探れないんですよ」と言って、佐伯がそっとボディに手を添える。クリーニングも安全のために欠かせない作業だが、それ以上に「つるぎ」への愛情を感じた。

警察ヘリは各県、機体が違うこともあり、デザインは少しずつ異なるものの、ライトブルーをメインとして上部はメタリックブルー、下部はシルバーというカラーリングを基本としている。「つるぎ」は機首部に蛍光赤色のラインが入っているが、他県の新デザインは入っていないものもある。

AW139は多用途ヘリで、世界の軍や警察のほかに、海上の石油コンビナートでの人員輸送やドクターヘリ、報道用にも使われている。強みは、2席の操縦席を含めて最大16人が搭乗できる大きさながら、機体が軽くて馬力があること。2代目「つるぎ」のA109K2より機内が広いので

剱岳で救助活動を行なう県警ヘリ「つるぎ」AW139

佐伯が「つるぎ」のエンジンルームを開けて見せてくれた

傷病者を収容しやすく、エンジン出力もさらに高くて最大時速約３１０㎞という新幹線並みのスピードが出る。大きさとパワーをバランスよく兼ね備え、機敏性もあって山岳救助に適したヘリだ。

２代目「つるぎ」のＡ１０９Ｋ２は、傷病者を乗せると機体が重くなるので、警備隊員が代わりに現場に残って重量調整を行なわなければならないこともあったが、パワーに余力があるＡＷ１３９はそのような必要はない。それに、事故が同時発生したときは、二つの現場を１フライトで掛け持ちすることも可能で、格段に救助効率がよくなった。

後部座席は３席を残してほかは取り外し、傷病者を横たえて搬送できるように広いスペースが確保されている。また隊員がヘリから身を乗り出して捜索や救助ができるよう、機内には安全確保のためのスリング類などが取り付けられている。そして、床は特殊強度のマットが敷かれている。積雪期の山では、アイゼンを装着した隊員たちがホバリングするヘリから硬い雪や雪渓の上に降りることもめずらしくないので「つるぎ」には欠かせない装備だ。

また、山の救助活動で多用するホイスト装置。「つるぎ」では90ｍ長のケーブルと、秒速１・５ｍで隊員を下降・上昇させられる巻上機を採用している。剱岳周辺には狭い谷や断崖絶壁があり、ヘリが現場に近づけないことも多い。そのようなときは上空の高いところでホバリングし、90ｍいっぱいまでホイストを延ばして救助活動をすることもある。

ホイストによる隊員の上げ降ろしの際は、自由がきかない生身の体が空間に露出する。もし、風で大きく振られると隊員が岩壁に激突してしまう可能性がある。また、ヘリのダウンウォッシュによって激しく回転してしまうとヘリのほうでは止められない。その際にケーブルがどこかに擦れると最悪の場合、ケーブルが切断するリスクもある。また、高度な操縦技術が要求されるホバリングは短時間に留めたい。そのためホイストケーブルの巻上機を高速性能のものにカスタマイズしている。

警察ではダブルパイロットでの飛行が義務づけられていて、基本的には機長の原田が操縦桿を握り、副操縦士の瓦田がそのほか監視やスイッチ操作、地形図での位置確認といった操縦サポートをする。

佐伯が担うオペレーターの仕事は救助活動のポイントとなるホイストの操作をはじめ、離着陸や飛行中の安全確認など操縦以外の機体に関することすべてといっていいほど、多岐にわたる。なかでも重要なのは、飛行時の安全確認だ。私たちが普段運転する自動車と異なり、「つるぎ」の操縦席からは機体の後部を目視確認することがほぼできない。一応、後方を映すカメラを備えているが、モニター画面が小さいうえに画像が平面的で細部はわかりづらいのだ。そこで、佐伯は飛行中はもちろん着陸時も、操縦士の目の代わりとなって、障害物の有無や距離をインカムを通して言葉で伝える。原田も瓦田も佐伯に絶対的な信頼を置いていて、佐伯の目による確認が安全飛行に欠かせない。

ヘリからホイスト下降をする隊員（警備隊提供）

チームの和が最大の武器

山岳地帯の救助の難しさ

原田に山の救助で難しいシーンを尋ねると、まず地形としては岩壁が迫る場所でホバリングしながらの救助だと教えてくれた。「絶壁の途中や谷の下部での救助となった場合、ホイストを目いっぱい延ばしてもあと少しの距離が届かずに隊員を降ろせない。でも、機体を下げればローターが岩にぶつかってしまいそう。そんなときに風にあおられて機体が揺れると、さらに難度が増します。そのように障害物との距離が近い場所での操縦時は、操縦士もオペレーターもそれぞれに神経を尖らせて自分の役割に集中しつつも、クルー全員の連携が必要になりますね」

他山域では過去に、救助中にメインローターが岩壁に接触してヘリが墜落する事故が起きている。メインローターが岩や木などの障害物に接触すれば、大事故につながることは誰もが想像できるだろう。もちろん、操縦士をはじめとしたクルーはそのようなことがないように飛行している。そのうえで、どうしてローターが接触する事故が起きてしまうのか、原田が意外なことを教えてくれた。

「操縦席に座ったつもりで、メインローターの先端部を見てみてください」。私は、操縦席のすぐ横に立って、メインローターの前側先端を見上げてみる。すると、言われるまで気づかなかったのだが、ローターの先端が機体本体の鼻先よりもかなり前方に出ている。その距離、2mはあるだろうか。つまり、ヘリの「肝」ともいえる部分が大きく前に張り出しているのだ。そして、操縦席から10mほど離れた尾部には機体の姿勢を制御する役割のテールローターがむき出しになっている。それにもかかわらず、機体にはローターなどが障害物に接近したときに警告するセンサーのような機能はなく、障害物との距離感は操縦士やオペレーターの目視と経験による感覚だけが頼りという、操縦の難しさがある。

原田や瓦田は自衛隊時代から高度な技術を必要とするホバリングの操縦訓練を積み重ねると同時に、高さや距離によって操縦席からの対象物の見え方がどう変わるかを感覚的にすり込んできたという。岩壁や立ち木に、機体がどこまで安全に近づけるかは、操縦士の体が覚えているのだ。原田はそれを佐伯にも伝え、佐伯は繰り返し現場でのオペレーションをすることで同様に感覚を磨いてきた。センサーにも勝る3人の目により、山岳地帯での飛行が安全に行なわれている。

ほかに原田が難しいと感じる地形は剱岳の山頂のように尖ったピーク。ホバリングするときは、目の前の地形や立ち木などを目視しながら機体の上下左右位置や水平を確認し、その場に停止できているかを判断している。ただ、尖った山のピーク上空は操縦席からは目視対象物となるものが何も見えない。「精密にホバリングしなければならないのに、基準とするものがないと機体が止まっているかどうかわからない。さらに強風時は機体が揺れて、それをコントロールするのにエンジン出力もギリギリになります。そのような状況でいかに機体を止めるか。風向きや強さ、ホイストの位置を考えながら操縦するのが難しいです。何か対象物を捉えないと位置や水平が保てないので、ギリギリまで機体高度を下げて、地面が見える状態で操縦します」

また、気象的に困難なのは強風時やガスで視界がないとき。平地ならば気象的条件をフライト前にある程度予測することができるが、山岳地帯はその場所に行ってみなければわからないことが多いという。同じ場所であっても風の吹き方はその時々でまったく違い、ましてガスの動きは特に予測が困難だ。

立山の南にある鬼岳山頂近くで救助をしたときのこと。原田にしてみれば、現場は地形的困難はなく、何事もなくミッション完了できると思っていた。ホバリングしながら警備隊員を降ろし、隊員が要救助者を確保してピックアップしようとしたとき、突然ガスが上がってきて巻かれ、急に周囲の視界が得られない状況になってしまった。ガスに巻かれると空間識失調（飛行中に機体の位置や姿勢を正しく認識できなくなること）に陥る危険があり、操縦困難な状態となる。即座にガスの中から脱出したいが、それができないときがある。

「警備隊員が要救助者を確保して、ホイストにつながろうとしているときが、いちばん神経を使います。下でピックアップのための準備をしていて、まだ完了していない状態のときは絶対にヘリを動かしてはいけないので、周囲の状況がわるくなっても、機体が現場離脱できないんですよ」

吊り上げの準備が完了する前にヘリが動くと、下にいる人が中途半端な状態で吊り上げられて引きずられたり、落下したりする危険があるので、操縦士は準備完了のサインが確認できるまでこらえなければならないのだ。もちろん隊員たちは手早くセットできるよう最善を尽くしているし、操縦士はガスの動きを予想したうえで操縦をしているが、予測不可能なことが起こる山では、このようにヒヤリとすることもある。

安全に活動するための線引き

これまで山岳での救助活動の難しさとして地形や気象などの外的要因に触れてきたが、やはりいちばん難しいのは、現場での判断という内的要因だと原田は話す。「特に山岳地帯はフライトごとに環境が違い、判断に正解がないんです。そのなかでベストの選択を探さなければならない。ベストの選択とは、安全に救助をして帰ってくることです。不安全な救助ではダメだし、安全ばかりを気にして救助ができないのもダメ。航空隊も警備隊も、助けたいという強い気持ちがあるなかで、どこまで安全を追求して活動するかというのがいちばん難しいところです。曲芸飛行のような操縦をして、一か八かの運に賭けられればどんなに楽かと思うのですが、そのようなことは絶対にしませんね」

機体に無理をさせて壊れる寸前、障害物に機体が迫って墜落する寸前といったように、救助活動はしようと思えば、どこまでも無茶ができる。その一方で、絶対にやってはならないのは、救助者自身が犠牲になることだ。例えば、緊急を要する遭難者がいて、その人を無理して助けようとしたためにヘリが事故を起こしてしまえば、遭難者が助からないうえに、クルーが犠牲になるという、取り返しのつかない事態になってしまう。

現場では機長である原田が瓦田や佐伯、山岳警備隊の隊員たちと意見をすり合わせて救助を行なう。どうしても隊員たち全員の気持ちが熱くなる現場で、最終的判断は機長である原田が下す。クルーを危険に巻き込まないよう、原田は常に変化する状況下での線引きを大切にしている。「ここでこの風だったら撤退しよう」「ガスが出ているときはこれ以上近づかない」と自身で判断基準を設け、自らを俯瞰的に監視しつつ判断・操縦しているのだ。自分はだいじょうぶ、できると思っても、同乗する隊員に危険が及んだり、隊員が不安を感じたりするような操縦はしないというポリシーがある。

「救助活動は最善を尽くすけれど、ここまでやってダメだったらやめるという精神的な強さをもっていなければならないと思います。でも、それはきっと登山者も同じじゃないでしょうか。例えば、グループ登山でリーダーが何人かを引き連れていたとします。そのリーダーはメンバーを危険な目に遭わせない責任がある。ここまでは登るけれど、これ以上は危険だからやめておこうという判断が必要ですよね。ヘリの救助も共通していると思います。安全のために引き返す勇気はいつももっていなければならないのです」

でも引く判断は、技術が高い人ほど難しくなる傾向にあるという。高度な技術をもつ人は求められることも高度で、それができて当たり前と思われるからだ。そして、無理をすることにつながる。救助の現場は根性や精神論ではなく、俯瞰的に安全性を重視し、危険があれば引き返す。原田たちは、これをクルー共通の意識としてもつことに努めている。それこそがプロだ。

また、原田たちが何より大切にしているのは、チームワーク。山の救助活動はチームとしての力が必要であり、隊員同士の信頼関係がなければ成し遂げられないものだからだ。「一人よがりの無理な行動をして、ほかの隊員の心が離れてしまったらチームとして終わりですよね。それでは、安全な救助活動はできない。だから、私たちは日頃からコミュニケーションを大切にしています」

剱沢への着陸時、機体から身を乗り出して下部を確認する佐伯

「つるぎ」を操縦する原田（警察航空隊提供）

他県警の航空隊では複数の機体配備もめずらしくないなか、山岳救助でヘリを多用する富山県警察には機体が1機しかなく、クルーもその1機分のギリギリの人数。隊員の一人でも欠けたらフライト可否にも関わる緊張感あふれる状態で、日々の任務に当たっている。でも、それが隊員同士の強い協調性を生み、いいチームワークで仕事ができているという。

「チームワークのよさこそが富山県警察航空隊の誇れるところです」と自身でも胸を張るが、追い詰められても冷静さを保てる原田、細かなところまで確実に仕事をこなす佐伯、それに経験が豊かでおおらかな性格の瓦田、彼らが名チームとなって航空隊がまとまっていることは、初めて訪ねた私にも感じられたことだ。

そのチームワークのよさは航空隊内だけでなく、警備隊にも及んでいる。飛弾隊長をはじめ警備隊員3人が、航空隊事務室内に席を置き、物理的に距離を近くしていることもあるが、日頃からお互いの業務を深く理解し、ちょっとしたことでも直接確認・相談しているという。このように円滑なコミュニケーションを図っていることが迅速で安全な救助活動の一助となっている。

防災航空隊との連携

さて、県警ヘリ「つるぎ」は出動できない期間がある。それは、安全飛行のために欠かせない点検・整備の間だ。「つるぎ」は航空法に基づき、飛行約50時間ごとの定時点検と、年に一度、3～4カ月を要する大規模な点検を行なっている。

定時点検は「つるぎ」の場合、1カ月～1カ月半ごとの頻度となり、点検には数日間かかる。この点検が出動回数の増える時期に当たらないようにしている。

一方、年に一度の大規模な点検は他県の整備場に機体を預ける必要があるため、毎年10月から12月にかけて行なうことに決めている。

整備の期間、ヘリ救助はどうなるのかと心配になるが、当然空白になることはない。「つるぎ」に代わって富山県消防防災ヘリ「とやま」が出動するのだ。11月の室堂での救助時に「とやま」が飛来したのも点検中の「つるぎ」に代わってのことだった。

「とやま」は「つるぎ」と同機種のAW139で、2020年4月に運航を開始した。消防のイメージカラーであるレッドに富山県のイメージカラーであるグリーンのラインが入ったデザインだ。富山県は警察航空隊と消防防災航空隊が山岳救助に対応できるヘリを備えることで、点検などの期間も救助活動に支障をきたさないようにしている。

また、「とやま」に警備隊が乗り込むこともめずらしくなく、その点でも警察と消防が協力し合って山の安全が守られている。

消防防災航空隊の基地である防災航空センターは、富山空港内、警察航空隊のすぐ隣にある。隊員は操縦士を含めて所長以下15人の体制で、火災防御活動、救助活動、災害応急活動のほか、重症救急患者の搬送などを日常任務としている。

消防航空隊の隊員は、毎年秋に行なわれる警備隊の秋山山岳遭難救助訓練に同行し、警備隊員たちとともに山岳地帯の救助方法を学んでいる。また、消防隊員は救命処置や傷病者の搬送に関して、より専門的な訓練を積んできている。訓練のあらゆる場面で、それぞれの技術や知識を出して学び合い、お互いにブラッシュアップをしている。訓練を共にすることで絆を強め、救助現場でもズレのない対応ができるのだ。

警察と消防、組織の枠を超えた両航空隊の連携が光った、印象的な救助があると、原田と瓦田が話してくれた。2018年12月25日、剱岳に向かっていた2人パーティの登山者が池ノ平で凍傷のために、行動不能になった。救助要請を受けた警備隊は隊員を陸路から送り込むと同時に、警察航空隊とともに「つるぎ」による救助も試みた。しかし、剱岳周辺は激しい吹雪が続き、なかなか現場に近づけなかった。

「つるぎ」は26日の昼と夕方にも富山空港を飛び立ったが、現場は視界不良で捜索ができない。27日は午前中に1回フライトしたが捜索はかなわず、28日、29日は天候が荒れてフライトすることもできなかった。その後、天候回復を待って30日に2回現場近くまで行ったものの、依然として、吹雪やガスによって救助できないという苦しい状況が続く。

そして31日の朝。7時に「つるぎ」が現場へ向かうが、やはり条件がわるく、燃料補給のために一度空港へ引き返した。代わりに入ったのは消防航空隊の「とやま」。現場上空を旋回しながらチャンスをうかがっていると、ガスが一瞬晴れて、要救助者の姿を発見。すかさず警備隊を現場に降ろしたが、このとき「とやま」は燃料切れが迫り、ピックアップをする前に空港へ引き返さざるを得なかった。そこへ今度は燃料補給を終えた「つるぎ」が戻ってきて、要救助者と隊員を滞りなくピックアップして病院へ搬送できた。悪天に阻まれて、救出までに5日かかったが、警察と消防が手を携えることで遭難者を救うことができた好事例だ。

瓦田が言う。「この日の朝、防災航空隊の隊長や隊員が警察航空隊に来て、警備隊を交えて三者が額を合わせるように作戦会議をしたんです。現場に降りられるチャンスが少ないことはわかっていたので、『つるぎ』と『とやま』2機で同時に救助態勢をとることで、そのチャンスを逃さないように工夫しました。両方のヘリに警備隊が乗り込み、どちらのヘリでも同じように救助活動ができるような体制をとったんです。大がかりな救助活動になりましたが、遭難者2人の命には代えられないですよね」

なお、富山県警察は隣県の警察とも協力関係にあり、事情があって出動できないときは相互に応援をすることになっている。「つるぎ」や航空・警備隊員は要請を受ければ、県境を越えて長野、岐阜、山梨、新潟、石川などへも出動する（近年の実績）。また、富山で応援が必要なときは、隣県の警察や消防防災ヘリが救助に当たることもある。

警察航空隊と山岳警備隊

行方不明者の捜索

ヘリの救助活動で印象的だった事例として瓦田が話してくれたのが、行方不明となっていた20代女性の発見だ。事の発端は、女性とは別の場所に暮らす母親からの捜索依頼だった。母親が富山県警察に連絡したのは2022年8月27日の午後。その日の午前中、母娘はいっしょに出かける約束をしていたが、待ち合わせ場所に娘が来なかった。普段、約束を破るような性格ではないので、母は不思議に思い娘の家へ行くと、車はなく、玄関には鍵がかかっている。どうやら出かけたまま戻ってきていない様子だった。女性は前日、母親に「山へ行く」とだけ伝えていて、そのことを思い出した母親が、もしかしたら娘は山で遭難したのではないかと、警察に相談した。情報はすぐに警備隊にも共有され、登山届などの検索をするが、女性は登山届を出しておらず、どこへ向かったのかの情報はまったく得られなかった。もちろん、携帯電話はつながらない。

警察官が母親とともに女性の自宅へ行き、部屋を調べると、残されていたスケジュール帳の8月

26日欄に「半日トレッキングをして午後から……」との記載があった。そこからは、26日は午前中に山へ行き、午後からは別のことをする予定であったことがうかがえる。

母親の話では、女性は最近アウトドアに興味をもち、登山歴1年未満の初心者だという。さらに調べると、女性は立山方面や大日岳の情報をネットで調べていた形跡が見つかった。その情報を得て、警察官が立山駅周辺を捜索したところ、27日18時ごろ称名《しょうみょう》滝駐車場に女性の車が停まっていることを発見。だが、この時点で日没間近で、その日、山での捜索は行なうことができなかった。

称名滝駐車場から「半日トレッキング」をするとしたら、一般的に考えられるのは称名滝の北側に広がる大日平（往復約5時間）か、南側の弥陀ヶ原（往復約6時間）である。警備隊は登山届などから26日、27日に周辺を歩いた可能性のある登山者を調べ、女性を目撃しなかったか、一人一人電話をかけて尋ねた。もちろん周辺の山小屋や室堂の宿泊施設にも確認したが、該当者や目撃情報はなかった。

翌28日の朝から、警備隊は3班を地上から出動させ、山での本格的な捜索を開始した。A班3人は称名滝駐車場先の大日平登山道入口から牛首、大日平にかけて登山道を中心に歩きながら捜索。称名滝の側壁に付けられたこの道は険しく、過去に何度も転落・滑落事故が起きている。隊員たちは登山道をたどりながら、滑落の可能性がある場所ではロープで懸垂下降し、女性の姿を探した。

B班2人は称名滝からのもう一方のルートである八郎坂を、C班2人は室堂警備派出所から新室堂乗越経由で大日岳稜線から大日平山荘、大日平、称名滝駐車場までを歩いて捜索した。

しかし、いずれも女性の手がかりは見つけられなかった。「半日トレッキング」では往復8〜9時間かかる大日岳の稜線まで足を延ばすことは考えづらいが、可能性のある場所はできる限り捜索して、一つずつ潰していくのが飛弾隊長の方針。たとえ、そこで見つけられなくても、隊員が歩いて「その場所にはいない」ということがはっきりすれば、次の手段に移れる。

そして地上班の捜索と同時に行なわれたのが、空からの捜索だ。その日は曇りではあったものの、称名滝周辺はガスに覆われる時間帯が多くてヘリは思うように飛べずにいた。それでも滑落した場合に留まることが多い、大日平登山口から大日平一帯や、牛首から雑穀《ざっこく》谷上空を飛びながら探した。

そのとき、操縦席に座っていたのが瓦田だった。

3日ぶり、奇跡の救出

瓦田が話す。「天気がよくないなか、なんとかフライトして捜索をしましたが、燃料もギリギリで、あと5分ほどで空港に戻らなければならなくなったんです。でも、その後は天候悪化が予想されて、空からの捜索は続けられないことが濃厚でした。最後に少しだけ霧が晴れたザクロ谷を一度見てみようということになったんです。ザクロ谷は登山道から大きく外れている場所なので、そこに女性が入り込んでいる可能性は低いと思われたのですが、見られるところはすべて見ようとしました。でも残り時間も少なく、クルーはみんな、内心絶望的な気持ちでした。そして、ザクロ谷沿いを探しましたが、やはり人影はなくて、やむなく引き返そうとしたとき、佐伯が突然『いた！』と叫んだんです。あのとき、佐伯が見つけなかったら、その後数日はヘリでの捜索はできなかったかもしれません。彼女は救助されるまでの3日間、沢水だけを口にして生き延びていたようです」

佐伯が言う。「ザクロ谷にいるとは誰も思っていなかったのですが、本当に偶然といった感じで、遠くの滝の下で必死に手を振っている女性が目に入ったんです。だいぶ衰弱していましたが、たぶん最後の力を振り絞って手を振り、居場所を教えてくれたと思うんですよ」

「つるぎ」を女性の上空へ移動させて飛弾と湯浅がホイストで降りて救助、機内に収容した。

その場にいた全員が、無事に救助できてよかったと心底思った。帰路、空港に向かいながら瓦田はインカムを通じて、湯浅が女性にやさしく「もうだいじょうぶ。安心していいよ」と何度も何度も声をかけているのを聞いて、心を揺さぶられたようだ。そして、ちょっぴり恥ずかしそうに言う。

「私にはちょうど同じ年の娘がいるんです。それもあって、親の気持ちにもなってしまったんですね。救助を終えて無事空港に着いてヘリを降りるなり、『佐伯君、よく見つけてくれた。ありがとう！』

と、思わず佐伯の手を握り締めて泣いてしまいました」

女性は衰弱していたものの大きなケガはなく、間もなく社会復帰できたという。それにしても、なぜ女性がザクロ谷にいたのだろうか。

26日朝、女性は称名滝登山口を出発し、大日平、大日平山荘を過ぎて、稜線近くの標高2150m付近まで登っていた。そこで動物の気配を感じ、クマかもしれないと恐くなって下山することにしたという。

大日岳側から大日平山荘へ下る登山道は、途中で2度、沢を横切るところがある。女性はそのどちらかで、石がゴロゴロしている沢地形を登山道と勘違いして、道から外れて谷を下ってしまったのだ。おかしいとは思いながらも下り続け、滝を越えようとしたところで斜面から滑り落ちて行動不能に陥った。

道迷いとしては典型的なパターンである。しかし「登山初心者」「半日トレッキング」というキーワードから、往復で通常11時間ほどかかる大日岳をめざしているとは誰も想像しないだろう。その女性の行動力には、さすがの警備隊も舌を巻いた。

飛弾も原田も「行方不明者の捜索は遭難者の行動を予想することが基本ですが、一般的な予想を上回る行動をしていることも多い。だから『まさか』という場所まで範囲を広げて捜索するようにしています」と言う。

そして飛弾は「登山計画書を出したり、家族に行き先などの詳細を伝えたりしていれば、もっと早い段階で捜索が始められたと思います」と言い、「単独登山はトラブル時に自己完結できないことが多いうえ、救助要請をするのも困難であることを知ってほしい。北アルプスでも登山道が判別しづらい箇所があるのでルート確認や現在地確認を怠らないこと、明確な理由なく谷や沢を下り続けないようにしてほしい」と、一件からの教訓を示す。

女性の話からは離れるが、遭難時、ヘリに居場所を知らせるのに有効な手段は？と原田に聞くと、「光るものをピカピカさせるのがいちばんわかりやすいですね。ミラーに光を反射させると、曇っていても少しでも光れば見つけることができるので万一の際は試してください」と教えてくれた。過去には遭難者のゴーグルが偶然光って、居場所を見つけられたこともあったという。また、動くものも目に入りやすい。銀色のサバイバルシートや、黄や赤のツエルトを振るのが有効だ。グリーンシーズンは黄色や赤、紅葉シーズンは緑、黒など自然界に少ない色は、やはり目立つという。

また、瓦田は「山から下りられない状況になったら、早めに救助要請の判断をして、ヘリが飛べる時間帯に１１０番してもらうことが大切。日中に救助要請してもらえば、暗くなる前に助けに行けますが、夜になってしまうと航空隊は動けないですから」と訴えていた。

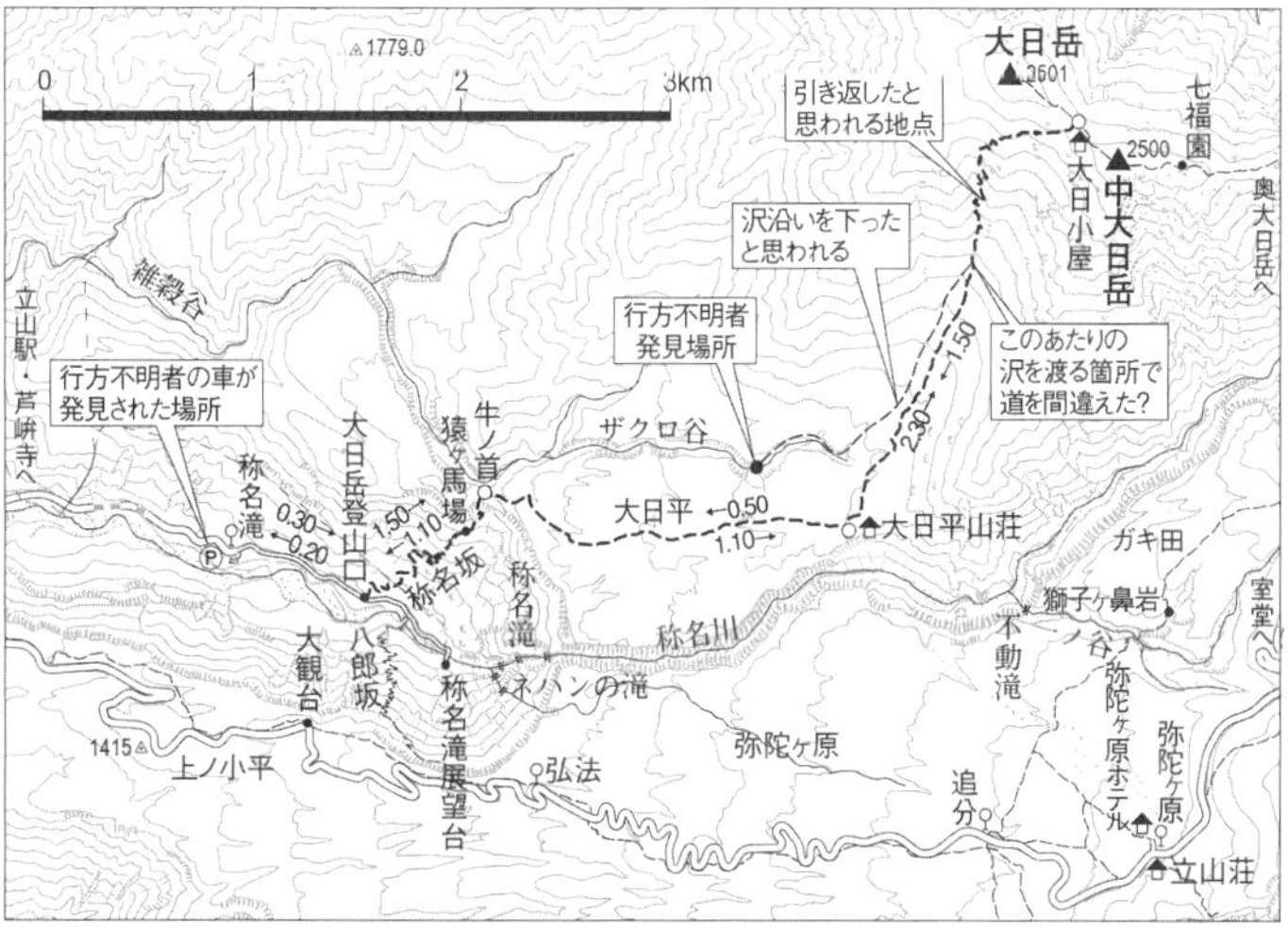

大日岳での道迷い遭難。沢地形に引き込まれたことが原因と思われる

行方不明者救助時の様子（警備隊提供）

ヘリより早く現場へ

空からの救助が万全の体制であっても、それに甘んじないのが警備隊だ。飛弾隊長は「ヘリ救助が確実にできると判明するまでは、地上からのアプローチを含めて複数の捜索法、搬送法を用意します」と言う。

そんな警備隊の熱意が感じられるエピソードを大瀧が話してくれた。「5年ほど前のことですが、三俣山荘で重い高山病を発症したと思われる方の救助要請が入って、警備隊が出動することになったんです。それで深夜に岐阜県の新穂高温泉を私たち隊員が出発し、県境を越えた富山側にある三俣山荘まで夜通し走ったことがありました」

三俣山荘に宿泊していた登山者の体調が悪化したと、警備隊に救助要請が入ったのは、とある日の18時ごろ。三俣山荘は富山県の最南端部、三俣蓮華岳と鷲羽岳の鞍部に立つ。救助要請が入った時点で日没が迫り、ヘリは飛べない。通常なら翌朝、日が昇ってからヘリ救助ということになる。しかし、翌日、確実にヘリの飛べる天気が約束されているならいいが、よほど安定した日以外は朝を迎えなければ状況がわからない。三俣山荘へは最短ルートである岐阜県の新穂高温泉から入山してもコースタイムで9時間以上の行程。警備隊は足が速いとはいえ、夜のうちに地上部隊を送り込んでおかなければ、ヘリが飛ばなかった場合、救助が大幅に遅れてしまう。そのようなことも見越して、このときも夜間にヘリのフライト調整をしつつ、同時に地上部隊を現場へ向かわせるという2体制がとられた。

この日の夕方、大瀧は室堂派出所での連続勤務を終えて、久しぶりに自宅へ帰れると解放感に浸りながら下山した。ところが、上市署へ戻ったところで出動命令があり、3時間後の23時に三俣山荘へ向けて出発するように告げられた。3時間後の出動では家に帰る余裕もないので、署で出動準備を整えると、そのままソファの上で横になって仮眠をとろうとした。しかし、出動を前に気持ちが高ぶってまったく寝られなかったという。地上部隊として招集されたのは大瀧のほかに湯浅、松井、谷本、石黒ら5人。なかには自宅で家族と夕食をとっていたときに呼び出された隊員もいた。

23時前、メンバーが揃うと隊員たちは車に乗り込んで、富山から約90㎞離れた新穂高温泉へ急行。隊員たちは日付が変わった深夜1時前に新穂高温泉を出発、真っ暗ななかを歩き始める。長距離であるうえ、夜間で暗いだけでも大きな負荷となるが、隊員たちは寝ずに行動することになる。さらに彼らを苦しめたのは、長さ1m以上ある大きな酸素ボンベだった。

「高山病疑いの対応なので、酸素ボンベを持っていくことは予測していたのですが、出発前に渡されたのは、警備隊で用意している小型のものではなく、近くの消防署から借りてきたという大きなボンベだったんです。天候がわるくてヘリが飛べない場合には、その方に酸素を吸わせながら背負って下山しなければならないから、長距離搬送に備えて大きなものを用意したのでしょうね。それを、よっこらしょと担いだら、先端が頭よりだいぶ上に飛び出すんですよ」

夜間行動なので最初は慎重にいこうと話していたが、助けを求めている人がいると思うと、警備隊の性《さが》でだんだんペースが速くなってしまい、しばらくすると全員がいつものように走りだしていた。「草木も眠る丑三つ時、鏡平の逆さ槍を見ることもなく木道をゼエゼエ言いながら走ったんです。鏡平のような気持ちのいい場所は、鼻歌を歌いながら散策したいところですが、我々はそうもいきません。さらにその先、弓折乗越に出るまでの登りがキツくて、いっそ途中で背中のボンベに火を付けてロケットのように飛んでいきたいなんて思いました」と笑う。

夜の段階ではヘリが飛べるかどうか微妙な状況だったが、空が白んでくると、フライトできる可能性が高まった。富山空港では航空隊が日の出とともにフライトできるようにヘリのスタンバイを始めているという情報が、登山道を走る隊員たちの無線にも入ってきた。それを聞いたら安心してペースを緩めるのが普通だと思うが、隊員たちは逆に地上部隊としての心に火を付けた。

「あのときはなぜか、絶対にヘリに負けたくないと思いましたね。最後のほうはもうヘリと地上部隊、どちらが早く現場に着くかの競争ですよ。湯浅さんに『荷物は全部置いていっていいから、とにかく大瀧と谷本だけでも現場へ急げ！　すべてはお前らに託した』と言われて、谷本さんと明けゆく双六岳の巻き道を全力疾走しました」。大瀧とともに走っていた谷本は、アップダウンの激しい道の途中で失速し、最後は大瀧一人が夜明け間近の登山道を走ったという。

その甲斐あって、みごとヘリより先に三俣山荘に到着。要救助者をヘリポートへ運んだタイミングでヘリがやってきた。大瀧はヘリを誘導し、登山者を無事ヘリに収容できた。

夜中に重い酸素ボンベを背負って、寝ずに長距離を走り通した隊員たち。これこそが「走ってなんぼ」「担いでなんぼ」という警備隊魂だ。

そして、一件の救助に対しても必要なときには航空隊と地上部隊を同時に出動させられる体制をとっていることが、迅速な救助ができる富山県警察の強さである。

岩場での背負い搬送訓練（警備隊提供）

第7章

剱岳の冬

冬の剱岳に挑む登山者たち

積雪期の剱岳と富山県登山届出条例

クリスマスと正月を控えて、なにかと気分が華やぐ年の瀬。登山者にとっては、本格的な雪山シーズンの始まりでもある。年末年始の休暇を利用して剱岳に挑もうとしている登山者は、長年の夢を叶える期待感と緊張感とが入り交じって、なおさら気持ちが落ち着かない時期かもしれない。

これまでにも何度か触れてきたが、冬の剱岳は特別な山である。「岩と雪の殿堂」といわれる剱岳が、ほかの季節にはない真の厳しさを露わにするからだ。豪雪をもたらす日本海側の厳しい気象。そして3000mに迫る標高と岩壁、深い谷という地形的な険しさ。これだけの条件を兼ね備える山は、国内で唯一無二と言っていい。

冬の剱岳は、登攀が難しいだけでなく、気象の見極めと雪崩への警戒も重要だ。少しでも判断を誤れば、または隙をみせれば、大きな代償を伴うこととなる。登山の総合力を試される場だからこそ、長い歴史のなかで名を残すクライマーたちが、冬のこの山に挑んできた。そして、この山で自らの実力を確かめ、世界の山へとさらなる挑戦の展望を開いた。

そんな冬の剱岳へは早月尾根、小窓尾根、赤谷尾根など西面からのアプローチがメインとなる。また、東面からは長野県側の扇沢から後立山連峰を越えて黒部川を渡り、剱岳へ向かう「黒部横断」というさらに難度の高いルートに挑む登山者もいる。

ところで、積雪期（12月1日〜5月15日）に剱岳（剱岳および早月尾根を中心とした区域。詳細は「富山県登山届出条例」を参照）に登る場合は、富山県登山届出条例によって定められた事項が記載された登山届を、登山の20日前までに知事宛てに提出することが義務づけられている。現在施行されているこの条例は、日本初の登山届出条例として1966年3月26日に制定された。現在では登山届の提出を条例で定めている自治体も増えているが、当時、登山者の理解を得るまでに紆余曲折を経た。

富山県が条例制定へ動くきっかけとなったのは、前述のとおり1963年1月の薬師岳での大学生の遭難だ（第4章参照）。登山者が増加し、山岳遭難が社会問題化するなか、それまでも富山県では1959年に官民による山岳遭難対策協議会を発足させたほか、避難小屋の建設や管理、山岳診療所の運営、指導標の設置などハード面でも遭難対策をしてきた。また警察は山岳救助隊（のちの警備隊）を結成し、救助体制の充実も図った。しかし、薬師岳の遭難を受けて、増加し続ける山の事故を防ぐためには受け入れ側の体制充実だけでなく、入山者側に対する何らかの制限を設けることもやむなしと考えた。これにより、特に危険度が高い冬山に未熟練者が入山することや、無謀な計画の登山を防ごうとしたのだ。

富山県の動きは速く、1963年3月には条例骨子をまとめていた。しかし、この動きがわずかなことからマスコミに漏れ、県に問合せや反対意見が殺到する。遭難が多発していた谷川岳を抱える群馬県でもこれより前に登山届出条例の制定を試みていたが、山岳団体などの猛烈な反対によって頓挫した経緯がある。富山県でもここは慎重にならざるを得ず、一度は「研究中」ということにして沈静化を図った。

しかし、夏が過ぎ再び冬山シーズンが迫るなかで問題を先送りにすることはできないと、同年12月から翌1月にかけて関係者の意見を聞くことを目的とした会合が複数回、開かれた。そこに出席したのは関係省庁、日本山岳会をはじめとした各山岳団体、群馬、長野などの関係県、そして山岳出版社である。

各省庁の姿勢は消極的賛成。条例制定もやむを得ないという理解を示しつつ、スポーツである登山を条例で規制することへのためらいと、実際に条例を制定したときに徹底した施行ができるかの不安があったという。ここには警察が深く関連する。遭難事故には救助や事故検証などで警察は関わらざるを得ない立場だが、条例施行となれば入山者の取り締まりという一歩踏み込んだ対応が必要となる。無届けで入山した登山者をどうするか、そのような人が遭難した場合の対応をどうするのかなどの懸案があった。

一方の山岳団体は反対意見の勢力が強かった。条例の制定に理解を示す年長者もいたが、現役や若手の多くは反発。その理由は、条例で規制をしても遭難は減らないという考えや、条例によって県は遭難防止や救助の責任を逃れようとしているのではないかという不信感。また、一度条例が施行されると、それを足がかりとしてさらに規制が強化されるのではないかという心配。そして何より、登山する自由を奪われることへの不安が大きかっただろう。

結局、意見がまとまらないまま、その年の冬山シーズンが終わることになる。そこで登山者側が危険度の高い登山はできるだけ自粛すること、遭難防止対策を研究することを条件に、富山県は条例の施行を見送ることで妥結した。

しかし、1965年5月に劔岳の小窓で社会人山岳会4人パーティが荒天により死亡、1966年1月に社会人山岳会6人が雪崩により死亡するなど、その後も事故は絶えず、反対の立場を主張していた山岳団体も一歩引かざるを得なくなった。そして66年3月に条例の制定・施行となったのだ。条例の徹底した施行を目標として、富山県はその年の12月、馬場島に富山県入山指導員の詰め所を設置し、指導員を配備。雪山登山者への指導と監視、勧告を行なう体制を整えた。

施行当時、この条例の趣旨が広く浸透していたとは言いがたく、依然、反発する登山者もいた。1965年末に関東のある山岳会パーティ6人が条例を無視する形で、池ノ谷から剱岳への登攀を開始。翌1月7日にそのパーティのアタック隊3人が悪天により死亡、早月尾根にいたサポート隊3人が警備隊などに救助される事態となった。この一件で、登山者のモラルが問われることとなり、条例をめぐる反発は沈静化していった。

なお現在、年末年始に限らず、条例で定められた期間に剱岳および早月尾根を中心とした区域に登山者が入る場合は、馬場島警備派出所に警備隊が常駐する。それは、登山届の提出を求める以上は、警備や救助の態勢を整えて登山者を迎え入れるという、富山県と警察の姿勢である。

警備隊を思う人たち

2022年も残りわずかとなった29日、冬の剱岳登山の起点となる馬場島へ向かった。登山者たちは馬場島から約8㎞手前、除雪終点である伊折《いおり》集落から徒歩となる。夏は車道だが、雪が積もると緩い登りが意外にキツい。馬場島までは3時間ほど、なかなか長い道のりだ。

馬場島派出所は、年末年始にも営業する馬場島荘と横並びに立つ。富山県登山指導センターを兼

ね る地上3階建てで、隊員たちが長期警備もできるよう、簡素ながら寝室や台所、風呂などの設備もある。そして、建物前にはオレンジ色の雪上車が停まっている。警備隊が救助やパトロールなどで使っているものだ。

派出所では湯浅、小藥《こずい》、牧野、石黒、早坂の5人が勤務に当たっていた。それに登山指導員の佐伯栄祥《えいしょう》さん、佐々木泉さん（阿曽原温泉小屋）、朝日小屋の管理人で、朝日岳方面遭難対策協議会の救助隊員である清水ゆかりさんもいる。3人は詰め所で警備隊の活動をサポートをしつつ、まかない作りを買って出る。

栄祥さんは発足当時の警備隊の指導をした佐伯栄治氏の子息で、元山岳警備隊の職員隊員。1984年から91年まで常駐隊員として活躍し、以後は室堂の立山センターや周辺の施設を管理する仕事に従事している。口数が少なく穏やかだったという栄治氏ゆずりか、栄祥さんも物静かで温厚な人柄だ。

栄祥さんが、大きなブリをまな板に載せ、慣れた手つきでさばく。このブリは、警備隊の協力医である田邊医師からの差し入れ。以前は毎年、田邊医師もブリを手に馬場島に来て、傷病者が出たときにはボランティアで診療に当たっていた。近年は馬場島に入ることはなくなったが、それでも変わらずにブリが届く。

栄祥さんは「魚のさばきは見よう見まねで……」と言うが、包丁の入れ方に迷いがなく、手際がみごとだ。それを傍らで見るゆかりさんが「きれいにさばくよね。頭のあたりは骨が硬くて恐いじゃない？　私はどうしても頭に包丁を入れるのが苦手」と言う。

ゆかりさんは後立山連峰、朝日岳山頂の西側直下にある朝日小屋を経営している。山小屋の女将として登山者を支えつつ、朝日岳方面山岳遭難対策協議会のメンバーとして登山者に直接アドバイスをするなど遭難防止に努めている。年に数回、警備隊と合同の救助訓練を行ない、夏山シーズン中は朝日小屋に隊員を迎えるなど、警備隊とのつながりは深い。

「警備隊には日頃から本当に感謝しとるっちゃ。小屋に警備隊がいてくれれば、それ以上に心強いことはないからね。もちろんケガした人、体調のわるい人が出たときには、山小屋からも救助に行くよ。それは、山小屋という仕事をさせてもらっている私たちの気概というか、当然の役割だと思っている。だけど、最近は山小屋も人手不足ということもあいまって、山小屋の仕事を回すのに手いっぱいになることが多くなってしまった。警備隊がいてくれるから、山の安全は彼らに任せて、私たちは山小屋の仕事に専念できるのよ」と言う。

「それに警備隊はこうやって、年末年始も登山者を守ってくれているでしょう。ちょっとでもおいしいものを食べてもらいたいじゃない。だからいろいろ差し入れを持ってきたり、応援に来たりするんだけど。そういえば馬場島に来るのは久しぶりかもしれん」と言う。

泉さんは玄関のストーブに載せた大鍋の煮物のアク抜きをしながら話す。「俺らがいなかったら、食事は若手隊員が作るんだろうけど、彼らはいつも忙しいし、どうせたいしたものできないだろうからさ」。鍋で煮込まれているのは、あめ色になった豚の角煮。「あとでこれにゆで卵を入れるのよ。夕飯のころには肉もちょうどいいやわらかさになっているだろう」と言うと、待ちきれない様子で石黒、早坂が鍋を覗きに来る。

剱岳に祈る

そんななか湯浅が、この日、馬場島を訪れた萩中正剛・山岳安全課長に周辺を案内するというので同行させてもらった。湯浅は長靴を履き、長柄のスノーブラシを手に持って外へ出た。

機動隊出身の萩中課長はこれまで警察各所で管理職を務め、今年度、山岳安全課長に就任した。冬の馬場島に来るのは初めてだそうだ。間近に迫る白い山の斜面を見上げ、「すごいところだ」と言葉をもらす。雪雲に覆われていて周囲が見えないことが、よけいに山深さを感じさせ、剱岳が簡単には人を寄せ付けない山であることを感じさせる。

馬場島周辺の積雪は約1m、気温はマイナス6℃、小雪がちらつく。夏は頭上に見上げる標識が、今は目線ほどの高さにある。トレース（踏み跡）を少しでも外すと、太腿のあたりまでズボリと雪に埋まる。私たちが雪を踏みしめる以外には何の音もしないなか、一本のトレースをたどり、登山者の間で有名な石碑「試練と憧れ」のある場所に来た。湯浅がそこでトレースを外れて足を向けたのが、道の向かいにあるもう一つの石碑。それは雪帽子をかぶっていた。

湯浅は何も言わず、持ってきたブラシで雪を払い、グローブをした手で石碑の表面を拭いた。すると赤褐色の石面に「剱岳《やま》に祈る」と刻まれた文字が出てきた。湯浅は石碑の裏に回り、背面も撫でる。雪が窪みに入って、文字が白く浮き上がる。

そこに書かれていたのは「郷康彦警部補　鍛治啓一郎警部　丸山政寿警部　ここに眠る」。殉職した警備隊3人の慰霊碑だ。「気づくたびに雪を払うんですけど、すぐ積もっちゃうんですよね」と湯浅。萩中課長が石碑の前に足を揃えて立ち、敬礼をする。二人はもう一度石碑を見つめたあと、その奥にある早月尾根の登山口へ足を向けた。

早月尾根は登り口から急斜面である。湯浅が萩中課長に「登山者たちの多くはここから剱岳に向かいます。今日みたいな雪でトレースがないときは、このすぐ先で胸ぐらいのラッセル（雪をかき分けながら進むこと）になって、登るのがけっこうたいへんなんですよ」と説明する。萩中課長は「最初からこんなところを登るの？」と目を丸くする。そこは、下に登山道があるとはとても思えない、深雪に覆われた壁のようだ。

「近くで柳本と中才《なかさい》が、積雪の断面観察をしているので見てやってください」と湯浅が雪をかき分けながら進む。その先では、二人が雪に埋まりながらも、スコップで慎重に雪面を削っている。

勤務日で仕事として馬場島に来ているのだと思ったが、柳本も中才も今日は休日とのこと。「休みなのに訓練?」と私が聞くと、中才が「訓練というか、復習です。断面観察の仕方がイマイチ理解できていないので、柳本さんに教えてもらっているんです」と言う。二人は休日、雪の中わざわざ8kmもの道のりを歩いて馬場島に来ているのだ。「僕、山スキーが苦手なんで、まあ、その練習もかねて遊びに来ました」と柳本が笑う。

二人は「新雪、こしまり、こしまり。ここはちょっと硬いから氷板かな」と、雪の断面にグローブをした指先を当てて雪質を見ては、手元のメモに書き込んでいた。

柳本や中才は何時間か復習を続け、夕方、山スキーで馬場島を去っていった。

念願の剱岳へ

この年末年始、馬場島からの入山予定者は11パーティ、41人。ほかに黒部横断、北方稜線からの縦走に挑むパーティがそれぞれ1つずつある。昭和の時代に比べれば少ないが、それでも冬の剱岳に挑む人はそれなりにいる。近年はガイド同伴で登る人も増えて、以前に比べると事故は減っている。

馬場島を通過する登山者は派出所に立ち寄り、入山報告をして情報を得る。また、下山時にも報告をするのが慣習だ。この日はガイド登山を含む3パーティが入山予定。午後から登頂を断念して下山してきた登山者、これから入山する登山者が派出所を訪ねる。

柳本たちが帰ってしばらくすると、馬場島派出所に3人パーティの登山者が顔を出した。彼らが「××山岳会です」と名乗ると、小藥が「ああ、どうも。おつかれさまです」と言って3人に椅子に座るよう勧め、早坂が温かいコーヒーとお茶菓子を手渡す。3人はここを訪れるのは初めてではないらしく、少し勝手を知っているようだ。小藥も「みなさんはご存じでしょうが」と前置きをしつつ、最近の天候の様子や、雪の状態、現在どこに他パーティがいるかなど、参考情報を提供する。

なかでも、3人は他パーティの動きを気にしているようだった。登山はもちろん自力で行なうものではあるが、冬の剱岳は時に他パーティとの協力が大きな力になることもある。トレースの有無は進むスピードに大きく影響する。また、同時期に登る登山者は同志のような存在で、情報を交換したり、深雪のときは交代でラッセルをしたりなど、互いに力を合わせて行動することもある。

小藥は時間をかけて対応し、最後に「お守り代わりにお伝えしておきます。何かちょっとでも困ったことがあったら、ここに連絡をしてください。相談でも何でもいいですから」と警備隊直通の電話番号を教える。

警備隊の登山指導が落ち着いたところで3人に少し話を聞いてみることにした。彼らは関西の山岳会の仲間で、普段は近くの岩場でクライミングを楽しみ、年に何度か、北アルプスなど大きな山での登攀を楽しんでいるという。冬の剱岳への挑戦は、計画が具体化してから、すでに5年目だそうだ。

5年前、50代になるリーダーが年々、自分の体力が衰えていることを実感。そこで、登れるうちに自分の登山の集大成として、冬の剱岳に登ることを決めた。リーダーからの誘いを受ける形で参加したのが増田秀明さん（仮名・40代）だ。

増田さんの登山との出会いは大学山岳部時代で、登山歴は25年に及ぶ。山岳部では冬の剱岳に登ることを目標として活動していたが、さまざまな事情で実現はできなかった。社会人になってからはほとんど週末しか山に行けず、冬山へ行く機会も減ったため、厳冬期の剱岳への挑戦は頭から消えていた。しかし、リーダーに声をかけられて気持ちが高まったという。

初年、増田さんは不参加。2年目は気象条件に恵まれなかったこともあり、そもそも計画を立てられなかった。増田さんが実際に冬の剱岳に挑戦したのは3年目となる一昨年からである。そのときは入山日前後に天候が荒れて、入山前に中止を決定した。4年目である昨年は悪天候を押して入山したものの、吹雪に阻まれて松尾平までしか行けなかった。そして今年、1人の女性メンバーを加えての挑戦である。

冬の剱岳は天候が安定したわずかな日にしか登れない。だから彼らのように計画してから何年もチャンスをうかがうこともめずらしくないのだ。でも増田さんは言う。「僕、いつも山でツイていないので、今回もみんなを巻き込むのではないかと心配なんですけど」。同行者が「うん、それは否定しない。自他ともに認める雨男やしな」と笑う。でも、3人はこれから挑むいろいろな場面を想像しては口にする様子が楽しそうだ。気の置けない仲間との念願の登山。大きな目標を前に高ぶる3人の表情を眩しく感じながら、今回こそは成功することを祈り、テントに戻る彼らを見送った。

丸のブーツ

登山者たちがいなくなり、静かになった派出所。その玄関をあらためて見回してみると、スキーブーツ、雪山用の登山靴、長靴、サンダルと隊員たちのさまざまな履き物が置かれている。上がりかまちにも数足が並んでいるのだが、そのなかにちょっと引っかかるものがあった。

それは「丸山」と書かれたスノーブーツ。しっかりした作りだが、ずいぶん使い込まれていてボアの一部がはがれている。でも、今、派出所にいるメンバーに丸山さんはいない。気にしていると、泉さんがそのブーツを自分のもののように使っているのを見た。聞くと「ああこれ、いいやろ。丸《まる》からもらったの。丸って知っとる？　丸山政寿。あそこで笑っとる人よ」と、派出所の棚に置かれている写真に目を向ける。

そのブーツは泉さんが丸山さんの形見として譲り受け、大切に使っているもの。「毎年、丸を山に連れてこなきゃと思って、履いてきているわけ。今年も連れてこられてよかった。これもだいぶ古くなったからな……」と愛おしそうに話した。

この日の夕食、警備隊の食卓は一足早いおせち料理のように華やかだ。栄祥さんがさばいたブリの刺身は分厚く、角が立って新鮮そのもの。それにゆかりさんが、干し柿とチーズのカナッペや、富山の名物であるブリのかぶら寿司、巻きかまぼこが盛られたお皿を並べる。そして、ラーメンどんぶりいっぱいによそわれた豚の角煮。

ごちそうを前に一同が揃うと「今年もおつかれさん」との泉さんの言葉に、ゆかりさんが「警備隊の仕事は終わってないけどね」とツッコミを入れ、みんなが笑いながら箸をつける。「さあさあ、若い人たち、いっぱい食べてよ」とゆかりさんが料理を勧める。まるで本当のお正月に親戚が集まったような和やかさだ。

食事中の話題は、もっぱら隊員たちのこと。警備隊は今、ベビーラッシュで、今年は何人生まれたとか、誰がどこでプロポーズをして成功したとか。警備隊の若手は、仕事だけでなくプライベートも充実期のようだ。一段と話が盛り上がったのは隊員の人事について。「課長、ミスター警備隊の金山さんは戻ってくるんでしょうか。警備隊に戻るのを山のみんなが待ち望んでいるんですが」とゆかりさんが詰め寄ると、萩中課長はたじたじして「ええ!?　それを聞くんですか。私の口からはとても言えません」と答え、みながどっと笑う。

金山康成さん(59)は1983年に入隊し、約40年のキャリアをもつ最ベテランだ。3年前、立山町にある国立登山研修所に出向し、現在は登山リーダーの育成や安全登山に関する調査・研究をする仕事に携わっている。物静かだが実力者で言動には筋が通り、内外から人望が厚い。

警察官である彼らは数年ごとに異動があるが、それは警備隊を取り巻く人たちにとっての大きな関心事だ。ゆかりさんが「春が近くなると、山の関係者の間で○○が××に異動になるらしいとか、噂が出るの。へえ、と思って聞いているんだけど、そんな噂、ちっとも当たらないのよ」と笑う。それに対して「それだけ山のみなさんが警備隊に心を寄せてくださっているということですよね。ありがたいです」と萩中課長が頭を下げる。

深い雪に閉ざされる年末の馬場島と警備隊の雪上車

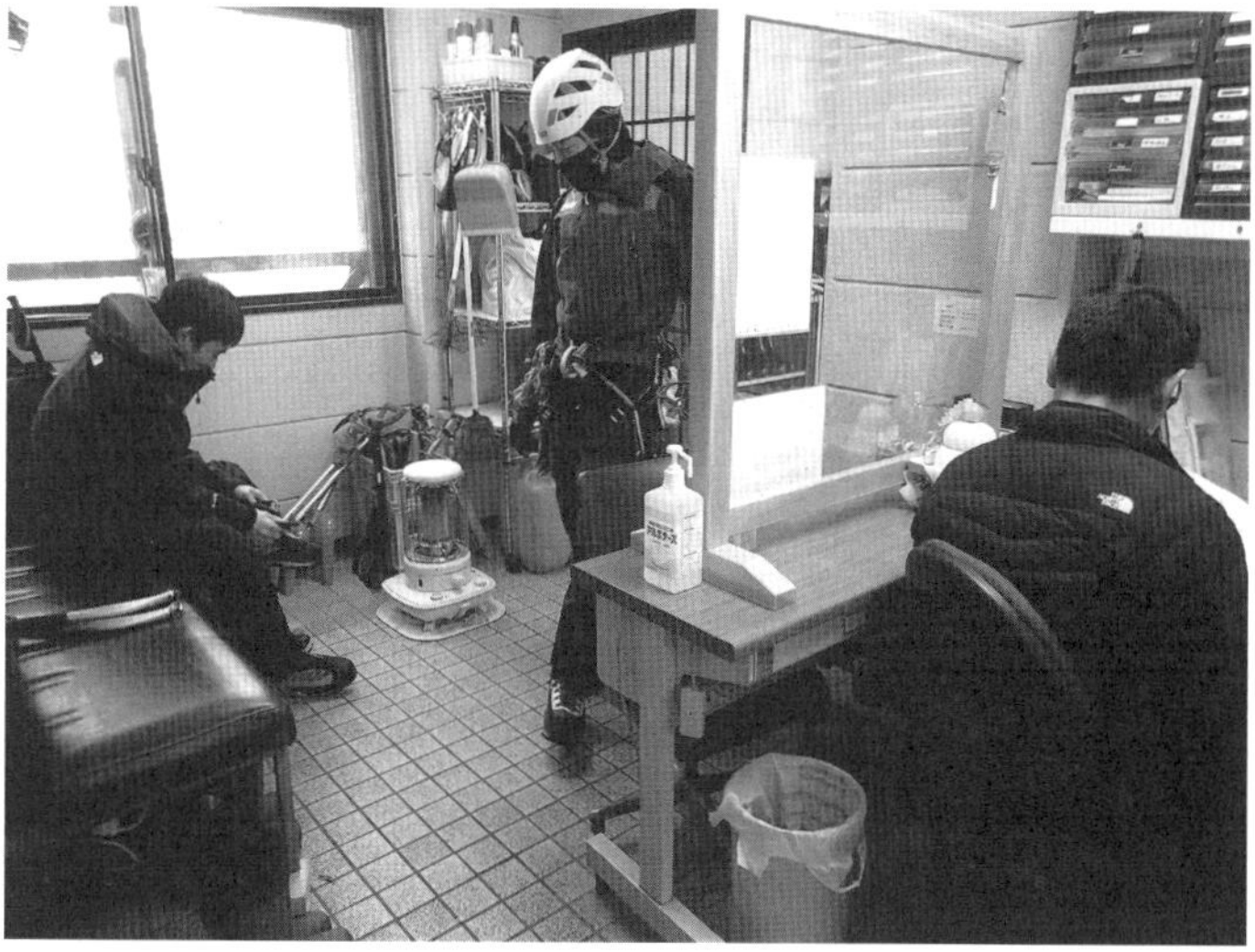

馬場島派出所内でパトロールに出る準備をする隊員

警備隊と剱岳

池ノ谷ガリーでの出来事

その日、夜も更けたころ「言霊《ことだま》ってあると思う」という誰かのふとした話題から、泉さんが訥々と話しだした。「さっき、ブーツの話をしたけどよ、丸のこと。オレは丸に助けられたと思っとるが。あの日、オレたちはネパールへ出発する予定でさあ……。なあ」とゆかりさんに話題を振る。「そう。朝日小屋と阿曽原温泉小屋で働いてくれた人が、前年にダウラギリ遠征中に雪崩で行方不明になって。その人の弔いにネパールへ行こうと泉さんたちと計画していて、富山を出る前日だったの。午前中に旅に出るための買い出しをして、家に帰ろうとしていたときよ。知り合いから電話がかかってきて、警備隊が事故かもしれないって言うから、もう驚いて驚いて。すぐ泉さんに電話をしてさ」

あの日というのは、2011年2月28日。警備隊は25日から3月3日まで7日間の予定で積雪期山岳遭難救助訓練に臨んでいた。隊員たちは赤谷尾根を登る班、小窓尾根を登る班、早月尾根でルート工作（難しい箇所を安全に通過するためにフィックスロープなどを張ること）をする班に分かれて山に入った。冬山経験が豊富で小窓尾根に詳しい丸山氏は、精鋭を育てるため、小窓班の一員として26日朝、当時小隊長だった飛弾を含む計6人で馬場島を出発。27日にニードル、ドームと小窓尾根の核心部を越えた。そして28日はマッチ箱ピークから三ノ窓、そして剱岳本峰への稜線を登攀予定だった。

その日の朝、風が強かったので少し出発を遅らせ、8時ごろにマッチ箱ピーク付近の幕営地を出た。この日の雪の状態を飛弾は「アイゼンがきき、雪崩れるような不安を感じることはなかった」とする。昼ごろ三ノ窓直下に到着。隊員たちの体調や天候に異常はなく、予定どおり池ノ谷ガリーを越えて池ノ谷乗越へ進むことになった。

池ノ谷ガリーは岩交じりの雪壁。13時ごろ、ルート工作をしつつ、先頭を交代しながら6人は進んでいった。丸山氏ともう一人の隊員が先に登り、その後ろにやや離れて飛弾が続いて池ノ谷ガリーの中ほどにさしかかった。そのとき、突然、上部で雪崩が発生。「ズン!」という音に飛弾が顔を上げると丸山氏ともう一人が雪崩とともに落ちてくるのが目に入り、その瞬間、飛弾自身の足元の雪が崩れて、3人は谷に滑落した。

飛弾は体に雪の圧力を感じ、揉まれたり叩き付けられたりしながら斜面を転がり落ちた。揉みくちゃにされて死を覚悟し、家族や隊員たちの顔が脳裏に浮かんだ。1分近くも流されたように感じたという。このとき、約900mも流されていたことがのちにわかった。

飛弾はそんな状態でも意識を失わず、動きが止まるやいなや、必死にもがいて雪面に出た。状況を確認しようと雪煙とガスで周囲が霞むなか、目をこらすと、飛弾は谷いっぱいを埋め尽くす巨大デブリ（雪崩跡の雪の堆積）の中にいた。そして10mほど下に、丸山氏といっしょに登っていた隊員のザックが見えた。無我夢中で駆け寄り、隊員の顔を雪の中から掘り起こす。

しかし、呼びかけたり叩いたりしても反応はない。自分で所持していたスコップを急いで取りに戻り、それで隊員の体を掘り起こすと心肺蘇生をした。激しく動揺し「息をしてくれ、俺を一人にしないでくれ」と祈ったという。飛弾の処置は功を奏し、間もなくその隊員は、弱々しいものの息を吹き返した。

飛弾は続けて丸山氏の捜索をする。周囲を観察すると、50mほど離れた場所に何かが見える。近づこうとしたそのとき、飛弾は自身も両足を負傷していることに初めて気づいた。走ろうとしても足に力が入らないことにいらだたしさを感じながら、雪面を這うようにして懸命に近づく。それは丸山氏の体の一部だった。埋没した丸山氏を掘り起こし、心肺蘇生を試みるが、反応がまったくない。焦りを感じるなか、一度息を吹き返した隊員がいびきのような呼吸をしているのが耳に入った。容態が悪化して、危篤状態である。

飛弾はその隊員の元に戻ると、再び蘇生措置を講じる。そして再び呼吸が安定すると、また丸山氏のところへ行って思いつく限りのことをする。そうやって飛弾は一人で二人の間を必死に行き来しながら、懸命に蘇生措置を施した。

丸山氏は蘇生措置を繰り返しても心肺停止状態から回復せず、もう一人の隊員も一進一退の厳しい状態。凍て付く魔の谷・池ノ谷での孤独すぎる格闘。絶望感に気が狂いそうになったとき、池ノ谷ガリーにいて雪崩を免れた3人の隊員たちが、再発する雪崩の危険も顧みずに、飛弾の元へ駆け降りてきた。

事故発生直後、無線連絡を受けた警察本部でも対応がとられ、ヘリによる搬送準備が進む。池ノ谷にいる飛弾たちに、負傷した隊員をヘリがピックアップできる場所まで搬送せよという、訓練隊長からの指示が入った。しかし、その搬送中にも雪崩が起きないとは限らず、大きな危険が伴う。飛弾は厳しい決心を迫られた。このときのことを飛弾は報告文で次のように書いている。

「私は、訓練隊長からの指示を受け、搬送準備に取り掛かった。しかし現時点での各隊員の士気と私自身の負傷状態、池ノ谷左俣上部からの新たな雪崩発生の危険性、三ノ窓又は池ノ谷二俣への二名同時搬送の危険性と搬送の可否、今後の天候状態の予測などから、ヘリコプターのフライト時刻に合わせて早急に搬送を完了するためには、この場に丸山分隊長を残し、隊員一名を池ノ谷二俣に

搬送するしかないと決断した」（文章の一部を改変）

このとき飛弾は、目の前で仲間の一人は心配停止、一人は危篤状態になっているという当事者として極限の状況にありながら、一方で救助のプロとしてのトリアージをしたのである。隊員たちは丸山氏をツエルトでていねいに包み、さらなる雪崩で流されないようにロープでアンカーをとり、その場所に目印の旗竿を立てた。

飛弾は仲間とともにピックアップポイントの池ノ谷二俣へ隊員の搬送を開始したが、足をケガしている自分がいっしょに行動すると搬送が遅れる。それより自分一人で丸山氏の元へ戻り、丸山氏を少しでも搬送するべきではないかと何度も迷った。しかし、それはどう考えても危険すぎた。「丸さん、ごめん。必ず迎えに来ます」。飛弾は涙があふれる目を見開いて、前に進むしかなかった。

16時すぎ、消防防災ヘリ「とやま」が池ノ谷へ向かって飛び立つ。折しも県警ヘリ「つるぎ」は愛知県で点検中だったのだ。「とやま」は再三の進入を試みたものの、ガスに阻まれて近づけない。17時すぎには長野県警ヘリ「しんしゅう」が救助応援のために離陸するが、やはり悪天候で引き返しを余儀なくされた。自衛隊小松救難隊のヘリも出動の機会をうかがっていたものの、日没までに天候が回復せず、この日はフライト不能となった。

飛弾と、雪崩で負傷した隊員、そして救助に駆けつけた3人は、池ノ谷二俣付近の雪崩のリスクが少ない岩棚でビバークすることとなった。

難しい救助活動

事故の一報を受けた泉さん、ゆかりさんたちはネパールへの全旅程をキャンセルした。ゆかりさんは「丸ちゃんは入善署勤務も5年目で長い付き合い。夏山警備をはじめ朝日小屋によく来てくれたし、遭対協で何度も合同訓練をした。会合でしょっちゅう顔を合わせ、飲み会でもいっしょだった。飛弾さんは同じ朝日町出身だし、ほかの隊員たちもそれぞれつながりが深くて。警備隊がたいへんなときに、とてもじゃないけれど私たちがネパールへ行ってなんかいられないと、すぐに取りやめたの」と言う。

泉さんは当時体調が悪かったのに軽く考えていて、事故の後に検診を受けたところ、あのままネパールへ行っていたら、現地で倒れていただろうと医師に言われた。「あのとき、丸が止めてくれたから、俺は今でも元気でいられるのよ。だからオレは丸に助けられたと思っている」と泉さんは話す。

ゆかりさんと泉さんたちはキャンセルの手続きを済ませると、警備隊のためにスーパーでパンや惣菜などを買い集め、すぐに車で伊折へ向かった。そして伊折で車を降りると、泉さんは栄祥さんと二人で夜の雪道を馬場島へ急いだ。

「あのときは、えらく遠く感じたな」と泉さんが栄祥さんを見る。栄祥さんは「馬場島に着いたのは11時をすぎていましたかね。派出所には湯浅がいたよね」と言うと、湯浅は「そうでしたね。私は赤谷尾根で、その年に入った牧野ら新人と訓練をしていて。事故を無線で聞き、すぐに大江さん（大江敏昭、56・27年目）と馬場島へ戻ったんです」と言う。大江、湯浅らは、3日かけて登った尾根を3時間足らずで駆け降りた。「でも、私、そのときのことをあまり思い出せないんですよ」と言って、湯浅は口を閉じた。

事故の翌日、3月1日、ビバークを余儀なくされるという厳しい環境のなか、隊員たちの介抱により、意識を失っていた隊員は、自分で名前が言えるほどに回復していた。飛弾とケガをした隊員は6時43分に防災ヘリ「とやま」によってピックアップされ、病院へ搬送された。

「とやま」は病院から現場へ戻り、現場に残っていた3人の隊員をピックアップ。しかし、その直後に深い霧が周囲を覆い、ヘリでの丸山氏の救出は打ち切らざるを得なかった。

2日、整備を中断して急きょ富山に戻った「つるぎ」が捜索に加わり、「つるぎ」と「とやま」が入れ替わりで丸山氏の救出を試みる。飛弾が立てた旗竿を機上から確認するが、池ノ谷は風が強く、ヘリに乗った隊員を現場に降ろすことができない。その後も天候は回復せず、救出作業は見送りとなった。6日までチャンスを狙って何度も何度も救助が試みられたが、その間にも新雪が降り積もり、現場周辺の危険性が増して救出にはいたらない。

7日からは雪が降り続き、活動は中断を余儀なくされる。そして11日、東日本大震災が発生。「とやま」は支援要請を受けて被災地へ救助に向かった。

富山県の宝

警備隊は3月中旬以降も毎日のように現場の偵察を続け、池ノ谷の積雪状況を観察していた。そしてその間、雪崩の巣である現場付近でどのように安全を確保して救出を行なうか、綿密に計画が練られた。雪がしっかり締まってきた4月に入ると、池ノ谷下部での積雪状況調査、救出時のエスケープルートの偵察を行なうなど、徹底した雪崩対策がとられた。そして準備が整った6日、天候や積雪の状況から実行は翌7日と決まった。現場に向かう隊員には飛弾、山田、小藥、松井ら6人が選ばれた。

当日朝は高曇り。6時から「とやま」が馬場島にいる隊員たちを順次、池ノ谷二俣へ輸送。飛弾はその第一便に乗って二俣に降りた。すぐに積雪観察を行なう。表面が適度にクラストして安定し、弱層がないことが確認されると、6時25分、現場へ向けての登高を開始。

6時53分、飛弾と山田が現場に到着。現場周辺も締まり雪で安定していることを確認して、丸山氏の掘り起こしと、退避場所へのロープフィックスの作業が始まる。

7時2分、後続の隊員4人が現場到着。7時5分、フィックス工作が完了すると隊員の一人を雪崩監視員として、ほかのメンバーでスノーダンプ、スコップなどを使った掘り起こしを行なう。雪面の60㎝下に、丸山氏につながるロープを確認。プローブ（埋没者の位置を探索するための棒）で積雪内を探りながら作業が進められる。

8時45分、幅4～5m、奥行き約15m、深さ5～6mまで掘ったとき、救助された隊員が使っていたザックを発見。しかし依然、丸山氏には届かない。

この先の掘り出し作業にはチェーンソーも使われた。固く締まった雪に食い込むチェーンソー。馬場島に待機する髙瀬隊長から「チェーンソーの音で雪崩などの異変に気づかないことがないよう注意せよ」「チェーンソーの排気ガスによる中毒に注意せよ」と指示が入る。

10時35分、丸山氏を発見。丸山氏が埋まっていたのは雪面から5・5mの深さだった。

11時5分、丸山氏の掘り出しが完了、搬送準備開始。

11時34分、二俣に向けて搬送開始。

11時44分、二俣に到着。

12時23分、「とやま」が二俣に到着。以後、隊員を順次、馬場島へ輸送。

12時44分、最終便で丸山氏と飛弾をピックアップ。

13時10分、丸山氏が上市警察署に到着。

飛弾が「必ず迎えに来ます」と誓ってから39日、丸山氏は家族の元へ帰った。

ゆかりさんが「丸ちゃんが山から戻った4月7日は、丸ちゃんの下の子の小学校入学式でね。なんでこの日に、と言う人もいたけれど、丸ちゃんは子どもの晴れの日の姿を見たかったんだよね。私たちもみんな、上市署に迎えに行ってね」と話し、泉さんがうなずく。

4月22日、泉さん、ゆかりさんなどが実行委員となって「丸山政寿君を送る会」が執り行なわれた。「全国から800人以上も参列してくれて、りっぱな会になったよね。引き出物の一つに丸ちゃんが好きだったインスタント焼きそばを入れたのよ。お別れに来てくれたみなさんに焼きそばを渡すなんて、後にも先にも丸ちゃんぐらいやろ」。ゆかりさんはさみしげに微笑む。

秋中課長は「今の警備隊は、そのようなことも乗り越えて、強くなっているんですよね。私は、優れた技術をもつ彼らを富山県の宝だと思っているんです」と静かに口にする。そして、ゆかりさんは私を真っすぐに見て、「すごいがよ。山岳警備隊って。本当にそう思う」と言った。

泉さんはしばらく考えたあと、「だけどなあ……」と苦しい胸の内を言葉にした。「警備隊の事故が起こるたびに、どうしてそんな危険な場所へ行くのか、どうしてそんな危険な訓練をするのかと言う人が必ずいる。あまりに大きな犠牲が出ているわけだけれど、警備隊を責めるようなことを言うのは、ちょっと待ってよって思うんだ。遭難現場は危険な場所なんだから、警備隊がそれに対応できるように訓練をして力をつけなかったら、誰がどうやって遭難者を助ければいいの」。

そして、こう付け加えた。「山に登る人たちも忘れないでほしいな。全国から来る登山者を、地元の警察官が守っていて、安全、安心に登山ができるってことを」

泉さんの言葉が、私の心に深く刺さった。

剱岳に消えた知人

馬場島再探訪

30日朝、泉さんとゆかりさんが馬場島を後にすると、派出所は急に静かになった。外は高曇り。時々小雪がちらつく程度で穏やかだ。剱岳をめざしている登山者たちは、順調に登れているだろうか。

警備隊は、下山してくる登山者から情報を得たり、山中にいるパーティに直接連絡をとったりして、剱岳に挑む各パーティがどのあたりにいて、どんな動きをしているかを、おおよそ把握している。そして最新情報を本部などとも共有する。登山者に対してこれだけ手厚いサポートをしているとは、馬場島に来るまで知らなかった。

午前の事務的な作業が終わったところで、小藥が「小林さん、このようなものがあるんです。もし、興味があったら見てください」とプリントした資料を手渡してくれた。そこには「馬場島再探訪慰霊碑一覧」とタイトルがあり、馬場島周辺にある慰霊碑のリストと、その場所が示された略図がある。小藥が勤務の合間に調査してまとめたものだそうだ。

小藥が確認した馬場島周辺の慰霊碑は由来の詳細がわからないものも含めて20基。そのリスト内には、警備隊（岳翔会）の慰霊碑「剱岳に祈る」も記載されている。

一覧の文字を追う私の目が、ある社会人山岳会の欄で止まった。「××××会慰霊塔　平成24年12月30日〜小窓尾根　男性3名女性1名」。2012年の年末から翌年始にかけて小窓尾根から剱岳へ向かった4人パーティの慰霊碑だ。

私はそのなかの一人、Mさんと顔見知りだった。私が所属する山岳会と彼が所属する山岳会は交流が深く、集まりの場で何度か顔を合わせていたのだ。彼が所属する山岳会は先鋭的な登攀をする人たちの集まりとして知られていた。クライミングや雪山をかじる程度の私から見れば、彼は雲上の存在。でも、Mさんはとても人なつっこくて明るく、女性にはシャイながら、いっしょになると私にも話しかけてくれた。私は、何の垣根もなくこちらの心に飛び込んでくるような彼の純粋さに戸惑うこともあった。何より山への情熱が真っすぐで、話を聞けば引き込まれてしまう。Mさんは会うたびになんだか私を混乱させる存在だった。

2012年の年末、彼らが剱岳へ出かけるという直前、私の所属山岳会の忘年会があり、そこに彼も参加した。忘年会ではクライミングの練習をするのが恒例で、そのときは奥多摩の越沢《こいざわ》バットトレスで岩登りをした。私はアイゼン、グローブをつけ、通称「右の滑り台」といわれるルートを登っていた。この時期の越沢バットレスではアイゼンもグローブも必要ないが、それを装着するのは冬の登攀の練習である。

クライミングシューズと素手で登るのに比べると、かなり登りづらい。ルートは手がかりが少なくて名前のとおりに滑りやすく、私は核心部で行き詰まった。そこまでに何ピッチかロープを延ばしていて、下は目もくらむ高さ。右足のアイゼンの爪は岩の表面を引っかくだけで少しもかからず、グローブをした手では小さな岩の凹凸を捉えることもできない。踏ん張る左足は力の限界と恐怖でミシンを踏むように震え、冷や汗をかきながら落ちないように必死にこらえていた。そこに別ルートを登り終えたMさんが上部から懸垂下降してきて、「千穂ちゃん、リード？　やるねえ」と、のんきに声をかけてきた。「お願いだから、今は茶化さないで」と言いたいが、こちらはその余裕もない。するとMさんは「右足はもう少し右の窪み。そう、そこを押さえれば外れないから。あとは自分を信じて手を伸ばすんだ！」とアドバイスをくれた。

言われたとおりに動くと、不思議と難所を突破できて、すぐ上の支点に無事カラビナを掛けられた。ホッとして「ありがとう」と顔を向けると、Mさんはもう岩壁の下にいた。

夜、Mさんは山岳会の先輩たちと飲みながら剱岳の計画について話していた。私は小窓尾根と聞いてもそれがどんなところなのか想像すらできず、少し離れた場所で聞くとはなしに聞いていた。

ただ、そのなかでMさんが「ヤマタンを持たされるの、イヤなんだよね。縁起わるいじゃん。使われるときはもうダメってことだからさ」と言っていたのを強烈に覚えている。

ヤマタンというのは富山県が大学と共同開発した遭難者を捜すための装置で、当時、条例で定める危険地区に入る登山者に警備隊が無料で貸し出していたもの。５００円硬貨ほどの大きさで、弱い電波を発する。捜索の際にはヘリからその電波を探査し、遭難者のいる場所を特定するというものだ。

ヤマタンに願いを込める

それから元日を迎え、数日が過ぎた5日ごろだっただろうか。Mさんたちと思われるパーティの遭難を伝えるニュースをテレビで見て、私は凍り付いた。Mさんと親しい先輩に連絡すると、しかるべき人たちが動いているから見守ろう、とのことだった。

このとき、パーティの異変に最初に気づき、行動を始めていたのは警備隊だった。Mさんたちは12月30日の10時ごろに馬場島を出発。そのときも警備隊は各パーティの動向を気に掛けていた。

１月２日、Mさんパーティが入山する１日前に小窓尾根に向かっていた別パーティが天候のわるさに途中で撤退して、馬場島に戻ってきた。警備隊が彼らにMさんパーティのことを尋ねると、すれ違っていないと言う。Mさんパーティに何かあったのではないかと心配した警備隊は、3日、早月小屋に入っていた隊員が9時、12時、17時にMさんパーティに無線コールをする。しかし、連絡はとれなかった。

4日9時に再びコールするが、応答はない。10時、警備隊はパーティの緊急連絡先に4人と連絡がとれていないことを伝える。12時ごろ警備隊が白萩橋の手前まで雪上車で様子を見に行くと、Mさんパーティに先行していたもう一つのパーティが小窓尾根から下山してきた。彼らもMさんパーティには会っていないと話した。これを受けて警備隊は翌日にヘリを飛ばし、上空からMさんパーティの確認を行なうことを決定。それをリーダーの所属山岳会会長に伝えた。

5日10時から「つるぎ」による確認が開始される。1回目のフライトで馬場島から小窓尾根を捜索するが、4人の痕跡はまったく見られなかった。これにより遭難確実となり、山岳会会長から救助要請が出された。

この日は計4回フライトしたが発見できず、6日は天候がわるくヘリによる捜索はできなかった。7日は「つるぎ」「とやま」が計5回捜索。このとき、隊員はヘリからヤマタンの受信アンテナを持ってホイスト下降し、小窓尾根の取付部で反応を得るが、場所を特定することはできなかった。

私はニュースをこまめにチェックし、時々先輩からも情報を得た。ヤマタンで捜索が行なわれていることは報道もされていた。パーティの4人全員が一度に消息を絶っているので、居場所やアクシデントの原因がつかめず、当初の捜索はヤマタンだけが頼りだった。Mさんが「イヤだ」と言っていたヤマタン。それで4人が救われることを私はひたすら祈っていた。

しかし、厳しい状況が続く。8日は再び悪天候でヘリによる捜索は断念された。地上から警備隊が白萩川取水口までを捜索したが、手がかりは得られなかった。9日、10日は天候不良のためヘリからも地上からも捜索はできなかった。

10日、4人の生存が絶望的であることから、警察主導による一次捜索の終了が決定された。警察である警備隊や航空隊などの活動には税金が使われている。それに活動は隊員たちの負担も大きい。一つの事案に無期限で労力を注ぐことはできないのだ。その時々により明確な決まりはないが、ある程度のところで解決が見込まれない場合、公的機関の一次捜索は終了という線引きがなされる。このときも、以降はリーダー所属の山岳会メンバーを中心とした関係者による二次捜索隊が組織され、活動の主導はそちらに移った。しかし、その後も警備隊は白萩川周辺の見回りを続けたり、効果的と思われる捜索方法を提案するなど、二次捜索隊に協力している。

二次捜索隊は1月末から、雪解けとともに遺留品が流されないよう白萩川にネットを張り、降雪が落ち着く3月以降は毎週、ネットの巡回と偵察を行なった。そして雪が締まった4月から捜索を開始。6月中旬に捜索隊が池ノ谷下部で最初の一人の遺体を発見、警備隊が収容した。それから7月中旬にかけて4人、全員の遺体が発見された。Mさんは6月下旬、白萩川の取水堰堤近くなどで見つかったと聞いた。

この事故は、登山中にパーティ全員が亡くなっていて、ほかに目撃者もいないことから原因の特定はできていない。事故報告書の検証では「今回の事故の原因については、おそらくではあるが、小窓尾根下部の主稜線上、もしくは池ノ谷側斜面での雪崩であろうと推測されるのみであり、それ以上の詳細は不明である」としたうえで「小窓尾根自体は、それほど危険なルートではないと認識している。危険があったとしても、経験と知識と判断と、あとは日々のトレーニングに基づいた体力で、十分に回避できるはずである。現に、先行2パーティは、彼ら4人より標高の高いところまで進んでいたにもかかわらず、しっかりと戻ってきている。彼ら4人が、先行2パーティと比べて、経験と知識と体力については、それほど劣っていたとは思わない。もしも、違っていたものがあったとしたら、それは判断だったのかもしれない、と考えている」と結ぶ。

剱岳という山

このパーティの慰霊塔は周囲の環境に配慮し、小さなケルンが積まれているだけなので、関係者しかその場所を知らない。私はそのケルンを訪ねるつもりで、馬場島に来る前、おおよその場所を先輩に聞いてきた。小藥にそう話すと「きっと雪に埋もれているので、近くまでごいっしょします」と案内してくれることになった。

小藥は雪の車道をしばらく歩き、ここは○○大学、ここは△△山岳会、と慰霊碑の場所を教えてくれた。「昔はわりと自由に慰霊碑を建てられたようですが、今はもう新しくは建てられないことになっているんですよ」と話す。そして、深雪に覆われた河原のほうを向き「××××会の慰霊塔はここから河原に下ったところです」と教えてくれた。小藥の案内がなければまったく場所がわからなかっただろう。小藥は車道から外れて、その場所まで案内してくれようとしたが、河原はあまりに雪が深く、進めそうにない。私は「ここで充分です。ありがとうございます」と言った。

「あのとき、ヤマタンなどによる私たちの探索で結果を出せなかったのは残念でした」と小藥が振り返る。捜索時、深い剱岳の谷で、ヤマタンの電波が乱反射し、発信源を特定できなかったようだ。その後の検証によりヤマタンの効果が確証できなかったことや、民間会社が無線測位システムを開発したり、登山者も雪崩ビーコン（捜索用無線装置）を所持することが一般化したことから、ヤマタンの貸し出しは数年前に廃止されている。

小藥は一次捜索を終えたあと、捜索を引き継いだ二次捜索隊の活動を見守っていた。「活動に当たった方々の熱意がすばらしかったですね。組織がしっかりまとまっていたし、仲間を探し出すまで徹底した活動をしていました。知っていますか？ 彼らは池ノ谷から早月川を少しずつ下降していって、ここから30㎞ほど離れた富山湾の海岸まで捜索をしたんですよ。実際、夏に早月川の下流でお一人のご遺体の一部を発見しています」

事故報告書によると、二次捜索では遺留品流出防止ネットの設置、金属探知機、導水融雪ホース、捜索犬など捜索のためにさまざまな方法がとられた。しかし、最後には人の足による、気の遠くなるような地道な捜索が結果を出したとある。

私は慰霊塔がある場所の近くで、大きめの黒縁メガネをかけたMさんを胸に浮かべつつ、馬場島に来ていることを報告した。Mさんやその仲間たち、家族、捜索をした人たちの気持ちを想像し、そして岳人を惹きつけてきた剱岳の存在の大きさを感じた。

馬場島派出所に戻り、再び慰霊碑のリストに目を落とす私に小藥が言った。

「剱岳という厳しくも人を魅了する山があるからこそ、富山県警察山岳警備隊が存在しているのです。私たちはこの山に育てられ、今があります」

馬場島の年越し蕎麦

大晦日、派出所の隣にある馬場島荘には十数人の宿泊者がくつろいでいる。ガイド登山で劔岳に登る人も利用するが、管理人の池田則章さんを慕って、馬場島荘で年末年始を過ごすことを目的としている人もいる。

池田さんは時折、宿泊者たちと談笑しながら、蕎麦を打っていた。「今日は30人前ぐらいかな。あとで警備隊にも食べてもらおうと思って」。地元上市町の出身で、高校時代から山登りをしている池田さんは、立山ガイドとして劔岳などに長年、登山者を案内してきた。そして２０２１年、前任者から引き継ぐ形で管理人となった。趣味が高じたという蕎麦打ちは、お客さんの評判が高く、夏から秋のシーズンは、数量限定で提供しているものがすぐに売り切れるという。

昼前、馬場島荘では餅つきが始まった。そこに力を期待されて警備隊が呼ばれた。餅つきはあまり経験がないようで、「なかなか難しい」という牧野に、馬場島荘の常連客が「振り下ろすときは力を抜いたほうがいい」とアドバイス。それでも数十回つくと「腰が痛くてダメだ〜」と言って、すぐに早坂と交代。周囲の笑いを誘っていた。任務に集中し、無機質になりがちな警備隊の年の暮れ。周りの人たちが少しだけ華やかさを添える。

この日は隊員の入れ替わり。昼前に小高、柳本、浅川が馬場島に到着し、引き継ぎを済ませた午後、湯浅、牧野、石黒が下山していった。

派出所で一人、書類に目を通していた浅川にあいさつしようとすると、浅川がふと顔を上げて「室堂では協力していただき、ありがとうございました」と言った。室堂というのは11月の急病者の救助活動のときのことだが、私は何もできなかったことを恥ずかしく思っていたため、お礼を言われても穴に入りたい気分だった。苦し紛れに「頭が真っ白になってしまいました。自分がどうするべきなのかわからなくて、結局何もできませんでした」と伝えると「僕らの荷物を運んでくれたじゃないですか」と言ってくれた。その一言に私は救われた。あのとき以来、引きずっていた重い気持ちが少し和らいだ気がしたのだ。

室堂の一件をその後も振り返って自問自答してきたと私が口にすると「そうですね。自分もつらかったです。現場が、私たちの詰めていた室堂ターミナルのすぐ近くだったのに、それに僕が最初に現場に着いたのに、助けられなかったですから」と言う。そして続けた。「自分もどうすればよかったのかなと考えました。もっとほかに優先してやるべきことがあったのではないかとか、心肺蘇生をスキーヤーたちに任せて本当によかったのか、自分が率先してやるべきだったのではないかとか、いろいろ」

現場で「ヘリですか、ボートですか」と判断を迫るような気迫で動いていた浅川を見ていただけに、あの時、浅川にも迷いがあったとは思いがけない言葉だった。でもそれは「自分はいつも足りない」と口にした飛弾の言葉とも重なった。

仕事をしていれば誰でも、自分のいたらなさを思い知る場面はあるだろうが、それが人の命に関わる判断や行動で、責任もある立場となれば、より重い。救助をして感謝されることがある一方で、どんなに手を尽くしても救えない命もある。そのようなときにも事実を受け止めて、自分の中で消化していかなければならない。

浅川は「考え続けることは大事だけど、正解は出ないですからね。僕らはこれが仕事なのでどこかで気持ちを切り替えなければなりません。警備隊に限らず、警察官をやっていると慣れるものですよ」と言った。そして「でも、これ以上にやりがいのある仕事はないです」と話した。

夕方、隊員たちは馬場島荘の食堂に呼ばれ、年越し蕎麦が振る舞われる。池田さんは隊員たちが席に着くと「警備隊は少し大盛り」と大皿に盛った蕎麦を運ぶ。馬場島の水で締められた艶々の蕎麦。それを「香りがいい」「池田さんの蕎麦を食べると、ホッとする」と、無心にする隊員たち。その傍らにも常に無線機と呼び出し用の携帯電話が置かれていた。

年越し蕎麦を打つ馬場島荘管理人の池田則章さん

馬場島荘での餅つきで、わずかなお正月らしさを味わう

静かな年明け

馬場島派出所にも新たな年が来た。といっても、朝食でお雑煮を食べたぐらいで、ほかには何も特別なことはない。小高は「そういえば、今年は数の子を買い忘れたね」と苦笑いをするが、誰もそのようなことを気にしていないようだ。朝7時に朝食を済ませると、片付けと掃除。8時にはさっそく本部から登山者の動向を尋ねる電話があり、いつもと同じ警備隊の一日が始まる。

午前中、30日に出発し、31日に早月尾根から劔岳に登頂した3パーティのうち、2パーティが下山してきた。この数日、馬場島も小雪が降るぐらいで安定していたが、山の上も冬の劔岳にしては条件がよかったという。明日からは天気が崩れる予報なので、年末年始ではこのタイミングでしか登頂できなかっただろう。

残るもう1パーティは、出発前に話を聞いた増田秀明さんたち3人だが、彼らも昼前に下山し、派出所に顔を出した。「上部で多少苦労したけれど、先行パーティがいたおかげで登れた」と明るく話していた。彼らには柳本や浅川が対応して、早月尾根上部の状況を聞き取りしていた。

そんなやりとりのなかで仲間の一人がふと、増田さんが凍傷になったと口にした。警備隊の二人が驚いて増田さんの手を確認する。奥にいた小藥がそれに気づいて、派出所に顔を出す。そして小藥は増田さんの指の状態を確認すると、応急処置をするように二人に指示し、険しい顔をしてすぐに電話を取った。そして、近くの病院に次々と電話をかけはじめた。凍傷の治療が可能か確認しているようだ。

増田さんは右手が3本ほど、左手が2本ほど、第2関節から先が紫色に変色し、水疱ができている箇所もある。31日、剱岳山頂からの下山中に気づくと手が冷えていて、感覚がなくなっていたそうだ。「厚手のグローブも持っていたけれど、行動中はそこまで必要性を感じず、薄手のグローブをしていました。それがダメでした。完全に自分の不注意です」と言う。早月小屋近くのテントに戻ってから症状の深刻さに気づき、湯で温めるなどの処置をしたが、不安な気持ちを抱えて一夜を過ごしたという。

小藥はしばらく病院などに電話をしていたが、元日ということもあり凍傷を専門に診られる当直医はいなかったと増田さんに伝えた。そして「伊折まで雪上車でお送りします。すぐに乗り込んでください」と出発を促した。

凍傷の対応で何より大切なのは患部を温め、血流を保つこと。そしてなるべく早く医療機関を受診することである。馬場島からから伊折まで歩いて帰れば3時間ほどかかる。その間、再び患部を冷気にさらし、さらに重い荷物を背負って歩けば、指先への血流もわるくなる。伊折へ行く間に凍傷の症状が悪化することは目に見えている。

凍傷は、重症の場合は壊死した部分を切断しなければならないこともあり、その場合は日常生活に大きな支障が生じる。増田さんの言葉どおり「自分の不注意」と言えばそれまでだが、剱岳に登った代償として、これから一生その不便を背負うのは大きすぎるだろう。

自分の失敗を受け止め、応急処置を受けたら歩いて帰るつもりでいた増田さんは警備隊の対応に驚きの表情を見せた。「とにかく患部を冷やさないようにしてください。そして下山したらなるべく早く病院で診てもらってください」と小藥は伝えた。増田さんは何度も頭を下げて雪上車に乗り、帰宅の途についた。

後日、増田さんに連絡をすると、その後、治療を受けて指の先端部まで血流があることが確認できたという。時間はかかるものの、回復が見込めそうだと聞いて私はホッと胸をなで下ろした。

第8章

より安全な山のために

若い隊員たちの訓練

欠かせないのは山を知ること

警備隊は隊独自の訓練として、1月に冬山遭難救助ミニ訓練（5日間前後）、3月に積雪期山岳遭難救助訓練（10日間前後）、5月に春山遭難救助ミニ訓練（5日間前後）、7月に夏山遭難救助訓練（10日間前後）、9月に秋山遭難救助訓練（10日間前後）、12月に冬山遭難救助ミニ訓練（5日間前後）のほか、ヘリ訓練や日帰り訓練も含めて年間50日以上の訓練を行なっている。

警察の山岳救助組織は全国にあるが、これだけの訓練日数を確保できているところは少ないだろう。業務が多岐にわたり、それぞれの部署で人員が限られている県警察。そのなかで、警備隊が50日以上の訓練日を設けられているのは、長年にわたる救助実績があり、山岳救助の重要性を幹部たちが深く理解しているからだ。あるとき、布一幸雄・地域部長が「全国屈指の高い救助技術をもつ山岳警備隊は、長い歴史と伝統で培われたもの。これからも彼らが活動しやすいように、組織としても全面的にバックアップしていく」と話していた。

隊長の飛弾は「隊としての訓練日数の多さや、そこでの経験が隊員たちの絶対的な自信になっていることに間違いはないと思います」と訓練の重要性を語る。夏山訓練でも見たように（第1章参照）、警備隊の訓練では救助のためのシステム構築、応急処置、搬送などの直接的な救助技術の確認も行なうが、飛弾が特に重点を置いているのは、各隊員が山域を概念把握すること。

概念把握とは、隊員たちが自らの足で山を歩き、登山道やルートだけでなく、地形や植生、気象などの特徴を体感的に知ることである。そういえば、新人隊員たちは夏山訓練で北方稜線を歩いていたし、秋山訓練では剱沢から阿曽原温泉を往復していた。中堅・ベテラン隊員は長期日程で沢登りをしたり、ヤブ山に入ったりなど、それぞれのレベルに応じた山行経験を積んでいる。そのようなことができるのは、多くの訓練日数があればこそ。

飛弾は言う。「山は季節によってまったく様相が違います。訓練で実際の山歩きを実施しているのは、どの山のどこに、どんな危険が潜んでいるのか。予想される危険をどう回避して、どういうルート取りをするのか。隊員たちが直接体験して、肌で感じることが大切だと考えています」

例えば冬、富山の山は深い雪に覆われる。そこへ救助に行く場合、ただ雪の上を歩いていけばいいというものではない。踏み跡のない雪山で迷わずに目的地へ向かうためのルートファインディング能力、深雪をラッセルしながら登る技術、凍った岩場を歩く技術、雪崩や雪庇崩壊の危険を回避する知識や判断力、山中のビバークで夜を明かす技術や精神力、さまざまなことが必要となる。それらは、山で体験を積み重ねていかないと身につかない。

そして、隊としての山行や訓練を重要視する飛弾の狙いはもう一歩深い。「ベテランの隊員は、この場所なら60m以上のロープが必要なのか、50mロープで足りるのかが頭に入っています。また、この雪の下を掘れば太いハイマツが出てきて、それを強靭なアンカーとして利用できるといったようなことを知っています。そういう実践的な知識があるかないかは、救助活動の安全性やスピードに大きな差となって表われます。山の救助現場では、どれだけその場所のことを知っているかが非常に大切。最近はヘリでの救助が主流となり、何年かに一度しか使わない技術もあるのですが、警備隊はそのようなレアケースにも対応できなければなりません。隊として山に入ることは、ベテラン隊員のそういった知識を直接若い隊員に伝えていく場として欠かせないんです」

実は警備隊は、近年、ある悩みを抱えている。それは、中堅隊員の離脱。現場で最も力を発揮する隊員歴10年前後の世代が辞めていくことがあり、救助力の維持に苦心している。隊員が辞める理由はそれぞれだ。例えば、人生のステージで環境が変わり、家庭の事情で山での勤務が続けられなくなった人、組織としての活動に合わなかった人、ほかにやりたいことが見つかった人、限界を感じて自ら身を引く人。もちろん、組織の都合で異動を命じられることもある。

隊だけでなく警察官を辞めて、まったく違う仕事をしている人もいる。山岳ガイドとなったり、山に関わる民間企業に勤め、警備隊とはまったく別の立場で、この山域で活躍したりしている人もいる。

飛弾は「毎年、2人ぐらいずつ新人が入ってくれて、若手が増えるのはとてもいいことなのですが、一方で育てることが追いつかなくなるのでは、と危惧しています」と言う。新人として入隊してから、ひととおりの救助活動ができ、現場を仕切れるようになるまで4、5年かかる。それをより短期間で一人前の隊員にしていくことが必要になっている。

現場での判断力を培う

さて、話を訓練に戻そう。別山北壁の岩場で行なわれた秋山訓練で次のような場面を見た。救助訓練の想定は、岩交じりの急斜面から50mほど滑落した登山者がガレ場の途中で行動不能になり、救助を求めているというもの。隊員たちは急な岩ガレの斜面に倒れる遭難者に安全に近づき、安定した場所まで搬送することが求められる。この訓練は主に隊員歴3年未満の若い隊員たちを対象としたもので、リーダーを務めたのは隊員歴3年の坂本だった。

現場に到着した坂本は、要救助者がいる場所や、その周囲の状況を確認し、どのように要救助者に近づくか判断して、ほかの隊員に指示を出さなければならない。

今回の場合、要救助者の直上ラインには安定した岩棚があり、アンカーにできそうな大岩もある。坂本はそこからロープを使って懸垂下降をし、要救助者に近づく案を出した。しかし、ガーディアン（現場の安全管理）を務めていた先輩隊員からストップがかかる。直上ラインを隊員が懸垂下降している最中に、もし落石を誘発したら、隊員の落とした石が要救助者に直撃してしまう可能性を否定できない。より安全に近づく方法はないか、というのだ。ガーディアンとして、もっともな意見である。

指摘されて考える坂本に別の提案をしたのが隊員歴2年の吉田一樹（30）だった。吉田は少し離れた下部の登山道上から、斜面を１００ｍほどトラバース（横切る）して要救助者にアプローチしてはどうか、と言う。それならば、万一、作業中に石が落ちても要救助者に当たることはなく、より安全だ。しかし、問題がある。それは、急斜面をトラバースするときには滑落の危険性があるので、安全確保のためのロープ（命綱、フィックスロープ）を張る必要があり、そのための手間と時間がかかるのだ。

リーダーの坂本は、原などほかの隊員の意見も聞きつつ、しばらく考えて吉田の案を採用。途中にある岩などをアンカーとして利用しながらフィックスロープを徐々に延ばし、約1時間かけて要救助者に合流。その後、要救助者を交代で背負い、安全に救助できた。

要救助者役をしながら、その様子を監督していた小薬《こずい》がアドバイスをする。落石の危険があるとしてボツとなった、坂本案の垂直ラインからの救助方法を、安全に気をつけたうえで試してみようというのだ。救助はシンプルな方法で短時間に行なうのが基本で、実際には、落石の危険がある場所で、落石を起こさないように救助活動をしなければならないこともある。隊員たちはそのようなデリケートな現場でも落石を起こさないで移動するという繊細な動きが求められる。訓練でそれを試行しようというのだ。

坂本たちは岩棚にある大岩にアンカーを取って、そこから懸垂下降した。下降中に足などで石を落とさないことはもちろん、使っているロープが浮き石に触れないよう気を配るなど緊張を強いられたが、若手隊員たちはみごとに遂行した。そして、洗練された動作が伴っていれば、この方法でも救助ができることを学んだ。

この訓練では、落石のリスクはあるが短時間で救助できる垂直ラインと、リスクは少ないが時間がかかる水平ラインの2通りの方法を試し、比較することができた。これは、どちらが正解であるともいえず、同じような状況であったとしても、要救助者の容態などを確認しながら、現場ごとの判断が必要となる。やがて警備隊を率いていく若手たちは、救助方法だけでなく、複数ある選択肢のどれを選ぶか、また、隊員の間で考えが異なるとき、どうやって意見をすり合わせてチームワークを保つか。リーダーとしての判断力や素質も身につけていかなければならない。

最難で最大規模の訓練

さて、警備隊が行なう救助訓練のなかで、最も難度が高く、年度の総仕上げとしての意味ももつのが、3月に実施される積雪期訓練だ。年末年始を中心とした馬場島での冬山遭難防止活動が終わると、3月の訓練に向けた準備が本格的に始まる。つらい殉職事故の記憶と教訓を胸に、隊員たちは毎年、この訓練に特別な思いを抱いて臨んでいる。

今年3月1日から10日にかけて実施されたこの訓練では、若手隊員たちが主体となって、早月尾根から剱岳の登頂をめざした。訓練の目的は、まず飛弾の言葉どおり、若手隊員たちが冬の剱岳の概念把握をすることにある。早月尾根は積雪期の剱岳での救助活動時、生命線ともいえる重要ルートとなる。若手もそのルートを知っていなければならない。

隊員たちにとってこの訓練が困難なのは、極地法に近い方法で登頂することにある。極地法というのは、ベースキャンプを設置しながら、危険箇所にフィックスロープを張るなどのルート工作をしたうえで前進していく方法で、ヒマラヤの高峰に挑むような、気象に大きく左右され、難度の高い登山で多用されてきた。

極地法は、危険箇所の通過で安全性が高まる一方、大量のロープやスリング、カラビナなどの装備が必要で、ルート工作には非常に手間と時間がかかる。また、多くの人数や日程も必要となる。先鋭的な登山をする人たちの間では、数十年来、アルパインスタイルという、極地法とは対照的に少人数でチャンスを狙いスピーディに登るスタイルが主流となっている。もちろん、積雪期の剱岳もアルパインスタイルで登るのが一般的だ。

そんな登山の流れのなかで、警備隊の積雪期訓練は、早月尾根の上部にフィックスロープを張ってルートづくりをするという、途方もなく手間のかかる作業をしながら登頂をめざす。どうしてかといえば、訓練の目的が必ずしも隊員の登頂ではなく、あくまで遭難者の救出だからだ。

訓練アタック班の班長を務めた小髙は「今回は悪天などのアクシデントで頂上に取り残された登山者を救助してくるという想定で訓練を行ないました。若手隊員たちがそのような救助活動に加われるようにするのが目的です」と言う。

冬の早月尾根で多いのはルートを外れて雪庇を踏み抜き、滑落する事故。わずか数十センチのルートミスが致命的になるのだ。そこで、フィックスロープを確実に張ってルートづくりをすれば、危険度が下がる。

また、このフィックスロープには、隊員たち自身の安全確保という、もう一つの意味もある。第4章、第7章で触れたように、積雪期訓練では、過去に2回の殉職事故が起きている。警備隊は訓練中の事故を二度と起こさないという強い決意の下で徹底した安全管理を模索し、そして編み出された方法の一つが、フィックスロープを張って活動するという手段なのだ。

今回の訓練では、結果、2600mのベースキャンプから若手のアタック隊員たちが山頂を2往復し、のべ14人が登頂するという経験を積むことができた。登頂メンバーのうち、早坂、藤本、坂本、原の4人はこの時期の剱岳に初めて立った。その経験は大きい。12年前の殉職事故以降の訓練では、登頂に成功したのは今回を含めて4回のみ。そんな難度の高い今回の訓練で若手隊員たちのリーダーとなったのが、夏山訓練でも活躍した柳本（隊員歴7年）だ。

訓練で、隊員たちは早月尾根の標高2600mあたりから山頂まで、計約600mのロープを張る作業をしている。アルパインスタイルで登頂するのに比べると、天気などの条件にもよるが数倍の時間が必要だ。それを登攀開始から2、3日の限られた時間内に終わらせるには、それぞれが決められた役割を手際よくこなし、よどみなく進まなければならない。今回の訓練ではそれが実行できた。

それだけでも成果として大きいが、柳本はさらに新しいことにも挑戦した。先輩隊員たちが築いてきた警備隊伝統のルートとは違うルートで登ったのである。警備隊には過去の救助や訓練による記録が残されている。ルートを区分けして、各区間に何個の支点が取れて、何メートルのロープが必要かということまで細かく書かれたものが引き継がれてきている。若手隊員たちはそれをすべて暗記したうえで訓練に臨んでいる。

柳本は言う。「先輩たちが作ったルートをたどれば登れることはわかっていますが、そのお手本をなぞるだけでは不十分だと思うんです。剱岳は本来、雪の付き方など状況に応じていちばん安全なところを見極めて登らないとなりません。でも、若い隊員たちはそこまでの余裕はないと思う。だから、今回の訓練ではわざと、僕がこれまでのルートとは違うラインで登ることで、若手の選択肢を増やす試みをしました」

年末年始に馬場島へ行ったとき、柳本は剱岳から下山してきた登山者に声をかけては、あそこはどこを登ったか、ここはどうだったかと細かくルートを聞いていた。それは、3月の訓練のためであり、また、実際の救助に活かすためのリサーチだったのだ。

次世代の若きリーダー

そんな柳本は愛知県出身。「かっこいいなと思って警察官になった」という。富山県警に入ってから警備隊の存在を知り、体を張った仕事に憧れて入隊。それまではまったく山に登ったことはなかった。それが、今では隊員の中で最も回数多くプライベート山行をするほどの山好きになった。

「隊員として山へ行くうちに、いつの間にか大好きになっていました」

作秋には野中と山梨県・甲斐駒ヶ岳の赤石沢Aフランケ・赤蜘蛛ルートを登り、岐阜県の錫杖《しゃくじょう》岳でもクライミングを楽しんだ。2月には長野県の戸隠連峰・西岳P1尾根を原とともに登攀。それらの経験が積雪期訓練でもルートの見極めなどに役立っている。

「僕は山が好きというのが土台にありますが、プライベートでも剱岳での救助につながるような山を選んで登っています」と話す。柳本がめざすのは警備隊員としての強さ。気分をリフレッシュしたいときには、アイスクライミングなど富山県での山の救助では使うことの少ないジャンルを楽しむこともあるが、より重点を置くのは山の総合力が試されるようなルートに数多く登ることだ。

ただ、警察官は休日が限られ、まとまった休みが取りづらい。また、休日でも県外へ行くには届け出が必要となるなど、必ずしもいつも自由に山へ行けるわけではない。そんなときに大学生や一般企業に勤める知人が山に行ったと耳にすると「嫉妬しちゃいますね」と笑う。

さて、警備隊は年間50日以上の訓練をしているが、隊員たちは、そのほかにも日常的に自主トレーニングをしている。ロープワークやシステム構築のおさらい、歩荷訓練やランニングなどの体力作り、クライミングなどでそれぞれのスキルを磨く。

柳本は隊員歴3年未満の若手といっしょに、よくトレーニングをしている。馬場島では中才《なかさい》と積雪断面観察をしていたし、室堂では原や橋場と背負い搬送の訓練をしているのを見た。

柳本の面倒見のよさは、もともとの世話好きな性格もあるが、後輩たちに教えることで、柳本自身のスキルアップにも役立っているという。「間違ったことを伝えられないので、実は教える前に僕も勉強したり、復習したりしていて、あやふやだったことを明確にしてます。それに、わかりやすく説明することによって、僕の身につくんです」。さらに、若手隊員たちに教えながら、いいコミュニケーションを図ることも心がけている。

「救助の場ではさまざまな判断をしなければなりませんが、例えば僕がリーダーとなったとき、ベストではない選択をしてしまうことだってあるかもしれない。そんなときに、後輩たちが僕に遠慮して自由に意見を言えないような雰囲気だったら、よくない方向に進んでしまう可能性があります。それって、救助の場ではとても危険ですよね。最終的に判断をするリーダーは必要だけれど、『和』も大事にしたいんです。こんなこと言うと、ゆとり世代だって言われちゃうんですけど」

若い隊員を率いるムードメーカー的な存在の柳本だが、警備隊として時に登山者に厳しい姿勢をとることもある。ある夏の晴れた日、登山者が剱沢派出所近くで柳本に「別山に行きたいんですけど、どうやって行けばいいですか？」と聞いた。登山道をていねいに教えるのかと思ったが、柳本は「地図で調べてみてください。それでもわからなかったらお聞きください」と微笑みながらもピシャリ。また、あるとき「携帯のバッテリーがないので、電話を貸してもらえませんか？」と来ると「派出所に公衆電話はないので、ご自分でなんとかしてください」と一言。

警備隊は「登山者の便利屋」ではないので、時に厳しい対応も必要ということかと思ったが、聞くと柳本の考えはちょっと違った。「誰でも小さな失敗をしたり、困ったことを乗り越えたりして学ぶじゃないですか。僕が簡単に手助けしてしまったら、それで事が済んでしまい、その登山者が成長する機会を奪うことになってしまう。将来、大きなトラブルに遭わないよう、小さな失敗から学んでもらいたいんです」。一見厳しく思える対応も、警備隊としての登山者への愛情なのだ。

警備隊の伝統を重んじながらも新しい思考を取り入れて、柔軟に選択肢を増やしていこうとしている柳本。若きリーダーの数年後がとても楽しみだ。

９月の秋山訓練。訓練では若手隊員の判断力やリーダー力が試される

天候に恵まれた３月の積雪期訓練。早月尾根上部で登攀ルートを確認する（警備隊提供）

登山のセーフティネット

遭難防止対策に励む県と警備隊

　ここであらためて富山県の山岳遭難救助組織について整理してみよう。第4章にも書いたように、山岳遭難の防止を目的とした富山県山岳遭難対策協議会が発足したのは1959年のこと。その協議会は防止対策部（県生活環境文化部自然保護課）、防止指導部（県教育委員会保健体育課）、救助部（県警察本部地域部山岳安全課）で構成されている。ちょっと難しい話になるが、ここで触れる理由は、救助部の県警察本部地域部山岳安全課、つまり山岳警備隊の隊員が、防止対策部の県生活環境文化部自然保護課に出向し、山の安全対策に貢献していることを知ってもらいたいからである。

　隊員が県自然保護課に出向するきっかけとなったのは、2013年11月23日に起きた真砂岳での雪崩事故。真砂岳西側斜面の大走《おおばしり》沢上部で幅約30m、長さ約600mにわたって雪崩が発生し、バックカントリースキーヤー7人が死亡した。

　富山県ではこの重大事故直後から、山岳スキーヤーらの雪崩事故防止対策を強化するための取り組みを始めた。しかし、この事業を担当する県自然保護課には当時、積雪期の山岳に関する深い知識や人脈をもった人がいなかった。そこで、現役の山岳警備隊員が県に出向し、県職員として事業を推進することになった。

警備隊としての経験と知識が期待され、白羽の矢が立ったのは湯浅。湯浅は事故から約4カ月後の翌14年4月から3年間、警備隊員として初めて県に出向。警備隊の制服をワイシャツに着替え、県職員として雪崩事故対策事業の施行に取り組んだ。「県の大がかりな事業を、いきなり一人で担当することになったんです。それまで私は救助活動に専念してきましたから、県職員としての事務処理能力はゼロ。契約のことや物品の購入の仕方などもまったくわからず、一から勉強し、周りの人たちに助けられながら進めました」と振り返る。

湯浅が出向したのは4月初めだが、約2週間後の4月中旬にはアルペンルートが開通し、山のシーズンが始まる。湯浅は新しい職場で右も左もわからないなか、事故防止対策として開設することになった室堂ターミナルの入山安全相談窓口をつくり、入山者への安全指導を行なう入山指導員を雇用した。

現在、室堂ターミナルに到着した入山者たちが、指導員の呼びかけに応じてその場で登山届を記入・提出できるシステムが確立されているが、それを立ち上げたのが湯浅だ。「富山県は登山者の入下山が室堂に集中するという特徴があります。それを活かして登山者に直接呼びかけるシステムができました」

湯浅が軸となって進めた県の雪崩事故対策事業は、ほかに入山ルール（富山県立山室堂地区山岳スキー等安全指導要綱）の制定、「立山室堂山岳スキー情報」サイトでの気象情報・雪崩情報提供などがある。

また、湯浅の後任として17年4月からは中村直弘（47・隊員歴16年）が出向。中村は県職員として、体力度と技術度に分けて登山ルートの難度をわかりやすく表現した「富山県山のグレーディング」を作成。登山者がこれを利用することによって、力量と山の難度のミスマッチが原因となる遭難を防ぐことを目的としている。

また学校登山用のヘルメット貸し出し事業を手掛け、立山登山をする小学校に転倒や落石などの安全対策としてヘルメットを貸し出し、現在それが定着している。学校登山の安全性向上だけでなく、一般登山者に対してもヘルメット着用の啓発に役立っているという。ほかに、日本山岳ガイド協会が運営する登山届受理システム「コンパス」との活用協定を締結し、登山届の提出を促したり、情報共有による迅速な救助活動を実現させたりなど、成果を残した。

そして現在出向しているのが、夏の剱沢や初冬の室堂で会った種五《たねご》だ。種五は雷鳥沢野営管理所の増築・改修や弥陀ヶ原園地の遊歩道再整備に携わるほか、立山雄山登山用のウェブ簡易登山届システム「立山雄山入山届」を開発するなどの活躍を見せている。

県の安全対策事業は、警備隊からの出向職員がいるからこそスムーズに進められることもあり、欠かせない存在だ。ただ、出向する隊員は3年前後の間、山岳救助の現場から離脱することとなる。スポーツ選手に例えれば、プロリーグで活躍する選手がいきなり3年間ほどまったく別の仕事に専念し、またその後はプロリーグで以前と同じような活躍が期待されるようなもの。もちろん、出向中の経験を警備隊復帰後に活かすことはできるけれど、離脱中も忙しい仕事をしながら体力の維持だけでなく、救助に必要な技術や感覚を忘れないように努め、命を懸ける仕事へのモチベーションも保ち続けなければならない。さらに、その間にも若い隊員たちが警備隊に入ってきて成長し、それまで自分がいたポジションを埋めていく。出向している隊員にしてみれば過酷な環境変化に違いない。それでも種五は「県の安全対策も誰かがやらなければいけないし、自分の知見を活かせる大事な仕事です」と前向きだ。

富山県山岳遭難救助組織概念図

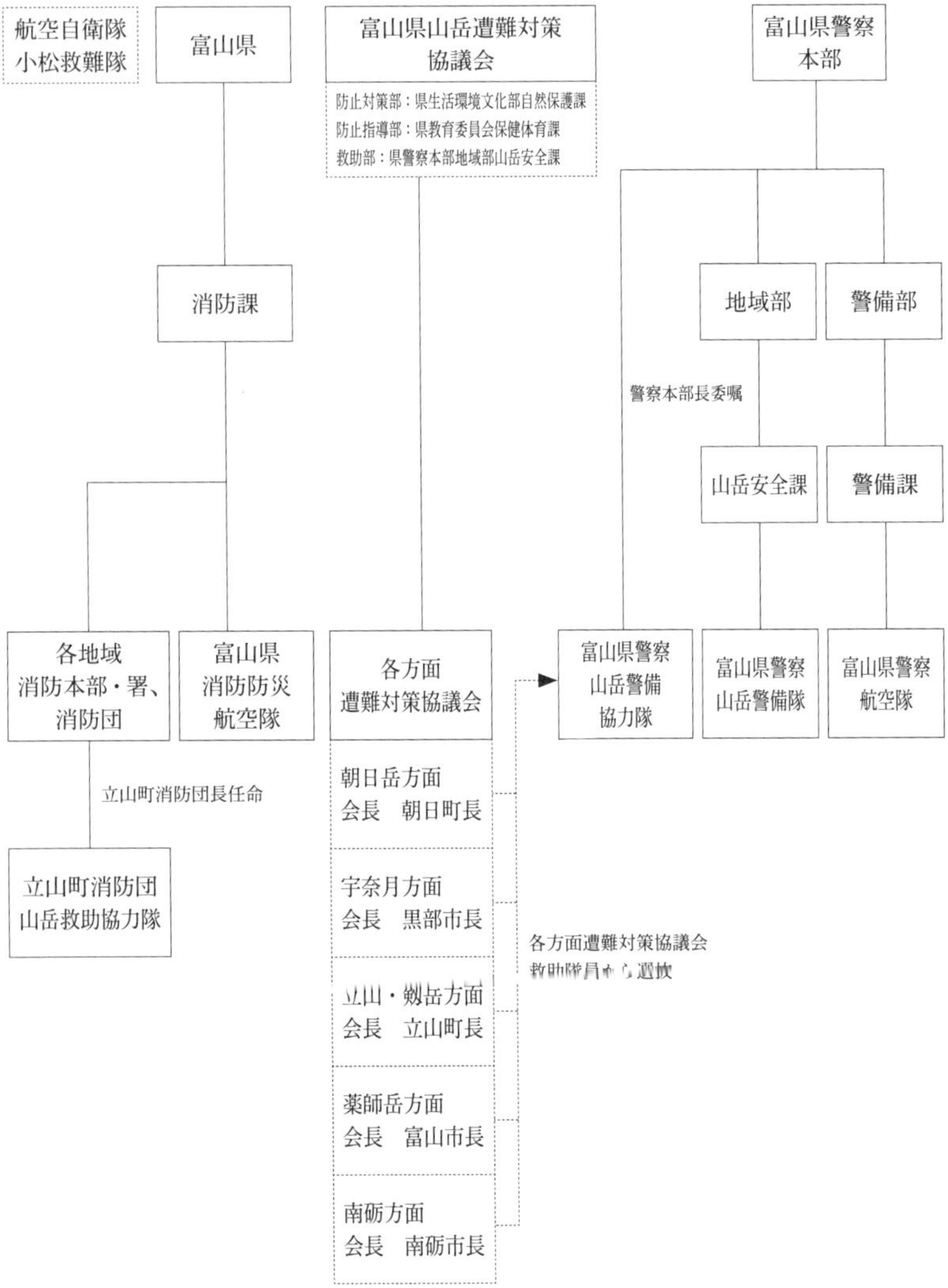

どうしたら伝わるのか……

さて、湯浅が立ち上げに深く関わった室堂の入山安全指導窓口。私は警備隊の取材で室堂を訪れるたび、この窓口近くに立って登山者の様子を見てきた。指導員や警備隊の「登山届の提出をお願いします」という呼びかけによって多くの人が立ち止まり、登山届に記入している。また、登山者に直接注意点を伝える安全指導は遭難防止に結びついていると考えるが、実際の効果はどうか、湯浅に聞いてみた。

「指導員の方たちが熱心に活動してくれているので私もそう考えたいけれど、残念ながら実感は乏しいですね。なぜなら、遭難件数がまったく減っていないですから」と厳しい表情だ。入山安全指導窓口では、多い日には一日に数百枚の登山届を回収している。救助や捜索時にその情報が役立つことを考えれば効果はある。

しかし、その多くは窓口で呼びかけられて、その場で記入されたもの。本来、登山届（計画書）は登山を計画するときに記入することで自身の計画に不備や、装備に不足がないかを確認し、準備不足によるアクシデントを未然に防ぐという意味をもっている。

室堂に入山安全指導窓口が設置され、登山届を提出する（本当は事前に用意してくる）ことの重要性、習慣化を訴えて10年。しかし、登山者の多くは、指導員や警備隊に言われて初めて行動に移すというのが現状だ。

また、登山届提出の呼びかけや安全指導は室堂に限らず、各警備派出所でも行なわれている。湯浅が太郎平小屋で警備・登山指導に当たっていたときのこと。そこでもハイシーズンには一日に100件ほどの登山届を受理し、その一人一人に直接指導をしてきた。

ある日、救助要請を受けて現場へ駆けつけると、遭難者は湯浅が登山指導をした人だった。その人も湯浅のことを覚えていて「あのときていねいに助言してくださったのに、こんなことになってすみません」と頭を下げたという。人間だから注意されたとしても失敗をすることはあるが、室堂の入山安全指導のシステムを作った湯浅にしてみれば、そのような地道な取り組みが遭難防止にどこまで効果があるのかと悩む一件だった。

警備隊はパトロールや登山指導のほか、ほぼ毎日、SNSで山岳情報を発信している。「X」のフォロワー数は2023年11月時点で2万人を超えている。また、イベントやセミナーなどに出向き、安全登山を呼びかける活動もしてきた。年末の馬場島で、萩中課長は「安全、安心して山を楽しんでもらうために、山岳安全課として何ができるかを考え続けている」と話していた。しかし、県や警備隊が考えつくあらゆる手段を講じても、遭難は減るどころか増加傾向である。湯浅は「いったい、どうやったら私たちのメッセージが登山者の心に届くのでしょうか」と唇を結ぶ。

各方面遭対協と山小屋の人の思い

警備隊の後ろ盾として欠かせない存在に各方面遭難対策協議会（以下、遭対協）がある。各方面遭対協は朝日岳方面、宇奈月方面、立山・剱岳方面、薬師岳方面、南砺《なんと》方面の5つで構成されている。該当エリアを代表する市町村長を会長に、警察署、消防署、環境省などの行政機関と山小屋関係者、地元企業、山岳会、山岳ガイドなど民間が協力し、登山道や危険箇所の整備、パトロール、登山者への情報提供、安全登山指導など遭難防止対策のほか、遭難者の捜索、救助活動も行なっている。

剱・立山周辺では警備派出所が複数あるなど警備隊の体制が比較的充実しているが、そのほかのエリアは常駐体勢が限られる。警備隊が山に不在のこともあり、そんなときに救助要請があれば、現場に真っ先に駆けつけるのが、遭対協の隊員となることも少なくない。そして、その役目を大きく担うのが、現場に近い山小屋の人たちだ。

薬師岳方面山岳遭難対策救助隊の隊長を務め、太郎平小屋などこのエリアに4つの山小屋を経営する五十嶋博文さんは「遭難救助は山小屋の使命」という思いで、警備隊発足以前からボランティアで救助活動をしてきた。1963年の薬師岳遭難では、最後の一人が見つかるまで遭難者家族に寄り添い、ともに捜索活動をした。また、警備隊による救助体制が確立してからも、無線基地局となっている太郎平小屋で、救助に当たる警備隊の無線を取り次いだり、警備隊の手が足りないときには山小屋スタッフを現場の補助に向かわせたりなど、惜しみない協力をしている。

薬師岳方面は、黒部川源流域の大きな山々が連なる広い山域であると同時に、富山、長野、岐阜と3県が接する場所でもある。五十嶋さんは、経営者が異なる周辺の山小屋とも無線で定時連絡をし、宿泊者数や、何人の登山者がどちら方面へ向かっているか、高齢登山者など注意が必要な人の情報を共有する。それにより、未着登山者がいる場合、早い段階で気づいて対策がとれ、事故の未然防止にも大きく貢献してきた。

そんな五十嶋さんが言う。「遭難救助は山小屋の仕事だと思っているなかで、いつも警備隊に助けてもらっています。だから警備隊にはいつも山に来ていただいている、という気持ちですね。警備隊に感謝して、大事に思う気持ちは、実は佐伯文蔵さんや栄治さんからの教えなんですよ。その時代を知る人間として、それはこれからも伝えていかなきゃいけない」

また、私は今回の警備隊の取材時に限らず、これまで周辺のいろいろな山小屋に宿泊したときに、「この時期、その装備では無理ですよ」「あなたの体力では行かないほうがいい」と時には警備隊より厳しく、登山者をたしなめる山小屋の人たちを見てきた。登山者としては耳の痛い忠告ではあるが、それは遭難防止を心から願っての声がけである。

剱澤小屋の佐伯新平さんがこんなことを言っていた。「親父（発足当時の警備隊を支えた友邦氏）の時代と違って、今は警備隊の体制が充実しているので、剱澤小屋ではスタッフが現場へ向かうことはほとんどなくなりました。その代わりに、今、私はお客さんである宿泊者に遭難防止を呼びかけることが役目だと思っています。それはもちろん、お客さんたちが無事に山から帰ってほしいからですが、そうやって少しでも遭難を減らすことで、警備隊の負担を減らしたいんです」

登山者がアクシデントに遭遇したとき、頼る場所として最初に思いつくのが山小屋だろう。実際、取材中も救助要請の第一報が山小屋から入る場面も何度かあった。そのような面からも警備隊にとって山小屋の人たちとの連携は欠かせない。

山の世界の大きなつながり

警備隊員の出向先として県のほかにもう一つ、国立登山研修所（登山研）がある。登山研は登山の発展と遭難防止を目的に１９６７年、立山町に設立された施設だ。ここには、２０１８年から隊員が３年ほどの任期で、交代で出向している。

年間を通じて、大学山岳部や社会人山岳会などの登山リーダーを育成する研修会、全国の警察や消防など山岳救助に携わる人向けの研修会を開催するほか、一般登山者向けのサテライトセミナーを行ない、安全登山に寄与している。

警備隊は以前から研修会やセミナーの講師を務めたり、登山研の施設を利用して訓練を行なったりなど、関わりが深い。隊員が出向するようになってからは、人事交流がさらに深まり、相互の技術、知識の向上に役立っているという。

2020年4月から登山研に出向した金山は、23年4月に警備隊に復職した。登山研では、研修所の運営や施設の維持管理に携わり、各研修会を企画・催行するなど他のスタッフと同じ仕事に努めた。また、山岳遭難防止活動の一環として行なわれる、文科省スポーツ庁、環境省、警察庁、消防庁、山岳団体などが主催する全国山岳遭難対策協議会の準備・実行にも従事した。

「登山研の仕事では、救助関係者だけでなく、遭難防止に関わる研究をする大学教授や、国内外で活躍する国際山岳ガイドに講師をお願いすることもあります。そのような方たちと身近に接することで、最新情報を得られるなど、見識を広げられる場面が多いんです。警備隊員たちも研修会に講師という立場で参加していますが、実際には隊員たちの学びの場にもなっています」

登山研の職員として働き、警備隊以外の山の世界にも触れた金山。再び警備隊に戻って、警備隊の活動は、山を取り巻くさまざまな人たちの協力があってこそ成り立っていると、あらためて感じていると話す。

「例えば、登山研でつながりができたガイドさんたちが富山の山に来たときには、派出所に顔を出してくれます。そのほかにも地元のガイドさんをはじめ、山小屋の方たちなど、派出所にはいろいろな方が訪ねてくれます。警備隊の活動で何か困ったことが起きたときには、そういった交流のある山のみなさんが、協力をしてくれるんです。長年、警備隊をやってきて思うのは、人脈のありがたさですね。警備隊は、行く先々で山の方々と通じていて、そういった方にいつも助けられていきます。山の関係者は、目の前にやらなければならないことがあっても、まずは人助けをしようという温かさがある。それが、富山の山の魅力じゃないですかね」

金山が言葉にしたことは、私が取材をするなかでも強く感じられたことである。警備隊は山岳関係者に感謝し、山岳関係者は警備隊を大事に思っている。そんな温かい山のつながりの話をきっかけに、これまでの取材を振り返りつつ、考えてみた。

山の救助といえば警備隊に目が行きがちだが、そのほかにも警察航空隊が動き、管轄の警察署員、消防救急隊員、医療従事者、場合によっては自衛隊員など、いろいろな関係機関が関わる。さらに立山センターや野営管理所の人たち、診療所の医師、山小屋関係者や山岳ガイドなどが警備隊を支えている。また、警備隊が救助現場へ向かうときには、アクセス手段となる立山黒部アルペンルート、黒部峡谷鉄道、関西電力など、企業も全面協力している。

私たちは山岳を取り巻く、大きくて温かい安全のネットワークに、意識しないうちに守られ、その環境で登山を楽しむことができている。登山者を迎える側の人たちが、長年にわたって救助や遭難防止に尽力してくれている一方、当事者である私たちは自身を守るために、いったいどのくらいの努力、対策をしているだろう。遭難を起こさないために何ができるか、あらためて考えるべきなのは、私たち登山者一人一人ではないだろうか。

第9章

新しい山のシーズン

新メンバーを迎えて

ゴールデンウィーク、室堂へ再び

劔・立山の春山シーズンは、4月中旬、アルペンルートの開通とともにスタートする。活気づくGW後半、約半年ぶりに室堂ターミナルにやってきた。富山県側・立山駅からの立山ケーブルカーや高原バス、長野県側・扇沢駅からの電気バスなどは、いずれも始発から満席が続く盛況だ。駅構内も登山者、バックカントリー（BC）スキーヤーやスノーボーダー、それに国内外の観光客たちでにぎわっている。

これまでにない人混みに交じってターミナルの階段を上がり、建物の外に出る。室堂ではいつも、いきなり異世界に飛び込んだように広がる山岳景観に驚かされるが、春の景色も想像以上だった。一帯は5m近くの積雪があり、室堂を囲む山々が青空の下、厚い雪に覆われてそびえている。東南アジアなどからのツアー客は雪の豊富さと美しい山の景色に目を丸くするが、私も彼らに交じってしばらく足を止め、感動に浸った。

さて、行き先の室堂警備派出所が入る立山センターも深い雪の中にあるようで、建物がまったく見えない。ターミナル前から「雪の大谷」のように掘られた雪の回廊をたどり、立山センターをめざすが、その道はまるで巨大迷路。何度も行っていて場所もわかっているのに、回廊内の分かれ道で迷って、しばらくうろうろしてしまった。回廊の一角に警察車両を見つけ、やっと建物の入口がわかった。建物2階部分まで隠す雪の壁を見上げながら、センターの重いガラスの引き戸を開ける。

昨シーズンと同様に絹子さんが「久しぶりだね。おつかれさん」と笑顔で迎えてくれた。建物の外には、施設周りの除雪などシーズン初めの整備に忙しく働く栄祥さんの姿がある。

室堂派出所には、この春の異動で常駐隊の責任者となった小高のほか、若手を中心とした6人の隊員が警備に当たっていた。GW期間中、隊員たちは室堂のほか、別山乗越（剱御前小舎）、馬場島の3カ所に分かれて警備をしている。

実はこの取材に先立つ4月、石川、浅川、棚田の3人が警備隊を離れたと聞いていた。3人とも昨年の夏以来、たびたび顔を合わせ、活躍する姿を見てきただけに、少しさみしい気持ちを抱きながらの派出所再訪である。

しかし、山下拓也（27）、中村友大（24）と富山県出身の2人がこの春に新しく加わり、隊員歴5年の丸山洋太（37）が4年ぶりに警備隊に戻ってきた。フレッシュなメンバーを迎え、昨年度と変わらない27人での新シーズンスタートだ。

快晴で絶好の登山日和であるこの日、登山者たちは立山や大日岳方面、そして剱岳など、それぞれがめざすピークに向かって次々に歩いていく。ＢＣスキーヤーたちも朝から思い思いの斜面にシュプールを描いている。室堂派出所は落ち着いた様子で、パトロールに出かける隊員もあれば、ロープワークの復習をする若手隊員もいて、リラックスムードだった。

ところが午前10時、単独で針ノ木岳に登っていた登山者が山頂直下の稜線から富山県側へ約150ｍ滑落したという110番通報が入る。近くを登っていて事故を目撃していた別の登山者からの通報だった。

この日は天候がよく、問題なくヘリが飛べる条件だったため、すぐに警察ヘリ「つるぎ」に航空隊の3人と飛弾、野中の2人が搭乗して現場へ向かう方針がとられる。

室堂派出所の隊員に出動命令はなかったが、これまでも見てきたように、現場へ行かなくても彼らには重要な仕事がある。早坂は、現場に留まる事故の目撃者に電話をして、より詳しい状況を収集。原はネットや紙で提出された登山届を検索し、当事者や同日に同コースを歩いている可能性がある登山者を洗い出す作業をする。そして復帰したばかりの丸山は、一の越山荘、大観峰駅、黒部ダム管理室などの施設に連絡をして、各地点の風の強さや向き、ガスの有無などを聞き取り、ヘリの進入経路に問題がないことを確認。

ヘリのクルーが富山空港から飛び立つまでのわずかな時間に、懸命の情報収集がされる。室堂の隊員たちのサポートもあって、通報からわずか1時間で「つるぎ」が現場に到着。遭難者を救助、搬送し、富山空港で救急隊に引き継いだ。

派出所が落ち着きを取り戻した14時すぎ、隊員たちが一ノ越方面へ歩いてパトロールに出るというので、同行させてもらうことにした。行くのは丸山と橋場で、彼らを小髙がスキーで追う。

危険を見逃さない察知力

新潟県出身の丸山は山岳救助の仕事に憧れて2014年、警備隊に入隊。5年間任務に当たったが、組織の事情で一度離隊し、以降は町の警察官として働いていた。それがこの春の人事異動で再び警備隊に配属された。「ずっと戻ることを希望し、トレーニングも続けていましたからうれしいです。でも、4年間のブランクは大きいですよ。今は新人のつもりで一から学び直しています」と言う。雪上を行く足取りは軽やかで、2度目の入隊が叶った喜びがこちらにも伝わる。

登山者たちに目を配りながら、3人は1時間ほどで一ノ越に到着。一の越山荘のご主人・佐伯光《こう》昭《しょう》さんと、その日の登山者の動向や、宿泊者の予約状況などの情報交換をする。光昭さんは隊員たちに温かいコーヒーを振る舞い、いつものように労をねぎらう。

軽装のまま雄山に登ろうとしている人に注意を促すなどしながら周辺で登山者を見守り、夕刻が迫るころ、一ノ越から龍王岳側に少し登ったところでパトロールを切り上げた。

小高はスキーで大雪原を滑走。それを追いかけるように丸山と橋場が雪上を駆ける。その姿は警備隊としての充実感に満ちている。

少し行ったところで突然、丸山がピタリと足を止めた。そして浄土山北峰の斜面に目をこらす。

「うん？　あんなところに人がいる。スキーヤーか？」。橋場も丸山の視線の先へ目を向ける。私は言われるまでまったく気づかなかったが、よく見ると数百メートル先、浄土山の斜面に点となった人影が見える。その下はかなりの斜度で、黒い岩が露出しているところもある。当然、登山ルートではない。「いや、ハイカーだ。危ない！」と丸山。

その人は雪壁を下りようとしているが、斜度がきついうえに足元の雪が硬いのだろう。一歩進むごとに足を滑らせ、ずり落ちそうになるのをこらえている。そのまま滑ったら……。

一気に緊迫度が高まり、橋場が止めに行こうと走りだした。同時に、丸山が斜面の人に向かって「動かないで！」と大声で叫ぶ。そして「警備隊です。そちらへ行きますので、動かないで待っていてください」と言うと二人は全力で走り、急斜面を勢いよくよじ登る。そして間もなく登山者と合流。すぐにスリングで簡易ハーネスを作り、登山者が滑り落ちないように確保した。その後、ザックからロープを取り出してその端を登山者に結ぶと、徐々にロープを繰り出しながら安全に下降させた。

ハイカーは若い男性で、長靴に素手でストックを持つという軽装だった。ちょっと散歩するつもりで出かけ、急斜面に迷い込んでしまったという。平坦な場所まで来ると男性は安心した様子で「すみません。だいじょうぶです」と言っていたけれど、手の擦り傷から、落ちまいと必死に格闘していたことがうかがえる。

小高は現場を若い二人に任せ、監督に徹していた。そして、ハイカーに大きなケガがないことを確認すると「室堂はなだらかな雪原なのでどこでも歩いていけそうですが、岩の急斜面もあります。地形を知らないで歩くのは危険なので、慎重な行動をお願いします」とさりげなく注意を促した。

この程度の出来事は、警備隊では遭難として扱わないし、記録にも残らないが、丸山が見つけなかったら男性は雪壁を滑落してしまったかもしれない。「4年のブランクは大きい」と言っていたが、事故を未然に防ぐ危険察知力はさすがである。

浄土山の斜面に迷い込んだハイカーを救出する丸山と橋場

二人との再会

翌日は、室堂から別山乗越方面へパトロールに行くという原に同行させてもらった。原は今年度、兼務隊員から常駐隊員となった。隊員歴3年で警備隊の中核メンバー・常駐隊を命じられるのは、なかなか早い登用だ。強い日差しを浴びつつ、雷鳥沢の雪面を登りながら原に聞くと「常駐隊員になることをめざしてきたのでうれしいです。精いっぱいやっていきたい」と顔をほころばせた。

九州出身の原は大学のクラブで山に出会い、警備隊に憧れて富山に来た。新婚で少し先に結婚式を控えている。常駐隊になれば山の派出所での連続勤務が増え、家で過ごす時間は少なくなる。おせっかいだとは思いつつ、そんなことに話を向けると「(妻も)応援してくれているので」とちょっと照れながら言い、「今、結婚式の準備でたいへんなんですけど、家でいっしょにいられる貴重な時間に、式のことで意見が合わずケンカをしてしまって……。僕が望みを全部聞いてあげればいいのでしょうけどね」と笑う。

登山者たちも楽しそうに登っているのに目をやりつつ「ああ、それにしても、今日は最高に気持ちがいいな」と原。立山の稜線を見上げたり、振り返って室堂を見渡したりしながら歩いている。そんな原の背後には、大きな山体を横たえる大日岳が目線の高さに近づいてきた。

「普段はパトロールに出ても、気を張り詰めているからこんなにゆっくり山を眺める余裕はないんですよ。なんか、山を楽しめるのは久しぶりだな」と言った。私は原の仕事をなるべくじゃましないようにと、息は切れ切れ、滝のような汗をかきながらハイペースでついていっているつもりだったが、原は私に合わせて、ずいぶんゆっくり歩いてくれているらしい。

ハイマツを避けるように斜面を登り、短い雪稜を歩いて別山乗越に着いた。そして、真っ白な雪面の向こうに、黒々とした岩壁を露わにする剱岳と対面した。何度見ても、やはり特別な山だと思う。

剱御前小舎では柳本、石黒ら4人の隊員が警備に当たっていた。彼らは客室の一部を借り、そこをベースに立山の稜線や剱岳、大日岳周辺で救助要請があったときのためにスタンバイしている。この時期は雪に閉ざされている剱沢派出所に代わって、剱御前小舎が救助の最前線になっているのだ。4人は連休前半からここに詰めているというが、幸いにこれまで大きな事故はなく、パトロールや登山者への声がけなど、事故防止活動に専念できると話していた。

小舎のスタッフたちにあいさつしようと昼時の厨房を覗くと、なんとそこに、スタッフたちに交じって和気あいあいと山小屋の仕事をする石川がいた。見慣れないエプロン姿ではあるが、すっかりなじんでいる。勝手知ったる剱御前小舎なのだろう。思わぬ再会に驚く私に気づくと、石川はニヤッと笑った。民間企業に転職し、ＧＷが休みとなった石川は、小舎の仕事を手伝いながら、数日をここで過ごすそうだ。

小舎の食堂で昼食をとる警備隊後輩たちや訪れる立山ガイドたち、山小屋スタッフたちと、それまでと変わらない様子で話す石川の姿を見ているうちに、じんわりと温かい気持ちになった。山の人たちが石川のこれからに期待し、歓迎している様子が伝わってきたからだ。

そんな剱御前小舎を後にして、原とともに雷鳥沢を下る途中、もう一つすてきな出会いがあった。それは、他の登山者をぐんぐん抜きながらスキーで力強く登ってくる浅川。これは偶然か？　いや、山好きは自然に集うのかもしれない。「ははは。休みだから、ちょっとそのあたりを滑ろうと思って、遊びに来たんです」。その表情はなんだか解放感に満ち、これまでになく明るい。浅川は警察の別部署で仕事をしているという。

隊を離れた理由が気になることもあったが、二人の姿を見たら、それを尋ねる必要はないと思った。新しい世界に踏み出した彼らの笑顔だけで充分だ。

頼もしい若手隊員たち

仲間とはぐれたスキーヤーを救え

さて、昼すぎに原と室堂に戻ると、中才《なかさい》、田中ら交代のために上がってきた隊員も到着していて、仕事の引き継ぎが行なわれる派出所内はにぎやかだ。そんな14時前、110番で救助要請が入る。「BCスキーヤーが御山《おやま》谷と鬼岳の間で仲間とはぐれ、現在地がわからず行動不能になっている」という通報だ。早坂、中才、田中、そしてパトロールから戻ったばかりの原に出動命令が出され、すぐに出動の準備にとりかかる。鬼岳のあたりは切り立った岩場もある。ロープ、ハーネス、カムやナッツといった登攀具も集められ、手早くザックに詰められていく。

通報したのは仲間と2人でBCを楽しみに来た前田祐一さん(仮名・40代)。前田さんたちはその日の9時ごろ室堂を出発。一ノ越へ登り、御山谷を滑ったあとに鬼岳方面へ登り返した。12時30分ごろ、鬼岳の稜線で二人は一緒に昼食をとり、御山谷で落ち合う約束をして別れた。

前田さんは一人で鬼岳のピークに登り、その後、登りと違うルートで御山谷側へ滑ったが、途中で現在地がわからなくなって救助を要請。同行者とは携帯がつながらず、どこにいるかわからない。警備隊が電話で確認するなかで、前田さんは「御山谷へ出られれば一人で登り返して帰ることも可能」とも言っていた。

しかし、隊員たちは数日前のパトロールで、御山谷下部は雪が割れて、徒渉が必要になる箇所があることを確認している。自分では現在地確認が困難な前田さんに行動を任せて万一、御山谷を下りすぎてしまった場合、事故につながるリスクがある。今日は派出所にいる隊員の数が多く余力があることも考慮され、14時13分、4人は前田さんの救出に出動した。

午後の軟らかくなった雪に苦労しつつも、隊員たちは速いペースで登っていく。隊員歴2年の中才は山でのずば抜けた脚力をもっているけれど、今回はチームでの行動。その才能を抑え、ほかの隊員に歩調を合わせる。

田中は屈強な男性隊員たちに遅れることなくついていく。警備隊で紅一点の田中は、昨年春の入隊以来、ほかの隊員たちとまったく同じ内容の訓練をこなしてきた。訓練では田中が長身の小薬《こずい》やがっしりした体格の大江を背負って歩いていた。田中は「隊の中で特別扱いされないのがいい」と言うけれど、実際にはきついことも多々あるだろう。それにもめげない田中を、隊員たちは性別を超えた仲間として受け入れている。

15時すぎ、4人は足並みを揃えて一ノ越に到着。ここでハーネスを装着し、ピッケルを手に雄山谷を下る。田中は無線中継のために、一ノ越に待機する。

明け方の山を走る4人

3人が一ノ越を出発して間もなく、隊員たちは御山谷を登ってくる一人のスキーヤーに出会う。ピンときた早坂が「山岳警備隊です。前田さんの同行者ですか?」と声をかけると、そうだと言う。「前田さんからルートがわからなくなったという通報がありまして、今向かっているんです」と伝えると同行者は「待っていても前田さんが来ず、連絡もとれないのでおかしいと思っていました。助けを呼ぼうと思って登ってきたんですよ」と答えたが、前田さんが無事だと聞いてホッとしたようだ。

早坂は同行者に、一ノ越にいる田中に合流してほしいと伝え、隊員たちは前田さんが待つ場所をめざして再び御山谷を駆け下りる。

室堂派出所からの追加情報によると、前田さんが待つのは鬼岳から獅子岳の間の東面、標高2500m前後のところ。3人はそこをめざして御山谷を下り、稜線東斜面をトラバース気味に進む。ところどころで立ち止まり「前田さーーん!」と呼びかけては耳をすませ、目をこらして姿を探す。しかし、東斜面は大きな支尾根が何本も張り出し、それらを一つ一つ越えていかないと先が見えない。

一つ支尾根に乗ったところで前田さんの名前を叫び、姿が確認できなければその先の支尾根へ進むことを繰り返す。何度か尾根を越えたとき、呼びかけに答えるかすかな声が聞こえた。声のするほうに「前田さんですか？」と叫ぶと今度は「そうです」との返答がはっきり聞こえ、姿も確認できた。前田さんがいるのは隊員の足元、急傾斜の途中だ。「今、そちらへ行くので動かないで待っていてください」。そう伝えて前田さんのいる場所まで安全に下りられるルートを探す。幸い、雪は軟らかく、ブッシュが出ていて灌木もある。雪崩を誘発するような地形でもない。慎重に斜面を下降して間もなく前田さんと合流した。

早坂が前田さんの無事な姿に「あー、よかった」とつぶやく。「こんにちは。ケガはしていないですか？」と声をかける。すぐに原が近づき、前田さんが安定して立てるようにピッケルで雪を削って足場を作る。そこに立つよう促して、原があらためて笑顔で声をかける。「前田さん、よかったですね。食べ物は（とらなくて）いいですか？ 寒くないですか？」「だいじょうぶです。迷惑をかけてすみません」と前田さんは恐縮した様子だ。

原が「今からここを下って、一ノ越へ登り返しますが、体力的に問題ないですか？」と確認すると、前田さんは「だいじょうぶです」と力強く応じた。それに対して「（走ってきた）僕らのほうが心配かな。前田さんちょっと待って〜ってなるかもしれない（笑）」と冗談を言って和ませ、「僕らが、ラッセルマシンとなる（雪をかき分けて先導する）ので」と早坂が後輩隊員たちを奮い立たせる。

前田さんがいた場所は情報のとおり、鬼岳の東面、標高２４６０ｍあたり。ここから標高差で１００ｍほど下って尾根の急斜面を巻き、その後は一ノ越まで標高差約４００ｍの登り返しとなる。前田さんは浮力のあるスキーだが、ツボ足の隊員たちは雪にハマってさすがに苦労している様子だ。原は、午前中に別山乗越まで往復しているという体力的なハンデもあり、汗でぐっしょり。

登り返しの途中で、前田さんは「救助を呼んでよいのか、判断に迷った」と何度も口にしていた。場所がわからなくなり、周囲には誰もいない。携帯もつながりづらい。そんな場所で、もし雪崩に巻き込まれたら、違う沢に迷い込んで誰にも発見されなかったら、大勢の人を巻き込む事態になるのではないか。恐ろしい想像が膨らんで、１１０番通報をすることにしたという。

早坂はそんな前田さんにやさしく答える。「前田さんの判断は正解だったと思いますよ。違う場所に下りてケガをするなど困ったことになるより、ずっといいです」。前田さんは、同行者と別行動をしたこと、現在地確認を怠ったことなど、自分のまずさに気づいている。それであれば、もう隊員たちが付け加えることはない。

前田さんと隊員たちは無事に一ノ越に登り返し、そこで室堂に滑り降りる前田さんを見送った。

隊員たち4人は再び揃って走り、室堂の派出所へ戻る。これからの警備隊の原動力となる若手隊員たち。その後ろ姿は力強い。

翌朝5時、シーンと静まった立山センター。警備隊の装備が置いてあるロビーのほうから、カチャン、カチャンと隊員たちが身支度を整えるかすかな音がする。そっと行ってみると、原、中才、田中、それに今年入った山下の4人がザックにロープやカラビナ、スリング、スノーバーなどを詰め込んでいる。「こんな早朝から自主トレ?」と声をかけると「はい。雪の斜面での支点作りをおさらいしてきます。落ち着いて外に出られるのはこの時間帯しかないんで」と、笑顔を浮かべながら田中が小声で答えてくれた。

4人は足早に室堂山方面の斜面へ向かう。するとまさか、5分もしないうちに原の無線が鳴った。室堂派出所からだ。

「室堂の宿泊施設で急病人発生。急ぎ、全員帰所せよ」「はい!」。隊員たちは踵を返し、明けゆく雪面を走って派出所へ戻る。そうやって今日も彼らは山の中を駆け回る。

早朝、自主トレを中止して救助に向かう若手隊員たち

あとがき

今思えば、2022年の夏、救助現場の実態や山岳警備隊についての知識が浅いままに剱沢警備派出所に飛び込んでしまった。隊員たちはそんな私に、富山の山での救助活動のこと、救助活動以外の仕事について、現場で使う用具の名前など、基本的な一つ一つのことをていねいに教えてくれた。隊員たちがくつろぐ場にも交ぜてくれて、彼らがする山の話にお腹を抱えて笑ったこともあった。

そんなときにも、突然入ってくる救助要請の数々。隊員たちは数日続く勤務中、昼夜にわたって常にスタンバイ状態でいなければならない。山岳救助の仕事のたいへんさを目の当たりにしつつも、使命感に燃える隊員たちが山にいてくれることを、ありがたく、とても心強く思った。

緊迫した救助の現場を目にしたり、これまで隊員たちが体験した話を聞いたりしたときには、私も感情を激しく揺さぶられた。そのようなことを含めて、彼らと過ごさせてもらった時間はかけがえのないものになった。

1年にわたる取材のさまざまな場面で、登山者を思う警備隊の心に触れた。さらには警備隊だけでなく、各行政機関、山の関係者たちなど、多くの方々が救助に協力し、遭難防止に努めてくれていることを知った。今回は剱岳を中心としたエリアでの取材だったが、視野を広げれば、山の救助や遭難防止のために活動してくれている人たちが全国にいる。そのうえで、登山を楽しめていることを忘れてはならないと思った。

取材のなかで意外に感じたのは、救助された方々がトラブルの原因を自ら話していたことだった。私はこれまで、登山のセオリーに対する認識の甘い人が遭難にいたるのだろうというイメージをもっていた。しかし、取材に協力してくれた当事者たちはみな、「天気の読みが甘かった」「仲間と別行動をしたのがいけなかった」など、彼らの誤った判断を反省点として口にしていた。つまり、彼らは登山をするうえで注意すべきことを事前に認識していたのだ。そのような認識がありながらも、危機的状況に陥る前にそれを活かした行動ができないところに、遭難を防ぐ難しさが潜んでいるのではないかと考えた。

当事者たちの話を聞きながら自分の身を振り返れば、私も過去に、登頂にこだわる気持ちを抑えきれずに天候条件がわるいなか、突き進んだことがある。また、下山で道を間違えたときは登り返すのが鉄則だと知りながらも、それができず、強引にリカバリをしようとした経験もある。幸いなことに遭難にはいたらなかったが、それは本当に幸運だっただけで、一歩間違えば救助を要する大ごとになっていたかもしれない。そのときは、行動が間違っていることに気づきながらも「このくらいはだいじょうぶ」「自分はできる」という思考に逆らえなかったことを反省している。
人は、過信があったり、自分の行動を正当化しようとしたりする心理が働くものだと、あらためて意識をしたうえで、山に登るときにはいつも「安全のために引き返す勇気」を、もっていなければならないと強く感じた。

取材には富山県警察山岳警備隊の全面的な協力を得た。忙しい勤務のなか、取材を受け入れてくれた山岳警備隊、富山県警察航空隊をはじめ、さまざまな場面で協力してくれた立山黒部アルペンルート、取材中に出会い、話をしてくれたすべてのみなさん、そして日ごろ私の活動を応援してくれているMONTURAに心から感謝を申しあげる。

小林千穂

2023年11月

写　　真＝高橋敬市、小林千穂、富山県警察山岳警備隊、
富山県警察航空隊、佐伯栄祥、佐伯新平、
萩原浩司（順不同）
地図製作＝米山芳樹
校　　正＝中井しのぶ
編　　集＝萩原浩司（山と溪谷社）

劔の守人 富山県警察山岳警備隊

二〇二四年一月一〇日 初版第一刷発行

著者 小林千穂
発行人 川崎深雪
発行所 株式会社 山と溪谷社
郵便番号 一〇一-〇〇五一
東京都千代田区神田神保町一丁目一〇五番地
https://www.yamakei.co.jp/
■乱丁・落丁、及び内容に関するお問合せ先
山と溪谷社自動応答サービス
電話 〇三-六七四四-一九〇〇
受付時間/十一時〜十六時(土日、祝日を除く)
メールもご利用ください。
【乱丁・落丁】service@yamakei.co.jp
【内容】info@yamakei.co.jp
■書店・取次様からのご注文先
山と溪谷社受注センター
電話 〇四八-四五八-三四五五
ファクス 〇四八-四二一-〇五一三
■書店・取次様からのご注文以外のお問合せ先
eigyo@yamakei.co.jp

デザイン 有限会社エルグ
印刷・製本 大日本印刷株式会社

Printed in Japan ISBN978-4-635-17214-1